BERNARD LIEVEGOED
Der Mensch an der Schwelle

BERNARD LIEVEGOED

Der Mensch an der Schwelle

Biographische Krisen und
Entwicklungsmöglichkeiten

VERLAG FREIES GEISTESLEBEN

Übersetzung von Frank Berger
Die holländische Originalausgabe erschien 1983
unter dem Titel: ‹Mens op de drempel›
im Verlag Uitgeverij Vrij Geestesleven, Zeist

Die Deutsche Bibliothek – CIP-Einheitsaufnahme

Lievegoed, Bernardus C. J.:
Der Mensch an der Schwelle: biographische Krisen
u. Entwicklungsmöglichkeiten / Bernard Lievegoed.
[Übers. von Frank Berger]. – 4. Aufl. –
Stuttgart: Verlag Freies Geistesleben, 1994.
Einheitssacht.: Mens op de drempel ⟨dt.⟩

ISBN 3-7725-0830-8

4. Auflage 1994
Umschlag: Christiane Lesch
© 1985 Verlag Freies Geistesleben GmbH, Stuttgart
Gesamtherstellung: Clausen & Bosse, Leck

Inhalt

Ein persönliches Vorwort 7

Erster Teil

1 Der Mensch an der Schwelle 10
2 Der Weg ins Innere – Die ägyptischen Mysterien 19
3 Der Weg ins Äußere – Die nordischen Mysterien 25
   Das Traumlied vom Olaf Åsteson 29
4 Tagmensch und Nachtmensch 42
   Die «Hymnen an die Nacht» von Novalis 45
5 Der zweite Mensch in uns 58
6 Alte und neue Entwicklungswege 64
   Der östliche Entwicklungsweg 64 / *Der christliche Weg des Mittelalters* 68 / *Der christliche Rosenkreuzerweg* 69
7 Der anthroposophische Schulungsweg 74
   Grundzüge des anthroposophischen Schulungsweges 76 / *Einige praktische Gesichtspunkte* 82
8 Aspekte zum Problem der Doppelgänger des Menschen 86
   Gestalt, Temperament und Charakter 88 / *Erziehung und Kultur als Doppelgängerphänomen* 93 / *Die Einflüsse aus einem früheren Leben* 93 / *Unerlöste Naturwesen als Doppelgänger* 96 / *Über den «geographischen Doppelgänger»* 99 / *Probleme des Mann- und Frauseins* 101 / *Der «Hüter der Schwelle»* 105
9 Planetenprozesse im Kosmos und im Menschen 109
   Ausgangspunkte 109 / *Die sieben Planetenprozesse* 113 / *Abschließende Bemerkungen* 132
10 Die Entwicklung der Empfindungs-, Verstandes- und Bewußtseinsseele 133
   Die Entwicklung der Empfindungsseele 134 / *Die Entwicklung der Verstandes- und Gemütsseele* 137 / *Die Entwicklung der Bewußtseinsseele* 140

11 Schatten auf dem Weg ins Innere 145
12 Schatten auf dem Weg ins Äußere 158

Zweiter Teil

13 Therapeutisches Denken in der anthroposophischen Psychotherapie 163
14 Einige Gesichtspunkte zur Diagnose und Therapie 173
Die Diagnose 173 / *Die Wahl der Therapie* 174 / *Die Methode der Therapie* 176
15 Die Therapie seelischer Entwicklungsstörungen 181
16 Die hysterische Konstitution 187
Die Hysterie als Zeiterscheinung 196
17 Fluchtwege 199
Allgemeine Gesichtspunkte 199 / *Anorexia nervosa* 205 / *Psychopathisches Verhalten* 209 / *Sucht* 215
18 Der Schulungsweg des Therapeuten 224

Anmerkungen und Literaturhinweise 233

Ein persönliches Vorwort

Zeit: Im Winter 1928/1929. Ort: Das alte Krankenhaus «Aan de walletjes» in Amsterdam, Abteilung «Innere Medizin» unter Professor «Piet» Ruitenga. Genauere Ortsbestimmung: das «Kämmerchen», ein ehemaliges Badezimmer in unmittelbarer Nachbarschaft des Frauensaals unter Assistenzarzt Dr. Borst. Das Kämmerchen: die Domäne des jüngsten Assistenten, der hier die täglichen Routineuntersuchungen durchführt und die Resultate in die Patientenberichte einträgt. Hier trifft sich der Mitarbeiterstab jeden Morgen, um noch schnell im Stehen eine Tasse Kaffee zu trinken und die letzten Neuigkeiten auszutauschen.

An jenem Morgen drängen sich Professor Ruitenga und alle Assistenten, die Kaffeetasse in der Hand, um einen Mitarbeiter, der gerade erzählt: «... habe am Wochenende meine Tante besucht. Chronisches Rheuma ... armer Mensch ... völlig krumm ... Sie haben alles mögliche versucht – ohne Erfolg; Salicyl half nichts, Gold auch nicht ... Jetzt haben sie sie in die neue ‹Rudolf Steiner-Klinik› gebracht, und wißt ihr, was sie dort mit ihr anstellen? Da *sprechen* sie mit ihr, jeden Tag eine halbe Stunde!!» Schallendes Gelächter ertönt ob solcher Verrücktheit.

Plötzlich die Stimme des jüngsten Assistenten: «Ganz zufällig habe ich ein paar Ärzte kennengelernt, die dort arbeiten. Es schienen mir ganz realistische Menschen zu sein ...»

Ruckartig dreht Professor Ruitenga sich um: «Was wissen *Sie* von dieser anthroposophischen Medizin?»

Der Assistent: «Nun ja, Herr Professor, im Moment noch nicht viel; aber ich interessiere mich dafür und hoffe später mehr darüber zu wissen.»

Professor Ruitenga: «Merkwürdig! Neulich hat mich einer dieser Ärzte besucht, ein ehemaliger Student von mir. Er gab mir ein Buch zu lesen. Ich habe es probiert, aber sagen Sie mir nun einmal ganz ehrlich: verstehen *Sie*, was ein ‹Ätherleib› ist?»

Der Assistent: «Soweit bin ich noch nicht, Herr Professor ...»

Ruitenga: «Verschiedene meiner ehemaligen Studenten haben sich für diese Richtung entschieden. Ich verstehe das nicht ... es waren meine besten Studenten ...»

Er löst sich aus dem Gedränge und entfernt sich, die noch halbvolle Kaffeetasse in der Hand, und murmelt: «Es waren meine besten Schüler, meine besten Studenten...»

Betroffenes Schweigen. Vorwurfsvolle Blicke treffen den Assistenten, der die Stimmung verdorben hat.

Dies war eine der ersten Erfahrungen des jungen Assistenten. 24 Jahre alt, wurde er Arzt und entdeckte, daß das «biographische Gespräch» ein Bestandteil jeglicher Therapie ist. Er fing an, sich für die Psychiatrie zu interessieren, entdeckte die anthroposophische Heilpädagogik und beschloß, ein heilpädagogisches Institut zu gründen.

In Professor Carp in Leiden fand sich der Lehrer, der gewillt war, ihm einen Forschungsauftrag zu erteilen, der im eigenen Institut durchgeführt werden konnte. Dies führte im Jahre 1939 zu einer Dissertation mit dem Titel «Takt, Rhythmus, Melodie. Grundlagen einer therapeutischen Anwendung musikalischer Elemente»[1].

In den dreißiger Jahren fanden in der «Jelgersma-Klinik» in Oegstgeest Gespräche über die Notwendigkeit und den Inhalt einer speziellen Ausbildung in der Kinderpsychiatrie statt. Ich hatte das Privileg, aufgrund meiner Erfahrungen im «Zonnehuis» in Zeist an diesen Gesprächen intensiv teilnehmen zu dürfen. Nach dem Zweiten Weltkrieg ist diese Ausbildung dann tatsächlich Wirklichkeit geworden.

Inzwischen entwickelte sich meine Tätigkeit, durch Fragen, die von außen an mich herangetragen wurden, in Richtung der allgemeinen Psychiatrie. In den dreißiger Jahren war der Begriff «Psychotherapie» per definitionem nahezu identisch mit «Psychoanalyse». Ich ging, durch die Anthroposophie angeregt, meine eigenen Wege; dabei ermutigten mich die regelmäßigen Zusammenkünfte in der «Jelgersma-Klinik».

Die so entwickelte Form der Psychotherapie nannte ich «biographische Therapie». Bei dieser Therapie handelt es sich darum, die Probleme des Patienten auf dem Hintergrund der ganzen biographischen Entwicklung zu betrachten und ihre Ursachen nicht nur in Schocks oder Frustrationen der jüngsten Vergangenheit zu suchen.

Der Begriff der «Entwicklung» spielt dabei die Hauptrolle. Mir wurde immer deutlicher, daß jede «Entwicklung» sich im Suchen und Überwinden von Widerständen vollzieht; Widerstände innerhalb der eigenen Konstitution, in Erziehung und Lebenserfahrungen, Widerstände aber auch, die davon herrühren, daß eine bestehende Situation nicht akzeptiert wird oder daß individuelle Zukunftsperspektiven fehlen.

Es stellte sich gleichzeitig heraus, daß solche Widerstände – «Entwicklungshelfer» – häufig aus unbegriffenen und furchteinflößenden inneren Erlebnissen entsprangen.

Das Wissen um die normalen Gesetzmäßigkeiten des menschlichen Lebenslaufes kann der Anfang eines Ausweges aus derartigen Problemen sein. Dies ist auch der Ansatz, der meinem 1976 erschienenen Buch «Lebenskrisen – Lebenschancen»[2] zugrunde liegt.

Viele Probleme nehmen eine andere Gestalt an, sobald erkannt wird, daß es sich um normale Entwicklungsstadien handelt.

Im vorliegenden Buch werden Widerstände behandelt, die in noch tieferen Schichten liegen. Wir müssen dazu das gesamte Menschenbild der Anthroposophie heranziehen. Darum ist dieses Buch «anthroposophischer» als sein Vorgänger.

Das Buch ist zweiteilig. Der erste Teil ist mehr allgemein-orientierend gehalten. Verschiedene Aspekte der menschlichen Entwicklung werden vor dem Hintergrund des anthroposophischen Menschen- und Weltbildes dargestellt.

Der zweite Teil beschreibt die Prinzipien einer biographischen Therapie. Er wendet sich daher in erster Linie an die in diesem Fach bewanderten Leser. Ihnen kann er als Ausgangspunkt für weiteres Studium und zur praktischen Anwendung dienen. Vieles, was dort dargestellt ist, kann aber auch jedem, der mit den beschriebenen Problemen in Berührung kommt, von Nutzen sein.

Auch dieses Buch stellt den Niederschlag fünfzigjähriger persönlicher Erfahrungen dar; es ist also durchaus persönlich gefärbt. Andere oder ergänzende Gesichtspunkte sind auf diesem Gebiet natürlich immer möglich.

Eine ausführliche Darstellung anthroposophischer Grundbegriffe hätte den Rahmen dieses Buches gesprengt. Im Anmerkungsteil finden sich jedoch kurze Erläuterungen der wichtigsten Begriffe sowie entsprechende Literaturhinweise zur weiteren Orientierung und als Anregung zum Selbststudium.

Oktober 1983   B. C. J. Lievegoed

Erster Teil
1 Der Mensch an der Schwelle

Die Anregung zu diesem Buch liegt in einer Äußerung Rudolf Steiners: «Die Menschheit ist über die Schwelle geschritten.» Was damit gemeint ist, wird im folgenden deutlich werden.

Die festen Grenzen, innerhalb derer menschliches Bewußtsein sich während der vergangenen Jahrhunderte bewegt hat, sind nicht mehr so sicher. Vor allem die Grenze zum eigenen Inneren, die uns von den in der Tiefe ablaufenden Leibes- und Seelenvorgängen trennt, ist durchlässig geworden. Unbekannte, zwingende Kräfte drängen sich in unser Bewußtsein. Mit ihnen steigen Ängste, Zwänge und Depressionen herauf.

Durch ein erstes Signal kündigte sich diese Situation um die letzte Jahrhundertwende herum, vor inzwischen achtzig Jahren, schon an: Die Psychoanalyse, anfänglich geschmäht und lächerlich gemacht durch diejenigen, denen jene Grenze eine festgefügte Mauer schien, hat sehr rasch das kulturelle Leben durchsetzt. Schon seit langem kommt kein Roman und kein Film mehr ohne psychoanalytische Anspielungen aus.

Jahr um Jahr wächst das Unbehagen. Doch man will es nicht wahrhaben: Man hat einfach gesund und seelisch im Gleichgewicht zu sein – ganz im Sinne eines «No Nonsense-Bewußtseins», das sich auf die tastbare, sichtbare, materielle Welt richtet.

Im 20. Jahrhundert nimmt der Verbrauch von Alkohol und Beruhigungsmitteln jährlich zu. In den letzten 15 Jahren hat er sich vervierfacht und er wächst heute mit jedem Monat.

Was spielt sich hier eigentlich ab?

Dieses Buch will, ausgehend vom Menschenbild der Anthroposophie, zu einem besseren Verständnis dieser Erscheinungen beitragen. Die Anthroposophie wirft Licht in Bereiche, die unserem gewöhnlichen Verständnis dunkel bleiben. Wirkliche Erkenntnis der Dinge ist die Voraussetzung für die Überwindung des Unbehagens und der Angst: Wer erkannt hat, worum es sich handelt, hat keine Furcht mehr. – Ich laufe in der nebligen Abenddämmerung über die Heide. Da sehe ich plötzlich eine menschliche Gestalt vor mir auftauchen, die mir den Weg versperrt. Angst und Schrecken ergreifen mich... bis zu dem Augenblick, da ich entdecke, daß da – nur ein Wacholderstrauch steht. Ich atme erleichtert auf; mein Pulsschlag beruhigt sich wieder. Wer also das Trugbild durchschaut, das Unbekannte erkennt, der wird im selben Augenblick sein «Ich» behaupten können und der Situation ruhig und gefaßt entgegentreten.

In den folgenden Kapiteln soll versucht werden, diesen Enttarnungsprozeß des Unbekannten Wirklichkeit werden zu lassen. Es kann dann erlebbar werden, daß es sich hier um völlig *gerechtfertigte, ja notwendige* Entwicklungsvorgänge innerhalb der westlichen Menschheit handelt, um Prozesse, die genauso natürlich sind wie der Zahnwechsel und die Pubertät; so natürlich wie die Wende, die sich im Übergang vom Mittelalter zur Renaissance mit ihrem modernen Entdeckungsdrang vollzogen hat.

Dieser Drang, der sich in ganz ungestümer Weise äußerte, führte damals zur Abkehr von der philosophischen Spekulation und brachte eine Hinwendung zur Welt als dem «unbekannten Planeten», zur Natur mit ihrem unerschöpflichen, noch zu erschließenden Reichtum. Heute nun richtet der Blick sich mit der gleichen, durch nichts aufzuhaltenden Kraft auf die eigene Innenwelt. Die Entdeckungsreisen, die früher unbekannten Kontinenten galten, führen jetzt in die unbekannten Reiche der eigenen Psyche. Angsterregende Grenzen werden überschritten. Früher war der äußerste Westen gleichsam tabu: Dort hörte die Welt auf; die Schiffe, so erzählte man sich, würden durch die Fluten eines gewaltigen Wasserfalles hinuntergerissen in die unergründlichen Tiefen des großen Nichts. Heute ist es tabu, die Grenzen des bekannten Tagesbewußtseins zu überschreiten; denn der Mensch würde auf der «anderen Seite» hineingezogen werden in den tiefen Wahnsinn des Nichts. Doch können diejenigen, die die Reise ins Innere wagen, dort große Wunder und Schätze finden, gleich den Mannschaften, die einstmals nach Westen segelten, um dort schließlich einen neuen Kontinent voller Wunder und Reichtümer zu entdecken.

Eine der großen Verirrungen des naturwissenschaftlichen Denkens ist die Ansicht, die Menschheit habe im Prinzip schon immer so zur Welt gestanden wie während der letzten 150 Jahre. Wir seien inzwischen nur viel klüger als unsere abergläubischen, naiven Vorfahren. Endlich seien wir nüchtern und «wissenschaftlich», und so solle es in aller Zukunft auch bleiben.

Doch es bleibt eben nicht so. Einst mußte die Scholastik als höchstentwickelte Form der Wissenschaft der modernen Naturwissenschaft weichen; heute können wir beobachten, wie das naturwissenschaftlich-materialistische Denken mit all der Sicherheit, die es uns geben kann, abgelöst wird durch ein Denken, das gleichermaßen Materie wie Geist durchforschen will.

Man kann dies auch anders ausdrücken: Alle alten Kulturen gründeten sich auf eine spirituelle Weltanschauung, in der eine göttliche Welt erlebt wurde, aus deren Schaffen alles hervorging. Der Geist war die einzige Realität und die Materie die große «Maja», die Scheinwelt. Die Griechen erlebten noch diese Götterwelt. Gleichzeitig bildeten sie jedoch die neue Weltanschauung des Idealismus aus. Hier erlebte man hinter jeder äußeren Erscheinung deren «Idee» als ihre Ursache und Hervorbringerin. Die Neuzeit hat beide, Götter- und Ideenwelt, ins Reich der Kinderträume verwiesen und erkennt nur noch die Materie als Wirklichkeit an. Im Materialismus gelten die Naturgesetze und der Zufall als Ursachen der Erscheinungen; der Geist ist jetzt die große Maja, die Scheinwelt.

Doch dieser inzwischen «klassische» Materialismus hat im Laufe des 20. Jahrhunderts seinen Höhepunkt bereits überschritten. Wir sind schon auf dem Weg zu einem «spirituellen Realismus», einer neuen Weltanschauung, in welcher Geist *und* Materie in ihrer Wechselwirkung gleichermaßen als wirklich erfahren werden. «Kein Geist ohne Materie, keine Materie ohne Geist» – mit diesem Wort erweist sich Rudolf Steiner als echter Realist.[3]

Der moderne Mensch lebt zwischen zwei Grenzen. Die eine Grenze ist die der Wahrnehmung. Wir sehen eigentlich immer nur die Außenseite der Erscheinungen. Überall stoßen wir auf Oberflächen. Wenn wir erforschen wollen, was sich hinter diesen Oberflächen verbirgt, müssen wir ein Wahrnehmungsobjekt auseinandernehmen, es beispielsweise in mehrere Stücke sägen. Sogleich sind wieder neue Oberflächen entstanden. Selbst unter der stärksten Vergrößerung eines Elektronenmikroskops gewahren wir nur immer wieder Oberflächen allerkleinster Teilchen, bis diese sich endlich auflösen in nicht-materielle, hypothetische Kräfte, die lediglich aufgrund ihrer Wirkungen noch Glaubwürdigkeit beanspruchen können.

Der Blick, der sich nach draußen, auf die Erscheinungswelt richtet, trifft auf Oberflächen, die durch den Glanz des Lichtes wahrnehmbar werden. Wenn der Mensch den Blick in die eigene Seele hineinsenkt, stößt er auf eine dunkle Mauer, auf der sich nur Erinnerungsbilder abzeichnen. Was sich hinter diesem Erinnerungsspiegel an Organ- und (unbewußten) Seelenprozessen abspielt, entzieht sich unserer unmittelbaren Wahrnehmung ebensosehr wie das verborgene Kräftespiel der äußeren Natur. Auf dem Wege ins Äußere bedienen wir uns der vergrößernden und verkleinernden Instrumente, um mit ihrer Hilfe zum Wesen der Dinge durchzudringen. Auf dem Weg ins Innere machen wir von den Techniken der Traumanalyse, der Hypnose und der verschiedenen psychiatrischen Untersuchungsmethoden Gebrauch, um das Wesen jener Welt hinter dem Erinnerungsspiegel zu ergründen.

Doch auch hier gelingt es nicht, die Prozesse einer unbewußten Welt in anderen Begriffen als denen der bewußten Welt zu beschreiben. Daher lebt der Mensch zwischen zwei Grenzen, die er mit seinem Alltagsbewußtsein nicht überschreiten kann.

In einem Vortrag aus dem Jahre 1918 beschreibt Rudolf Steiner diese beiden Grenzen. Er entwarf dabei eine Skizze[4], die wir hier vereinfacht wiedergeben:

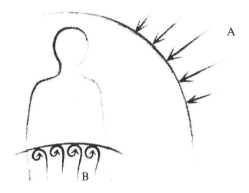

Aus dem Universum wirken Kräfte, die die Grenze unserer Sinneswelt gerade noch berühren, ohne sich jedoch deutlich zu offenbaren (A).

Aus dem Stoffwechselleben des Menschen drängen Kräfte herauf, die sich an der Erinnerungsgrenze stauen (B).

Der Kosmos draußen und der Stoffwechsel im Inneren sind die beiden unbekannten Welten. Die Naturwissenschaft hat in ihrer Ohnmacht, zum Wesen der Wirklichkeit durchzustoßen, das Dogma formuliert, daß *ontologische Fragen nicht gestellt werden dürfen*: Es darf nicht nach dem Sein der Dinge gefragt werden. Zulässig ist allein die Frage, *wie* die Kräfte des Kosmos wirken, die Frage, *was* dies für Kräfte sind, jedoch nicht. So wissen wir beispielsweise, wie eine positive oder negative Ladung *wirkt*. Wir wissen aber nicht, was «Ladung» eigentlich *ist*. Und wenn wir sie dann schließlich «Energie» nennen, ist das nicht mehr als eine Worterklärung. Der Materialismus offenbart hier seinen prinzipiell agnostizistischen Charakter und ist darin durchaus ehrlich. Dies gilt zumindest für die «echten» Wissenschaftler, nicht aber für diejenigen, die die Wissenschaft popularisieren und uns dabei vormachen wollen, daß die bloße Benennung der Phänomene schon ihre Erklärung sei.

Der Materialismus lebt also zwischen diesen Grenzen. Der Schritt zum Realismus impliziert, daß jetzt auch der Geist in seinem Zusammenspiel mit der Materie erforschbar wird. Hierzu müssen die Grenzen nach außen und nach innen durchbrochen werden. Geistiges kann dann mit eben der Exaktheit ergründet werden, die wir der Naturwissenschaft verdanken. Ein solcher Realismus wird dann kein Schritt zurück zu den alten spirituellen Weltanschauungen sein, sondern ein Schritt nach vorne, der erst durch den – ihm vorangehenden – Materialismus mit seiner Schulung der exakten Wahrnehmung und seinen strengen Verarbeitungsmethoden möglich geworden ist.

Im folgenden findet der Leser eine zusammenfassende Einleitung, durch die deutlich werden soll, was ihn (oder sie) in diesem Buch erwartet.

«Die Menschheit ist über die Schwelle geschritten»: Unbekannte Kräfte dringen vom «Unbewußten» aus in unser Bewußtsein und erschüttern seine Ordnung. Dies äußert sich in den erwähnten Ängsten, Depressionen und verwandten Erscheinungen. Die psychische Welt – in diesem Buch werden wir sie die «Seelenwelt» nennen – muß bewußt ordnend ergriffen und gestärkt werden, wenn sie im Gleichgewicht bleiben soll. Dies kann nur durch das «Ich» des Menschen geschehen, durch seine Individualität, die sich an irgendeinem Punkt eines langen Entwicklungsweges befindet; die Individualität mit ihrer Vergangenheit, ihrer Aufgabe, die sie sich für dieses Leben selbst gestellt hat, und ihrer Zukunft, in der die Frucht dieses Lebens wieder zum Ausgangspunkt einer neuen Aufgabe werden wird.

Bei jeder Inkarnation, jedem Schritt auf diesem Entwicklungswege wird, im Zusammenhang mit der ererbten Leiblichkeit, eine bestimmte Seelenstruktur ausgebildet. Mit dieser Leiblichkeit sind verschiedene Qualitäten verbunden: Zum ersten ein physischer Leib, der aus Materie aufgebaut ist; zweitens ein System von Lebenskräften, die diesen physischen Leib durchdringen und für seinen ständigen Aufbau und Verfall sorgen – der vegetative Leib oder Ätherleib; drittens ein System animalisch-seelischer Faktoren und Mechanismen, das man mit einem alten Terminus «Astralleib» nennen kann oder, mit Aristoteles, die «animalische Seele».

Der Mensch kommt zur Welt mit physischem Leib, vegetativen Lebenskräften und animalischen Seelenkräften. Das Ich muß diese «Instrumente» dann erst noch durchdringen und vermenschlichen.

Dieser Vermenschlichungsprozeß ist eine Aufgabe der ersten Lebenshälfte. Danach können die vermenschlichten Kräfte für weitere Entwicklungsprozesse eingesetzt werden. Diese Entwicklung vollzieht sich in fortwährender Wechselwirkung mit anderen Menschen. Schenkend-empfangend schreiten wir auf unserem individuellen Lebensweg dahin und vermehren so die «Talente», mit denen wir zu diesem Leben angetreten sind. Dies lehrt uns das biblische Gleichnis von den Talenten.[5]

Die animalischen Seelenfunktionen hat der Mensch mit dem Tier gemeinsam. Aus dem Lebensumkreis tauchen Triebe auf, die mit der Erhaltung des

Lebens verbunden sind: Ernährungs-, Fortpflanzungs-, Nestbau- und Territoriumstrieb – alle diese Triebe sind sowohl dem Menschen als auch den Tieren eigen.

Der «Reiz-Antwort-Mechanismus» ist eine der Grundlagen der «Stimulus-response-Psychologie» des Behaviourismus, der Verhaltensforschung. Für eine materialistisch orientierte Psychologie stellen diese Mechanismen das einzig wirkliche Seelenleben dar; die Annahme «höherer» Triebe und Begierden wäre demnach eine Art Wirklichkeitsflucht, und der Mensch muß sich vor dem Irrtum hüten, daß er mehr sei als ein mit Intelligenz begabtes Tier. Alle seelischen Störungen wären dann eine Folge der Tatsache, daß der Mensch diese animalischen Mechanismen, unter dem Einfluß kultureller Tabus, unterdrückt. Folglich ist eine Heilung dieser Störungen nur möglich durch die Beseitigung jener kulturbedingten Hemmfaktoren oder aber dadurch, daß man Situationen herstellt, in denen sich die animalischen Mechanismen voll ausleben können. Die meisten modernen Gruppentherapien beruhen auf diesem Gedankengang. Sie sind allesamt mehr oder weniger Abkömmlinge der Psychoanalyse und sie kennen nur eine bewußte und eine unbewußte psychische Welt. Nur die «Logotherapie» *Frankls* und *Assagiolis* «Psychosynthese» kennen außerdem noch eine überbewußte seelische Welt. Im Überbewußten findet der Mensch den Anschluß an sein «höheres Ich», und dieses Überbewußtsein ist der eigentliche Quellpunkt vieler Kulturerrungenschaften.

Eine anthroposophisch orientierte Psychotherapie geht aus von der Pflege der Ich-Funktionen, die das animalische Seelenleben erst auf die Stufe echter Menschlichkeit in einen zur Ruhe gekommenen, mittleren Bereich emporheben. Dies wird möglich, wenn es gelingt, das direkte Reagieren zurückzunehmen und im Kernbereich der menschlichen Seele zu verinnerlichen; dort trifft die verinnerlichte Reaktion dann auf moralische, ästhetische und intellektuelle Qualitäten, mit denen sie sich auseinandersetzen muß.

In den Abschnitten über die Entwicklung der Empfindungs-, Verstandes- und Bewußtseinsseele wird dies ausführlicher dargestellt. Wesentlich ist hier die Idee, daß der Mensch erst in diesem mittleren Bereich ganz Mensch ist, da, wo er die Mitte einhält zwischen polaren Kräften, wie z. B. Sympathie und Antipathie. – Das Tier wird hin und her gezerrt zwischen Lust und Unlust, Angriffsdrang und Rückzugszwang, Hunger und Sattsein. Der Mensch kann, sich zwischen zwei Polen erlebend, die Reize und Reaktionen verinnerlichen und dadurch zur innigen Begegnung mit der Welt kommen. Dann entsteht, neben den bloßen Sinneseindrücken, eine *neue* Qualität; tiefere Wahrheitserfahrung, Schönheitssinn und moralische Urteilskraft erwachen. *Der Mensch ist ein Wesen der Mitte; alle menschliche Kultur ist aus der Mitte entstanden.*

Das Kind wächst in diese menschliche Kultur herein durch Nachahmung und Verehrung. Die so entstandene «vorläufige» Menschlichkeit muß sich in einem späteren Lebensabschnitt – der großen Mittelphase der menschlichen Biographie – der Prüfung durch das eigene, persönliche Ich unterziehen. Wenn sich dann, am Beginn des vierten Lebensjahrzehntes, der individuelle Charakter des Menschen ausgebildet hat, eröffnet sich ihm dadurch die Möglichkeit, schenkend und erneuernd zum Kulturträger zu werden. Diesen Prozeß habe ich in meinem Buch «Lebenskrisen, Lebenschancen» ausführlich beschrieben.

Der junge Mensch kann nicht anders als durch Protest Erneuerung suchen. Der Mensch in seiner dritten großen Lebensphase, etwa ab dem vierzigsten Jahr, sucht Erneuerung dadurch, daß er sich in seinem Handeln konsequent von demjenigen leiten läßt, was Erich Neumann[6] die «innere Stimme» genannt hat.

Der erwachsene, kreative Mensch ist hinsichtlich seiner Umgebung immer der «Ketzer» der inneren Stimme; jener Stimme, die schon durch den Protest gegen alles Nicht-Eigene, von der Kultur Geschenkte hindurchtönte. Viel später erst kann diese Stimme – die Stimme unseres «höheren Ich» – sich dann auch von der Mitte aus, von ruhiger Sicherheit getragen, schöpferisch offenbaren.

Der rote Faden, der sich durch dieses Buch zieht, ist die Linie der Ich-Entwicklung, die von der Mitte ausgeht.

Die erstarkte und bewußtgewordene Mitte kann dem modernen Menschen zum Ausgangspunkt des Weges werden, der ihn über die Schwelle hinaus ins Äußere führt, und auf dem er die Qualitäten der sinnenfälligen Welt erleben lernt; so kann er schließlich zur Begegnung mit der geistigen Seite der Wirklichkeit kommen, den geistigen Wesen, die in den alten Kulturen noch in völliger Selbstverständlichkeit erlebt wurden. Damals offenbarten sie sich dem träumenden Bewußtsein. Heute offenbaren sie sich dem wachen Tagesbewußtsein, das sich einer Denk-, Gefühls- und Willensschulung unterzogen hat.

Von der erstarkten und bewußtgewordenen Mitte aus kann der Mensch die Grenze des Inneren überschreiten und so den Kräften begegnen, die heute in steigendem Maße den Erinnerungsspiegel durchbrechen und das Tagesbewußtsein aus seinen Geleisen bringen.

Dieser *bewußte Weg ins Innere* ist die einzig wirksame Therapie gegen die wachsende Bedrohung durch die Kräfte-Invasionen aus dem unbewußten Seelenleben. Und der *bewußte Weg ins Äußere* ist die Therapie für die

Flucht in die Exkarnation durch Drogen, Alkohol und sonstige Betäubungsmittel.

Um die Erlebnisse, die auf diesen beiden Wegen durchgemacht werden, in der Form, wie sie heute auftreten, verständlich zu machen, bringt dieses Buch zuerst eine Darstellung einiger «Mysterien» des Altertums. Denn auch in den Erlebnissen, die der Mysterienschüler in den alten Kulturen durchmachte, werden die beiden Wege deutlich sichtbar. Die nördlichen, germanischen Mysterien kannten den Einweihungsweg, der ins Äußere führt, in das Reich der Elemente. In den südlichen Mysterien, und vor allem den Mysterien Ägyptens, wurde der Weg nach innen, in das eigene, unbewußte Seelenleben beschritten.

Die Griechen siedelten ihre Götter auf dem Olymp an, in der weiten Ätherwelt der Elemente. Zeus-Jupiter herrschte über Blitz und Donner. Apollo geleitete den Menschen durch die musischen Künste in die sonnendurchflutete Welt des Überbewußten, der Kunst und der Philosophie. Furchtsam blickte der Grieche auf die «Unterwelt» hin, der er in den chthonischen Mysterien begegnete, wo Dionysos durch den Rausch die Triebe entfesselte und den Menschen überwältigte. Nur ein einziges Mal in jedem Jahr durften die Satyrn und Bacchanten losbrechen und ihr ausgelassenes Treiben – durch die Mysterien bewacht – eine Zeitlang entfalten. Der «Kater», der diesen Festen folgte, verstärkte die Abkehr von der Unterwelt für lange Zeit – ein wichtiges Moment in der Entwicklung der Gewissensfunktion.

Der moderne Mensch steht vor der Notwendigkeit, *beide* Welten beherrschen zu können. Der anthroposophische Schulungsweg entfaltet sich daher auch immer im *Gleichgewicht* zwischen einem Schritt nach außen und einem Schritt nach innen. Nur so kann der Mensch seine Mitte wahren.

Im ersten Teil dieses Buches werden, nach der Beschreibung der alten Mysterien, verschiedene Sachgebiete der Anthroposophie behandelt, die als Erkenntnisgrundlage für die Besprechung bestimmter Seelenvorgänge in allgemein-orientierender Form notwendig sind. Im zweiten Teil wird dann eingehender über aktuelle Krankheitsbilder und über Fragen der Psychotherapie gesprochen.

Dieser zweite Teil ist kein «Lehrbuch der Neurosen»; es wird dort vielmehr versucht, durch die exemplarische Erörterung einiger Krankheitsbilder dem Leser, der sich intensiver mit dieser Materie beschäftigen möchte, zu zeigen, wie spirituelle Erkenntnis zu rationalem Handeln führen kann. Die anthroposophische Psychotherapie kennt keine fixierten, lehrbaren Techniken, sondern sie beruht auf der *Begegnung* zweier Menschen, von denen der eine Hilfe sucht und der andere sich bereit erklärt, mit ihm zusammen auf die Suche nach seinem weiteren Entwicklungsweg zu gehen.

Denn es gibt außer den allgemeinen Krankheitsbildern, wie sie unter den Zeitbedingungen entstehen, letztlich nur den äußerst individuellen Entwicklungsweg jedes einzelnen Menschen. Nur wenn größte Ehrfurcht vor diesem individuellen Weg aufgebracht wird – wie problematisch dieser auch sein möge –, kann die Hilfe wirksam werden, die der andere braucht, um seine eigene «Mitte» zu finden und zu entwickeln. Der Helfer tritt dabei nicht verurteilend auf. Er versucht, aus einer «staunenden» Haltung heraus, in persönlich verantworteter Weise im anderen Menschen Individuell-Moralisches wachzurufen.

Die «Stärkung der Mitte» ist der erste Schritt nicht nur der Psychotherapie, sondern jedes individuellen Entwicklungsweges. Dieser Weg beginnt mit der Entwicklung eines reichen inneren Lebens, mit der Pflege des Erlebens von Natur, Kunst und Kultur; dazu kommt das Schaffen innerer Ruhe und die bewußte Wahl von Augenblicken ruhiger Innenschau. Sie sind Tore zur eigentlichen Meditation, in der uns eine kurze Zeit lang ein selbstgewählter Inhalt völlig erfüllt (dies ist also eine völlig andere Sache als die Wiederholung bestimmter Worte unter Ausschaltung des Denkprozesses). So kann sich allmählich ein wärmeerfülltes, sonnenhaftes Mittelgebiet ausbilden, das Träger reicher Kulturinhalte und der Fähigkeit zu Positivität und Weltoffenheit ist.

Allein diese warme, Licht-schenkende Mitte kann zum Ausgangspunkt jenes Weges der *bewußten* Grenzüberschreitungen werden, zu denen uns sonst die Entwicklungen unserer Zeit unvorbereitet zwingen. Ein selbstgewollter, bewußter innerer Entwicklungsweg und eine Kultur- und Psychotherapie liegen auf einer Linie, gehen ineinander über.

Die folgenden Kapitel versuchen zu beschreiben, wie wir die Erlebnisse, die auf diesen Entwicklungswegen auftreten, bewußt durchmachen können, ohne daß sie uns in Neurosen, Wirklichkeitsflucht oder Sucht hineinführen.

2 Der Weg ins Innere –
Die ägyptischen Mysterien

Als erstes soll nun der «Weg ins Innere» behandelt werden. Rudolf Steiner nennt ihn auch den «mystischen Pfad», im Hinblick auf die spätere, mittelalterliche Form dieses Weges. Es ist der Weg eines «tieferen Erwachens». In seiner ausgeprägtesten Form finden wir diesen Weg in den ägyptischen Mysterien. Er soll hier in Anlehnung an R. Steiners Vortragszyklus über «Makrokosmos und Mikrokosmos»[7] kurz skizziert werden.

Der Schüler der Isis- und Osiris-Mysterien mußte zuerst in einer jahrelangen Vorbereitungszeit lernen, alles zu überwinden, was mit irgendeiner Form egoistischen Ich-Erlebens zusammenhing. Denn der Weg ins Innere, der Weg, der über die Schwelle in die Tiefen des eigenen Organismus führt, bringt eine *Ich-Verdichtung* mit sich, ein intensiveres Erwachen als unser gewöhnliches Erwachen am Morgen, bei dem unser Ich sofort durch die Sinneswelt «abgelenkt» wird.

Würde man mit seinem unvorbereiteten, noch egoistischen Ich bewußt in die gestaltende (astrale) Welt der organischen, unbewußten Triebe und Begierden eintauchen, so würde man durch diese Kräfte überwältigt werden und zu halluzinatorischen Erlebnissen kommen. Darum muß zuerst alles, was noch als Egoismus im Ich lebt, durch einen moralischen Schulungsweg überwunden werden. Im christlichen, mystischen Weg fand man einen solchen vorbereitenden Weg in der langen, meditativen Vertiefung in die Stationen des Kreuzweges, beginnend mit der Fußwaschung. (Im sechsten Kapitel hierüber mehr.) In der ägyptischen Zeit, als das Ich des Menschen noch nicht so weit individualisiert und noch viel stärker ein Gruppen- oder Stammes-Ich war, hatte dieser Läuterungsweg einen streng rituellen Charakter.

Wenn der Schüler die Periode der vorbereitenden Läuterung absolviert hatte und vom Priester-Hierophanten als reif befunden wurde für die eigentliche Einweihung, wurde er im Tempel in eine grabähnliche Vertiefung im Boden gelegt. Der Hierophant brachte den Schüler nun in einen somnambulen Schlafzustand, der viel tiefer war als der gewöhnliche Schlaf. Um das Einweihungs-Grab herum oder in einem Nebenraum stellten sich zwölf Helfer auf, die sich darin geschult hatten, die dämonischen Kräfte, die wir als niedere egoistische Kräfte kennen, aufzufangen, sie innerlich zu verarbeiten und dadurch von dem Einzuweihenden abzuleiten. Dieser wäre sonst, trotz seiner Vorbereitung, durch jene dämonischen Kräfte (Wesen) innerlich zerrissen worden – ein Vorgang, der dem Prozeß entspricht, den wir in der Schizophrenie vor uns haben.

Der Einzuweihende hatte sein Ich ganz dem priesterlichen Lehrer ergeben. *Durch dessen Augen* schaute er auf sich selbst hin und er erlebte so indirekt das Bewußtwerden der Kräfte des Astral-, Äther- und physischen Leibes; oder (wie wir im 9. Kapitel sehen werden) die Wirkung der Venus-, Merkur- und Monden-Kräfte im Menschen.

Der Einzuweihende betrat nun die Welt seines eigenen *Astralleibes*, des Trägers des animalischen Seelenlebens. Zuerst erlebte er alles, was er *nicht* getan hatte, aber hätte tun können und sollen. Alle Unterlassungssünden erschienen ihm als eine schwere Last, und diese Sündenlast rief einen Vernichtungsdrang hervor, der so stark war, daß er, wäre er unvorbereitet im gewöhnlichen Leben aufgetreten, zum Selbstmord geführt haben würde.

Doch der Einzuweihende war hierauf vorbereitet. Während seiner Schulung hatte er immer wieder auf sein eigenes Leben zurückblicken müssen, um die Last der Unterlassungssünden ertragen zu lernen. In der Einweihung selbst verdichteten sich die bedrückenden Aspekte des bisherigen Lebens zu einer Gestalt, die als «Hüter der Schwelle» erschien – einer aus den persönlichen Erlebnissen des Einzuweihenden gebildeten, in gleichsam objektivierter Form auftretenden Geistgestalt, die sich nun als ein Hindernis, als ein Negativbild, dem weiteren Hinuntersteigen ins Innere in den Weg stellte. In der ägyptischen Kulturperiode nahm dieser Hüter die Gestalt der *Sphinx* an. Der Schüler hatte sie als äußeres Bild bereits kennengelernt auf dem Weg, der zum Tempel führte: Sphinx-Figuren flankierten ihn. Jetzt lernte er seine eigene, individuelle Sphinx kennen. – Ein ähnliches Erlebnis veranlaßte später die Mystiker zu dem Gelöbnis, mit allen Kräften an der eigenen Seele zu arbeiten.

Hier ist der Hinweis angebracht, daß das Beschreiten des Weges ins Innere ein *Zurückgehen in der Zeit* bedeutet, im Gegensatz zum Weg ins Äußere, der zur Ich-Ausdehnung und zu einem Aufgehen im Raum führt. Der Weg ins Innere bedeutet ein Aufgehen im Zeitenstrom. Unsere Leibesgestalt, unsere Organe sind gebildet durch Kräfte der Vergangenheit. Sie sind die Frucht früherer Inkarnationen, die gleichsam geronnen sind in die Formen und Funktionen unseres Leibes. Dieser Entwicklungsprozeß wurde während der Einweihung nun in umgekehrter Reihenfolge durchlebt.

Der ägyptische Schüler konnte, wenn die Vorbereitung zur Einweihung den Regeln entsprechend verlaufen war, ziemlich schnell am «Hüter der Schwelle» vorbeigehen und mit seinem eigenen Astralleib – vor allem mit dem, was als unbewußtes Seelenleben im Gebiet unterhalb des Zwerchfells lebt – konfrontiert werden. Er hatte ja den Mut und die Unerschrockenheit, die dafür notwendig waren, entwickelt. Ohne die Führung des Hierophanten jedoch, durch dessen Augen er dies alles wahrnahm und der eingriff, wenn der Schüler zu versagen drohte, wäre er nicht weitergekommen.

Als nächstes wurde der Schüler nun in seinen eigenen *Ätherleib* «hineingeführt». Die hier wirksamen Kräfte sind keine freilassenden mehr, sondern *zwingend*. Der Ätherleib ist die dynamische Kraft in allen Lebensprozessen. Er bildet die Organe, baut die Nahrung ab und baut daraus dann wieder körpereigenes Eiweiß auf. In den biochemischen Prozessen, die der Ätherleib reguliert, sind unvorstellbar starke Vernichtungs- und Aufbaukräfte wirksam. Diese «Kräfte» sind reale, ätherische Wesen, Rudolf Steiner nennt sie «Elementarwesen»; sie dienen uns, doch wenn sie am falschen Ort wirksam werden, haben sie eine vernichtende Wirkung. Wir nennen dies dann «Krankheit».[8]

Der Ätherleib ist ein *Zeitenleib*, die Gesamtheit aller rhythmischen *Prozesse*, die in der Zeit vor der Geburt in der Lebenssphäre an seiner Bildung beteiligt waren. Diese individuell abgestimmte Bildung ist abhängig von dem Karma, das man sich aus seinem früheren Leben mitbringt, und es ist durchaus begreiflich, daß diese Tatsache die Wirkung der idealen kosmischen Rhythmen abwandelnd beeinflußt. In dieser Hinsicht können die Elementarwesen, die dem Menschen dienen, einen negativen Charakter annehmen; sie spuken in uns herum als Krankheitsanlagen und konstitutionelle Einseitigkeiten.

Diese konstitutionell bedingten Krankheitsanlagen, die tief in uns verborgen liegen und oftmals erst recht spät im Leben wirksam werden, hätten das Ich des Einzuweihenden überwältigen können. Man kann die zwölf Helfer, die dafür sorgten, daß dies nicht geschah, daher auch als die zwölf Heiler bezeichnen!

Der Schüler konnte sich, da er vor dieser Gefahr behütet wurde, ganz auf diejenigen Kräfte konzentrieren, die seinen Ätherleib vor der Geburt individualisiert hatten. Dies besagt: er konnte in den eigenen Zeitenstrom untertauchen. Zuerst wurde erlebt, wie der Mensch in der Phase, die vor der Geburt liegt, selbst seine Vererbungskräfte für das nahende Erdenleben aufbaut. Die Seele muß, um dies vollbringen zu können, während vieler Jahrhunderte ihren Ahnenstrom «begleiten», dem der Ätherleib seine an die Vererbung gebundenen Eigenschaften verdankt. Während der Einweihung bewegte man sich rückwärts im eigenen Zeitenstrom. Erinnerungen an derartige Einweihungserlebnisse finden sich bei Völkern, in denen der Ahnenkult noch lebendig ist.

Das erste Erlebnis, das astrale Erleben der eigenen Sünden also, war wie das Vorhalten eines Spiegels. Nun durchbricht der Schüler diese Spiegeloberfläche und kommt mit den Kräften in Berührung, die in den Spiegelbildern wirksam sind. Die Seele konnte diese Erfahrung nur verkraften, wenn sie zuvor eine Erziehung zu Selbstlosigkeit, Mitleid und Liebefähigkeit durchgemacht hatte. Diese Seelen-Erziehung führte in der ägyptischen Kulturepoche zur Entwicklung der «Empfindungsseele»[9].

Der Ätherleib ist der Träger der Vererbungskräfte. Dem Einzuweihenden ging dann auch die Tatsache auf, daß er aus seinem Karma heraus mitgewirkt hatte am Aufbau einer ganz bestimmten Vererbungsstruktur, die übereinstimmte mit seiner eigenen, karmisch bedingten Ätherstruktur, die er mitgebracht hatte. Aus den charakteristischen Merkmalen seines *individuellen* Ätherleibes offenbarte sich ihm, wie sich dieser während des großen Ganges zwischen dem letzten Tod und der Geburt des gegenwärtigen Lebens gebildet hatte. Schließlich wurde ihm dann klar, daß alles, was in irgendeiner Weise in diesem Ätherleib störend wirksam war, mit Kräften zusammenhing, die während eines früheren Lebens im damaligen Ätherleib veranlagt worden waren. Dieser frühere Ätherleib hatte seine Spuren in den Äthersphären hinterlassen. Das eigene, vergangene Leben wurde in seinen Auswirkungen durchlebt. Dies war jedoch nur möglich, wenn der Schüler alles abgelegt hatte, was ihn an das heutige Leben band. Für den Einzuweihenden war die Reinkarnation keine bloße Lehre mehr – sie war ihm zur Erfahrung geworden.

Der Schüler erlebte nun einen anderen Menschen in sich: den Träger des alten Karma. Er mußte diesen anderen Menschen, diesen «Doppelgänger», akzeptieren und heilen; das bedeutete, daß er sich selbst als *zwei Menschen* wahrnahm: erlebte sich als alten *und* neuen Menschen zugleich.

Und wieder aufs Neue mußte der Einzuweihende hinuntertauchen in die eigene Konstitution und erleben, wie dieses frühere Leben seinerseits «gefärbt» worden war durch ein noch früheres Leben ... Dies wiederholte sich viele, viele Male, bis der Moment erreicht war, da sich zum ersten Mal in der Menschheitsgeschichte menschliche Ätherleiber individualisiert hatten. Dies war am Anfang der «lemurischen Zeit»[9] geschehen. In der Epoche, die der lemurischen Zeit voranging, der «hyperboräischen Zeit», waren die Ätherleiber noch pflanzenhaft und unindividualisiert. Sie erhielten ihre individuelle Gestalt erst während der lemurischen Zeit durch die Bildung des Astralleibes. Daher führten die ägyptischen Mysterien nicht weiter zurück als bis zum Beginn der lemurischen Epoche.

Auch Moses, der eine ägyptische Einweihung durchgemacht hatte, setzte den Anfang der Menschheit in die lemurische Epoche. Der Paradiesmythos ist eine lemurische Erinnerung an die hyperboräischen Entwicklungsvorgänge.

Doch noch tiefer mußte der ägyptische Schüler in sein Wesen hinabtauchen. Auch die Kräfte seines *physischen Leibes* mußte er kennenlernen. Er mußte diesen physischen Leib von innen heraus sehen lernen und erleben, wie sich in ihm die Stammes- und Rassenmerkmale ausprägten. Er lernte in die Entstehungszeit der Rassen zurückzugehen und wußte nun, welchen Beitrag seine eigene Rasse zur Menschheitsentwicklung zu leisten hatte. Diese Erkenntnis brauchte er, um später sein eigenes Volk als Eingeweihter leiten zu können.

Die höchste, in der Ätherwelt wirksame Macht kannten die Ägypter unter dem Namen des Thoth/Hermes/Merkur[10]. *Hermes Trismegistos*, der dreimal große Hermes, war der Ur-Hierophant und Stifter der ägyptischen Mysterien. In der Bibel trägt er den Namen Henoch, was einfach «der Eingeweihte» bedeutet.

Der ägyptische Eingeweihte war demnach in diese «hermetischen» Mysterien eingeweiht; in erster Linie also in die Mysterien des Ätherleibes, des Zeitenstromes und der Entwicklung.

Wer in der heutigen Zeit ungewollt und unvorbereitet Kräfte dieser Organ-Ätherwelt in seinem Bewußtsein wahrnimmt oder sie hereinbrechen fühlt, fällt Kräften zum Opfer, die dieses Bewußtsein überwältigen. Er wird sich in seiner Gespaltenheit, seiner Schizophrenie, als zwei (oder mehr) Menschen erleben, die halluzinatorisch zu ihm sprechen, ihm Aufträge erteilen oder zur Raserei bringen – je nach den Organen, deren Kräfte im betreffenden Fall durchbrechen. Wer lediglich die astralen Kräfte erlebt, wird von depressiven Empfindungen heimgesucht werden, die schließlich zum Suizid führen können. Nicht ohne Grund kann man die Psychose eine mißlungene Einweihung nennen, wie wir später noch näher ausführen werden.

In allen östlichen Mysterien war ein Führer, Guru oder Hierophant notwendig, der den Schüler Schritt für Schritt auf seinem Weg geleitete. Die Mantren, die der Führer während der Vorbereitungszeit seinem Schüler gab, trugen die persönliche Kraft dieses Führers in sich.

Im Mittelalter, in den nachchristlichen Zeiten, ließen die Mystiker sich nicht mehr von irgendeinem lebenden Guru leiten. Sie konnten ihren Weg gehen, indem sie sich ganz mit Christus erfüllten. Christus wurde für sie der «Guru», dem sie sich ganz hingaben. Dieser Weg erforderte jedoch, daß man sich ganz aus dem Leben zurückzog.

Der moderne Mensch darf sein Ich nicht einem Guru hingeben. Er muß, als Träger eines bereits viel stärker individualisierten Ich, selbst die Verant-

23

wortung für seine Taten übernehmen. Er darf zwar dem Rat eines Weisen oder Eingeweihten folgen, muß aber selbst in völliger Bewußtheit die Vorbereitung leisten und entscheiden, wann er reif ist für bewußte weitere Schritte. Er darf sich nicht irgendeiner anderen Person unterwerfen, denn dies würde die Entwicklung des modernen Ich wieder zunichte machen und einen Rückfall in unreife, überholte Stadien der Ich-Entwicklung bedeuten. Auf die Rolle des Guru oder des Lehrers kommen wir in den Kapiteln, die sich mit der inneren Entwicklung befassen, noch zurück (siehe Kapitel 6 und 7).

3 Der Weg ins Äußere – Die nördlichen Mysterien

Unser Tagesbewußtsein ist in seiner Gebundenheit an die Sinne beschränkt auf jenes Oberflächenbewußtsein, das eingangs schon beschrieben wurde. Jede Nacht durchbrechen wir beim Einschlafen dieses Oberflächenbewußtsein des Tages; wir betreten dann die geistige Wirklichkeit, die sich hinter der Oberfläche verbirgt. Wir selbst sind dafür verantwortlich, daß sie sich verbirgt, da wir uns lediglich mit der Seite der Wirklichkeit beschäftigen, die uns durch die leiblichen Sinne offenbart wird.

Im Moment des Einschlafens, wenn wir dieses sinnengebundene Bewußtsein aufgeben, betreten wir die Welt der Elemente und derjenigen Wesen, die diese Welt bevölkern; in der sinnenfälligen Welt nehmen wir lediglich ihre Wirkungen wahr. Doch im Moment des Einschlafens verlieren wir unser Tagesbewußtsein. Wir nehmen unter normalen Umständen nichts wahr von der Nachtwelt.

Der Einweihungsweg ins Äußere führt dazu, daß wir beim Einschlafen unser Bewußtsein behalten, daß wir *bewußt* über die Schwelle gehen.

Die germanisch-keltischen Mysterien[11] waren solche, in denen der Schüler nicht in die eigene, subjektgebundene Innenwelt geführt wurde, sondern hinaus in den Kosmos, in die Welt der die Menschheitsentwicklung leitenden Hierarchien[12]. Diese Mysterien des hohen Nordens waren über ganz Europa und Süd-Rußland, selbst bis nach Alt-Persien, dem Land des Zarathustra, verbreitet.

Führt der Weg ins Innere zu einem halluzinatorischen Erleben der eigenen Organkräfte, so führt der Weg ins Äußere zur *Ekstase*, zum Aufgehen in den Kräften des Kosmos. Das bedeutet eine Ich-«Verdünnung», ein Sich-Ausbreiten des Ich im Kosmos. Dadurch wird das Ich-Bewußtsein immer schwächer. Die Vorbereitung auf dieses Erlebnis besteht daher auch in der Erstarkung des Ich, im Ausbilden zusätzlicher Ich-Kräfte. In den nördlichen Mysterien geschah dies durch die Entwicklung des *Mutes*. Die viele Jahre dauernde Vorbereitung des Schülers bestand aus den verschiedensten leiblichen, aber auch moralischen Mutproben.

So waren zum Beispiel die Fahrten der Wikinger in ihren kleinen Booten auf hoher See eine gute Vorbereitung. Weiter mußten Mut im Kampf, Ausdauer und Unerschrockenheit geübt werden. Wer das germanische Zentralheiligtum der Externsteine (zwischen Paderborn und Detmold) besucht, sieht dort Felsen, die senkrecht 45 Meter hoch aufragen. Man kann an zwei dieser Felsen noch die Ansatzpunkte der «schwankenden Brücke» wahrnehmen, die sich über den gähnenden Abgrund spannte; sie bestand aus zwei Tauen mit hölzernen Querlatten. Der Einzuweihende mußte, ohne daß es ihn schwindelte, diese Brücke überschreiten. Wer die Prüfung nicht bestand, verlor sein Leben. Ähnliches fand bei den «heiligen Wagenrennen» statt, die in der Nähe abgehalten wurden; auch dort ging es nicht sehr sanft zu.[13]

Vor der eigentlichen Einweihung mußte ein Überschuß an ichhaften Mut-Kräften gebildet werden. Die schwerbewaffneten, abgehärteten römischen Legionäre zitterten vor Angst, wenn sie den Schlachtruf heranstürmender Germanen hörten. Die Kelten kämpften sogar völlig nackt, mit blau bemalten Körpern, lediglich mit einem kleinen Schild und einem langen Schwert bewaffnet. Der «Überschuß» der Ich-Mut-Kräfte, der sich in ihrer Wildheit äußerte, übte eine magische Wirkung auf die südlichen Völker aus, die solche Kräfte in dieser Form nicht kannten.

Hatte der Schüler alle Mutproben bestanden, kam der Augenblick der Einweihung. Davor hatte der Schüler sich noch intensiv mit den Kräften zu verbinden gelernt, die im *Jahreslauf* wirksam sind.

Der Priester brachte ihn nun, bei vollem Bewußtsein, in Berührung mit der elementarischen Welt. In bestimmter Hinsicht war diese Welt den damaligen nordischen Völkern eigentlich immer zugänglich: die Natur wurde von Elfen und Trollen, Nebel- und Sturmriesen bevölkert. Reste dieses Erlebens finden sich heute noch in Schweden, Norwegen und Irland. Während der Einweihung jedoch stand man dieser Welt nicht «gegenüber», wie es beim Tagesbewußtsein der Fall war, sondern man *ging* völlig *in ihr auf*. Das Ich verlor sich im Sturm, wurde dann wieder in Abgründe der Erde geschleudert, ging durch die eisige Erstarrung der Frost-Kräfte und die Flammen des Feuers hindurch.

Die beginnende Loslösung des Ich wurde als ein Gefühl der Seligkeit, der Befreiung von allem Bindenden, erlebt. Die große Verleitung, in diesem Zustand zu bleiben, stellte sich ein. Bei der Besprechung der Neurosen wird sich zeigen, daß es diese Versuchung des Exkarnations-Leichtigkeitsgefühls immer noch gibt.

Dann aber ereignete sich ein *schockartiger Übergang* in den Kosmos; die erste Ebene war die elementarische Welt, in der die erwähnten Erlebnisse des Zerrissen-Werdens von den Kräften der Erde, des Wassers, der Luft und des Feuers durchgemacht wurden.

Auch in diesen Mysterien hatte der Priester zwölf Helfer neben sich. Sie hatten sich auf diese Rolle vorbereitet, indem sie sich ganz mit den Kräften und dem Charakter der Jahreszeiten durchdrungen hatten. Jeweils drei dieser Helfer verbanden sich mit einer der vier Jahreszeiten: drei mit dem Frühjahr, drei mit dem Sommer, drei mit dem Herbst und drei mit dem Winter. Durch diese Einseitigkeit, die auf einem freiwilligen Opfer beruhte, hatten sich in diesen Helfern einseitig konzentrierte Ich-Kräfte entwickelt. So konnten sie im Zusammenwirken den Schüler davor bewahren, daß er von den Elementen zerrissen wurde. Sie erlebten die Erfahrungen des Schülers in der eigenen Seele bewußt mit und hielten ihnen durch ihr Ich-Bewußtsein stand. Dies ermöglichte dem Schüler, zu einer weitergehenden Erfahrung der elementarischen Welt zu kommen: er wurde sich dessen bewußt, daß hinter und in allen Erscheinungen geistige Wesen wirken. Ein Schleier fiel weg – Erde, Wasser, Luft und Feuer wurden *wesenhaft*.

In diese elementarische Welt trug der Schüler seine Seelen-Eigenschaften mit hinein. Je nachdem, wie sie beschaffen waren, störten sie die kosmische Ordnung in verschieden starkem Maße, oder sie waren im Einklang mit ihr. Außerdem offenbarte sich ihm nun die Tatsache, daß es unter den elementarischen Wesenheiten nicht nur dienende, sondern auch «schlechte» gibt. Er nahm luziferische und ahrimanische Wesen wahr.[14] Diese Wesen verbanden sich unmittelbar mit den negativen Eigenschaften des Schülers und verstärkten sie. Wäre der Schüler jetzt ins Tagesbewußtsein zurückgekehrt, so hätten sich seine negativen Eigenschaften nur verschlimmert.

Darum führte der Priester den Schüler nun zur Anschauung dessen, was der Mensch am Ende seiner Entwicklung einst werden muß: Vor seinem Geistesauge erschien in überwältigender Lichtkraft ein Wesen, das zugleich objektive Strenge und Güte ausstrahlte. In der Sprache der Mysterien wird es *«der große Hüter der Schwelle»* genannt, im Gegensatz zu dem kleinen, «subjektiven» Hüter, dem der Mensch auf dem Weg ins Innere begegnet. Der große Hüter ist das Menschheits-Ich, das in Christus in der Welt erschienen ist. Der Anblick des großen Hüters, jener vorchristlichen Christusgestalt, erfüllte den Menschen mit dem Bewußtsein davon, was er dereinst würde sein können, wenn er sich völlig mit der Kraft des Christus durchdrungen haben würde. Die Kelten sprachen daher auch von Christus als dem «König der Elemente».

Diese Begegnung war für die Eigenliebe des Schülers ein vernichtender Schlag. Er sah jetzt ein, was er war und was er eigentlich werden mußte, und er gelobte in seiner Seele, daß er in seinem weiteren Leben den Egoismus und die Macht-Impulse in sich bekämpfen wollte.

Hatte er die Begegnung mit dem großen Hüter überstanden, konnte er die elementarische Welt hinter sich lassen und die nächste Ebene der geistigen

Welt erreichen. Dies wurde in den germanischen Mysterien als das Überschreiten der Gjallarbrücke beschrieben. Dahinter lag die Welt, die in der indischen Terminologie «Kamaloka» und mit einem mittelalterlichen Ausdruck «Fegefeuer» genannt wurde. Hier begegnete der Schüler den Verstorbenen in der Phase, in der sie ihre irdischen astralen Unvollkommenheiten büßten und überwanden.

Hinter dieser Welt lag dann wieder das Reich der Ordnung und Harmonie der Planetenkräfte, wo hohe hierarchische Wesen herrschten. Nachdem der Schüler zuerst die niederen astralen Kräfte im unmittelbaren Jenseits durchlebt hatte, lernte er nun die höheren astralen Kräfte in ihrer kosmischen Ordnung und Harmonie kennen. Diese Kräfte wirken auch in unserem Astralleib und regulieren unsere Gesundheit. Die Griechen schauten diese reinen astralen Kräfte im Bild vom Goldenen Vlies. «Auf die Suche nach dem Goldenen Vlies gehen» bedeutete soviel wie: einen Einweihungsweg suchen. Die nördlichen Germanen erlebten diese Welt als eine makrokosmische, große «Weltenuhr» mit zwölf verschiedenen Gruppen geistiger Wesen – unser Tierkreis – und sieben «Planetenzeigern», die während ihrer Umläufe immer wieder neue Konstellationen ergaben. (Unsere Uhr mit ihren zwölf Ziffern und zwei Zeigern ist ein reduziertes Abbild davon. Der kleine Zeiger repräsentiert die Sonne, der große ist der Mond. So findet man es öfter auf alten Uhren abgebildet.) Durch die sieben «Zeiger» dieser Weltenuhr konnten unzählige Konstellationen im ganzen der Weltharmonie entstehen.

Die «kosmische Uhr» formte Worte einer Geistes-Sprache: die Bilder des Tierkreises die Konsonanten, die Planeten die Vokale. Das Verstehen-Lernen dieser Geistes-Sprache bedeutete, daß man wußte, *was der jeweilige Augenblick von der Menschheit forderte.* Dieses Wissen war die Frucht einer geglückten Einweihung.

Schließlich wurde der Schüler durch noch höhere Welten geleitet. Er lernte die Welt kennen, in der die Kräfte wirken, die unser Gehirn gestalten und unser Denken ermöglichen – die «Vernunftwelt». Zuletzt erhielt man Zugang zur Welt der Urbilder, in der die höchsten Hierarchien wirksam sind. (C. G. Jung hat eine Abspiegelung dieser Urbilder-Welt in seinen «Archetypen» gefunden, die jeder Mensch in sich trägt, die aber – wie Jung mit Recht sagt – für unser Tagesbewußtsein prinzipiell nicht erkennbar sind.)

Nicht jeder Schüler durchlief dieselbe Einweihung; der Weg in den Makrokosmos wurde in der elementarischen Welt stark vom eigenen Temperament bestimmt. Der Choleriker erlebte sich in einer Welt lodernden Feuers, der Sanguiniker im Wehen des Windes, der Phlegmatiker versank in einer Sumpfwelt und der Melancholiker fühlte die Kräfte der Kälte, die ihn erstarren machten. (Siehe auch Andersens Märchen «Die Schneekönigin», in dem ebenso wie in den norwegischen Volksmärchen viele Einweihungsbilder leben.)

Für den modernen Menschen bedeutet das unvorbereitete Betreten der elementarischen Welt eine Entpersönlichung, die durch eine Ich-Verdünnung zustande kommt und die oftmals als Befreiung oder Leichtegefühl erlebt wird, als das Abfallen aller täglichen Sorgen und Mühen. Wenn der moderne Mensch dann jedoch plötzlich und unvermittelt die Schwelle überschreitet, findet er den Rückweg kaum mehr. Eine eindringliche Beschreibung dieser Erscheinung findet sich in dem Buch «Snapping» von Conway und Siegelman, auf das wir im 12. Kapitel noch zurückkommen werden.

Die Begegnung mit den gewaltigen Kräften der Natur vermittelte dem Schüler der nördlichen Mysterien eine intensiv erlebte Selbsterkenntnis. Ohne eine Vorbereitung auf diese Selbsterkenntnis, auf das Ertragen-Lernen der Einsicht «So bin ich!», hätte die Begegnung mit der Menschheits-Idealgestalt niederschmetternd wirken müssen. Wer jedoch gelernt hatte, sein Selbstvertrauen trotz dieser Selbsterkenntnis zu behaupten, wer seinen Doppelgänger akzeptieren gelernt hatte – der konnte aus der Begegnung mit dem großen Hüter die Ermutigung empfangen: «So kann der Mensch einst *werden*!» Wer diese Begegnung erlebt hat, weiß, wie unvollkommen er ist, doch hat er gleichzeitig die unerschütterliche Kraft zu immerwährendem Streben nach Vervollkommnung in allen Lebensumständen empfangen, und er weiß, daß ihm geholfen wird durch Christus, den «König der Elemente».

Vom nördlichen Einweihungsweg ist durch einen Zufall ein Rest erhalten geblieben: das Traumlied vom Olav Åsteson, «der einst so lange schlief». Im folgenden soll nun dieses Lied besprochen werden. Auch der Text wird wiedergegeben als ein Beispiel der beschriebenen Einweihungserfahrungen.[15]

Das Traumlied vom Olav Åsteson

Ungefähr im Jahre 1850 wurde durch Pastor Landstad in einem einsamen Tal in Telemark aus dem Volksmund das «Traumlied vom Olav Åsteson» aufgezeichnet. Das Lied, das in alt-norwegischer Sprache abgefaßt ist, spielte eine Rolle im «Sprachenkampf» Norwegens, in dem schließlich das Alt-Norwegische über das «Stadt-Norwegische», das Dänische, die Oberhand gewann.

Im Jahre 1919 wurde Rudolf Steiner anläßlich eines Besuches in Oslo von der norwegischen Schriftstellerin Ingeborg Möller-Lindholm auf das Traumlied aufmerksam gemacht. Auf seine Bitte hin fertigte sie eine wörtliche Übersetzung an, die er später selbst bearbeitete. Er sprach danach mehrmals über das Lied, während Marie Steiner-von Sivers bei solchen Anlässen den Text deutsch vortrug. Rudolf Steiners Vorträge haben die Bedeutung, die diese alte Sage auch für unsere Zeit hat, deutlich gemacht.

Was ist das Besondere an dem Traumlied vom Olav Åsteson? Es ist nur noch ein Fragment eines viel umfangreicheren Ganzen, doch es enthält alle Elemente des norwegischen Einweihungsweges.

Wer war Olav Åsteson? Ein historischer Anknüpfungspunkt findet sich, wenn man bis ungefähr ins Jahr 1000 n. Chr. zurückgeht; damals kam das noch germanisch-heidnische Norwegen durch zwei große Könige in Berührung mit dem Christentum, durch Olav I. und Olav II. Olav I., der Olav Trygveson genannt wurde, lebte von 969 bis 1000. Er war als Sklave aus Estland gekommen, verbrachte seine Jugend in Nowgorod und unternahm später als Wikinger Fahrten nach Frankreich und England.

Durch einen Klausner auf den Scilly-Inseln wurde er zum Christentum bekehrt und heiratete eine christliche irische Königstochter. Nach Norwegen zurückgekommen, wurde er im Jahre 995 König dieses Landes und begann mit der Bekehrung der Bevölkerung zum Christentum. Er wollte auch Schweden erobern, doch er fiel im Jahre 1000 während einer Seeschlacht auf seinem Schiff, der «Großen Schlange», dem größten Schiff seiner Zeit. Olav Trygveson war das Urbild eines Wikingerkönigs und Eingeweihten mit all dem Mut und der Verwegenheit, die dazu gehörten. Der Übergang zum irisch-kosmischen Christentum war für ihn, der dem «großen Hüter» begegnet war, ein natürlicher Schritt.

Olav II., Olav Haraldson genannt, wurde im Jahre 995 geboren, in dem Jahr, in dem Olav I. König wurde. Er begegnete dem Christentum also schon während seiner Jugend, hatte jedoch auch, wie aus dem Traumlied hervorgeht, eine nordische Einweihung durchgemacht, die aber nicht im Gegensatz stand zum westlich geprägten, irischen Christentum. Auch er fuhr schon sehr jung als Wikinger nach England und kam im Jahre 1015, als Zwanzigjähriger, zurück. 1016 siegte er in einer Schlacht gegen den damaligen Herrscher und wurde König über Norwegen. Die Christianisierung des Landes wurde nun mit Gewalt fortgesetzt, was heftigen Widerstand der Bevölkerung wachrief. Im Jahre 1029 verschworen sich einige Edelleute unter Leitung von Knud dem Großen gegen ihn. Olav mußte nach Rußland fliehen. Er kehrte 1030 zurück und fiel schließlich in der Schlacht bei Stiklestad, die er gegen sein eigenes, norwegisches Volk führen mußte. Schnell waren seine Grausamkeit und Wildheit vergessen. Sein Grab wurde zum Wallfahrtsort, an dem Wunderheilungen geschahen. Schon 1164 wurde er heiliggesprochen. Bis auf den heutigen Tag wird er als St. Olav verehrt.

Olav Haraldsons Mutter hieß Åsta. Dieser Name hat zwei Bedeutungen: einerseits bedeutet er «die Liebe», andererseits «der Generationsstrom, in dem noch Hellsichtigkeit lebt».

Olav Åsteson war also durch seine Mutter noch erblich mit den alten Mysterien des Mutes verbunden. Er kam durch seine Umgebung in Berührung mit einem kosmischen Christentum, in dem, der irischen Tradition gemäß, Christus als der «König der Elemente» erlebt wurde. In seiner Seele war also ein Doppeltes lebendig – etwas, was kennzeichnend ist für Übergangszeiten. Seine Biographie kann daher durchaus nicht nach bürgerlichen Maßstäben beurteilt werden.

Außer diesen historischen Anknüpfungspunkten gibt es, wie meist bei derartigen Begebenheiten, noch ein geistiges Hintergrundgeschehen, das durch die historische Wirklichkeit hindurchleuchtet. Rudolf Steiner hat auf die Tatsache hingewiesen, daß der Name «Olav Åsteson» (ebenso wie der des Königs Artus) auch als Mysterienname aufgefaßt werden könne, der von Angehörigen mehrerer Generationen getragen worden sei; auch sei das Lied dem *Inhalt* nach viel älteren Ursprungs als der überlieferten *Form* nach, die aus dem 13. Jahrhundert stamme. In Gesprächen mit Ingeborg Möller machte Steiner nähere Mitteilungen, die sie schriftlich festgehalten hat. Diesen Notizen entnehmen wir folgende Passage: «Der Inhalt des Traumliedes sei viel älter als gewöhnlich angenommen, er stamme aus der Zeit ungefähr um 400 n. Chr. Damals lebte ein großer christlicher Eingeweihter in Norwegen. Sein Mysterienname war Olav Åsteson, und das Lied schildert seine Einweihung. Er begründete eine Mysterienschule im südlichen Teil des Landes; der Name des Ortes wurde nicht genannt. Ursprünglich sei das Lied viel länger gewesen und habe zwölf Abschnitte, einen für jedes Bild im Tierkreis. Das Lied schildert Olav Åstesons Wanderung durch die Sternenwelt und was er dort sah und erlebte. Es sind nur Reste des ursprünglichen Liedes, die wir heute haben. Die erwähnte Mysterienschule bestand noch bis in das frühe Mittelalter hinein, und der Leiter wurde immer Olav Åsteson genannt.»

Diese Mitteilung des Geistesforschers wirft ein Licht auf Olav, den Heiligen. Vielleicht war dieser König in seiner Art auch ein «Olav Åsteson». Wesentlich ist jedoch die Tatsache, daß das Lied der Niederschlag von realen Einweihungserlebnissen ist.

In dem Lied, in seiner uns bekannten Form, wird Olav als ein Eingeweihter geschildert, der in den zwölf heiligen Nächten zwischen Weihnachten und dem Dreikönigstag einen Mysterienschlaf durchmacht. Am 6. Januar kann er dann seine Erlebnisse den Kirchgängern erzählen. Sein «Lied» enthält alle Elemente des nordischen, kosmischen Einweihungsweges, doch wurden die Bilder in späterer Zeit mit christlichen Elementen durchsetzt.

Die Schritte seines Weges werden durch den veränderlichen Refrain markiert. Nach der Einleitung wird über die ätherische Welt gesprochen: «Der Mond schien hell, und weithin dehnten sich die Wege.» Hier geht es um den Durchgang durch die elementarische Welt, durch Wolkenhöhen wird er in schlammige Sümpfe gestoßen, überquert göttliche Ströme, muß über die Dornenheide gehen und sieht die Eisesmassen als blaue Flammen.

Dann kommt er zur Gjallarbrücke, die ihn in ein anderes Gebiet bringt. Die Brücke wird von drei Tieren bewacht: Hund (Hündin), Schlange und Stier – eine Art nordischer «Sphinx» aus Geisteshund, Geistesschlange und Stier. Nur wer die Wahrheit in Ehren hält, kommt über diese Brücke.

Wieder führt der Weg durch Sümpfe, Erde, Eismassen. Er lenkt seine Schritte zum «Winterpfad». In der Ferne erstrahlt schon der Glanz des Paradieses, und dann sieht er Gottes hohe Mutter, die ihn nach Brooksvalin sendet, das Gebiet des «Fegefeuers» oder das Kamaloka. Der Refrain wandelt sich und lautet jetzt folgendermaßen: «In Brooksvalin, wo Seelen dem Weltgerichte unterstehen.» Olav erlebt nun alle möglichen Folgen irdischer Schuld. Es handelt sich hier schon deutlich um ein astrales Gebiet: Vom Norden her kommen die bösen Geister angeritten, angeführt vom Höllenfürsten selber. Doch vom Süden kommt Sankt Michael dahergezogen, an der Seite Jesu Christi. Christus ist hier noch der Weltenrichter, der große Hüter, dem die Seelen durch Michael «zugewogen» werden.

Dann folgt der letzte Teil: die Seligpreisungen. Der Refrain lautet nun: «Da spricht der Waage Zunge, und Weltenwahrheit ertönt im Geistesstand.» Die Zunge der Waage Michaels spricht, und Weisheit erklingt im Geistessein. – Dieser Abschnitt scheint jünger zu sein als die anderen. Man vermißt die strenge Form, die die übrigen Teile auszeichnet.

Bei seiner Wanderung durch die Dornenheide wurde Olavs Scharlachmantel zerrissen. Der Scharlachmantel deutet darauf hin, daß Olav eine königliche Individualität war. Er blieb dies auch in der Welt jenseits der Schwelle, und das bedeutet, daß er vollständig eingeweiht war.

Hier folgt nun der Text des «Traumliedes» in der durch Rudolf Steiner eingerichteten Form der provisorischen Übersetzung von Ingeborg Möller-Lindholm.[16]

Das Traumlied

I

So höre meinen Sang!
Ich will dir singen
Von einem flinken Jüngling:

    Es war das Olaf Åsteson,
    Der einst so lange schlief.
    Von ihm will ich dir singen.

II

Er ging zur Ruh' am Weihnachtsabend.
Ein starker Schlaf umfing ihn bald,
Und nicht konnt' er erwachen,
Bevor am dreizehnten Tag
Das Volk zur Kirche ging.

    Es war das Olaf Åsteson,
    Der einst so lange schlief.
    Von ihm will ich dir singen.

Er ging zur Ruh' am Weihnachtsabend.
Er hat geschlafen gar lange!
Erwachen konnt' er nicht,
Bevor am dreizehnten Tag
Der Vogel spreitet die Flügel!

    Es war das Olaf Åsteson,
    Der einst so lange schlief.
    Von ihm will ich dir singen.

    Nicht konnte erwachen Olaf,
    Bevor am dreizehnten Tag
    Die Sonne über den Bergen glänzte.

Dann sattelt' er sein flinkes Pferd,
Und eilig ritt er zu der Kirche.

   Es war das Olaf Åsteson,
   Der einst so lange schlief.
   Von ihm will ich dir singen.

Schon stand der Priester
Am Altar lesend die Messe,
Als an dem Kirchentore
Sich Olaf setzte, zu künden
Von vieler Träume Inhalt,
Die in dem langen Schlafe
Die Seele ihm erfüllten.

   Es war das Olaf Åsteson,
   Der einst so lange schlief.
   Von ihm will ich dir singen.

Und junge und auch alte Leute,
Sie lauschten achtsam der Worte,
Die Olaf sprach von seinen Träumen.

   Es war das Olaf Åsteson,
   Der einst so lange schlief.
   Von ihm will ich dir singen.

III

«Ich ging zur Ruh' am Weihnachtsabend.
Ein starker Schlaf umfing mich bald;
Und nicht konnt' ich erwachen,
Bevor am dreizehnten Tag
Das Volk zur Kirche ging.

   Der Mond schien hell
   Und weithin dehnten sich die Wege.

Erhoben ward ich in Wolkenhöhe
Und in den Meeresgrund geworfen,
Und wer mir folgen will,
Ihn kann nicht Heiterkeit befallen.

    Der Mond schien hell
    Und weithin dehnten sich die Wege.

Erhoben ward ich in Wolkenhöhe
Gestoßen dann in trübe Sümpfe,
Erschauend der Hölle Schrecken
Und auch des Himmels Licht.

    Der Mond schien hell
    Und weithin dehnten sich die Wege.

Und fahren mußt' ich in Erdentiefen,
Wo furchtbar rauschen Götterströme.
Zu schauen nicht vermocht' ich sie,
Doch hören konnte ich das Rauschen.

    Der Mond schien hell
    Und weithin dehnten sich die Wege.

Es wiehert' nicht mein schwarzes Pferd,
Und meine Hunde bellten nicht,
Es sang auch nicht der Morgenvogel,
Es war ein einzig Wunder überall.

    Der Mond schien hell
    Und weithin dehnten sich die Wege.

Befahren mußt' ich im Geisterland
Der Dornenheide weites Feld,
Zerrissen ward mir mein Scharlachmantel
Und auch die Nägel meiner Füße.

Der Mond schien hell
Und weithin dehnten sich die Wege.

Ich kam an die Gjallarbrücke.
In höchsten Windeshöhen hänget diese,
Mit rotem Gold ist sie beschlagen
Und Nägel mit scharfen Spitzen hat sie.

Der Mond schien hell
Und weithin dehnten sich die Wege.

Es schlug mich die Geisterschlange,
Es biß mich der Geisterhund,
Der Stier, er stand in Weges Mitte.
Das sind der Brücke drei Geschöpfe.
Sie sind von furchtbar böser Art.

Der Mond schien hell
Und weithin dehnten sich die Wege.

Gar bissig ist der Hund,
Und stechen will die Schlange,
Der Stier, er dräut gewaltig!
Sie lassen keinen über die Brücke,
Der Wahrheit nicht will ehren!

Der Mond schien hell
Und weithin dehnten sich die Wege.

Ich bin gewandelt über die Brücke,
Die schmal ist und schwindelerregend.
In Sümpfen mußt' ich waten ...
Sie liegen nun hinter mir!

Der Mond schien hell
Und weithin dehnten sich die Wege.

In Sümpfen mußt' ich waten,
Sie schienen bodenlos dem Fuß.
Als ich die Brücke überschritt,
Da fühlt' ich im Munde Erde
Wie Tote, die in Gräbern liegen.

   Der Mond schien hell
   Und weithin dehnten sich die Wege.

An Wasser kam ich dann,
In welchen wie blaue Flammen
Die Eismassen hell erglänzten ...
Und Gott, er lenkte meinen Sinn,
Daß ich die Gegend mied.

   Der Mond schien hell
   Und weithin dehnten sich die Wege.

Zum Winterpfad lenkt' ich die Schritte.
Zur Rechten konnt' ich ihn sehn:
Ich schaute wie in das Paradies,
Das weithin leuchtend strahlte.

   Der Mond schien hell
   Und weithin dehnten sich die Wege.

Und Gottes hohe Mutter,
Ich sah sie dort im Glanze!
Nach Brooksvalin zu fahren,
So hieß sie mich, kündend,
Daß Seelen dort gerichtet werden!

   Der Mond schien hell
   Und weithin dehnten sich die Wege.»

IV

«In andern Welten weilte ich
Durch vieler Nächte Längen;
Und Gott nur kann es wissen,
Wie viel der Seelennot ich sah –

    In Brooksvalin, wo Seelen
    Dem Weltgerichte unterstehen.

Ich konnte schauen einen jungen Mann,
Er hatte einen Knaben hingemordet:
Nun mußte er ihn ewig tragen
Auf seinen eignen Armen!
Er stand im Schlamme so tief

    In Brooksvalin, wo Seelen
    Dem Weltgerichte unterstehen.

Einen alten Mann auch sah ich,
Er trug einen Mantel wie von Blei;
So ward gestraft er, daß er
Im Geize auf der Erde lebte,

    In Brooksvalin, wo Seelen
    Dem Weltgerichte unterstehen.

Und Männer tauchten auf,
Die feurige Stoffe trugen;
Unredlichkeit lastet
Auf ihren armen Seelen

    In Brooksvalin, wo Seelen
    Dem Weltgerichte unterstehen.

Auch Kinder konnt' ich schauen,
Die Kohlengluten unter ihren Füßen hatten;
Den Eltern taten sie im Leben Böses,
Das traf gar schwer ihre Geister

 In Brooksvalin, wo Seelen
 Dem Weltgerichte unterstehen.

Und jenem Hause zu nahen,
Es ward mir auferlegt,
Wo Hexen Arbeit leisten sollten
Im Blute, das sie im Leben erzürnt,

 In Brooksvalin, wo Seelen
 Dem Weltgerichte unterstehen.

Von Norden her, in wilden Scharen,
Da kamen geritten böse Geister,
Vom Höllenfürsten geleitet,

 In Brooksvalin, wo Seelen
 Dem Weltgerichte unterstehen.

Was aus dem Norden kam,
Das schien vor allem böse:
Voran ritt er, der Höllenfürst,
Auf seinem schwarzen Rosse

 In Brooksvalin, wo Seelen
 Dem Weltgerichte unterstehen.

Doch aus dem Süden kamen
In hehrer Ruhe andre Scharen.
Es ritt voran Sankt Michael
An Jesu Christi Seite

In Brooksvalin, wo Seelen
Dem Weltgerichte unterstehen.

Die Seelen, die sündenbeladen,
Sie mußten angstvoll zittern!
Die Tränen rannen in Strömen
Als böser Taten Folgen

In Brooksvalin, wo Seelen
Dem Weltgerichte unterstehen.

In Hoheit stand da Michael
Und wog die Menschenseelen
Auf seiner Sündenwaage,
Und richtend stand dabei
Der Weltenrichter Jesus Christ

In Brooksvalin, wo Seelen
Dem Weltgerichte unterstehen.»

V

«Wie selig ist, wer im Erdenleben
Den Armen Schuhe gibt;
Er braucht nicht mit nackten Füßen
Zu wandeln im Dornenfeld.

Da spricht der Waage Zunge,
Und Weltenwahrheit
Ertönt im Geistesstand.

Wie selig ist, wer im Erdenleben
Den Armen Brot gereicht!
Ihn können nicht verletzen
Die Hunde in jener Welt.

Da spricht der Waage Zunge,
Und Weltenwahrheit
Ertönt im Geistesstand.

Wie selig ist, wer im Erdenleben
Den Armen Korn gereicht!
Ihm kann nicht drohen
Das scharfe Horn des Stieres,
Wenn er die Gjallarbrücke überschreiten muß.

Da spricht der Waage Zunge,
Und Weltenwahrheit
Ertönt im Geistesstand.

Wie selig ist, wer im Erdenleben
Den Armen Kleider reicht!
Ihn können nicht erfrieren
Die Eisesmassen in Brooksvalin.

Da spricht der Waage Zunge,
Und Weltenwahrheit
Ertönt im Geistesstand.»

VI

Und junge und auch alte Leute,
Sie lauschten achtsam der Worte,
Die Olaf sprach von seinen Träumen.
Du schliefest ja gar lange ...
Erwache nun, o Olaf Åsteson!

4 Tagmensch und Nachtmensch

Jeder Mensch kennt den Konflikt zwischen den Bedürfnissen seines «natürlichen», durch Vererbung und Erziehung geprägten Menschen und dem *zweiten, inneren Menschen* mit seinen Idealen und Zielsetzungen, der seine Handlungen nach inneren Normen beurteilt. Schon Friedrich Schiller spricht dies in seinen «Briefen über die ästhetische Erziehung des Menschen» aus: «Jeder individuelle Mensch, kann man sagen, trägt der Anlage und Bestimmung nach, einen reinen idealischen Menschen in sich, mit dessen unveränderlicher Einheit in allen seinen Abwechslungen übereinzustimmen die große Aufgabe seines Daseins ist.» (Vierter Brief)[17]

Nach den Maßstäben unserer heutigen Kultur ist dies eine typisch romantisch-idealistische Aussage. Dieser sogenannte höhere Mensch ist in den Augen vieler Menschen eine Art künstliches Erzeugnis, Produkt einer veralteten Ethik und Ursache vieler im Grunde unnötiger innerer Konflikte und Neurosen, wie sie typisch sind für unsere Kultur. Viele Menschen sind der Auffassung, daß ein ungehindertes Sich-Ausleben der Triebe und Begierden des «ersten», natürlichen Menschen nur heilsam sei angesichts des Schadens, den das «soziale Gewissen» angerichtet habe. Verschiedene Arten populärer Gruppentherapien sind aus dieser Erkenntnis heraus entwickelt worden.

Wer jedoch die Möglichkeit der Existenz eines zweiten Menschen im Menschen nicht von vornherein abweist, der kann, wenn er die Entwicklung von Kindern zu Jugendlichen und jungen Erwachsenen unbefangen beobachtet, die Geburt dieses zweiten Menschen gleichsam mit eigenen Augen mit ansehen. Schon wenn das Kind im Alter von ungefähr zwei Jahren anfängt, «ich» zu sagen, und sich zum ersten Mal in seinem Ich-Bewußtsein erlebt, kündigt sich dieser zweite Mensch an. Gegen das zehnte Jahr tritt dann ein intensives Ich-Erleben hinzu, welches das Gefühlsleben des Kindes so stark erfüllt, daß es sich von seiner Umgebung abschließt, um in den folgenden Jahren Empfindungen der Einsamkeit und des Zweifels durchzumachen. Zweifel an der Legalität des Vererbungsgebundenen am Menschen, die oft in der Frage zum Ausdruck kommen, ob man denn auch wirklich das Kind seiner «sogenannten» Eltern sei, treten auf.

Während der Adoleszenzperiode, der Jahre zwischen 17 und 23, kommt der zweite Mensch dann zur völligen Entwicklung. Der junge Mensch erwacht, mehr oder weniger bewußt, mit Fragen wie diesen: Da stehe ich nun, mit bestimmten ererbten Anlagen und einer ganz bestimmten Konditionierung durch die Kulturumgebung, in der ich lebe. Erstere offenbaren sich in meiner Konstitution, meinem Temperament, meiner Charakterstruktur; letztere in der Bildung, die ich erreicht habe. Das sind Tatsachen, da bin ich unfrei; es ist einfach so, daß ich bestimmte Dinge kann und andere nicht. Doch was will *ich* nun aus dieser Tatsache machen? Weiter lernen? Arbeit suchen? Die Welt kennenlernen? Oder einfach einmal abwarten, wo es mich hin verschlägt? – Alle diese Fragen werden häufig nicht bewußt formuliert, sondern sie äußern sich in Protesthandlungen: Der Jugendliche wendet sich dann gegen seine Eltern, seine Erziehung, die Schule, die Gesellschaft usw.

Das sind existentielle Fragen, die von dieser Zeit an das Leben unaufhörlich begleiten. Sie tauchen wie eine «innere Stimme» im Bewußtsein auf mit der Forderung nach eigener Lebensgestaltung, selbstbestimmten Zielen und Normen, selbständigen Gewissensurteilen – einer Forderung, die häufig im direkten Konflikt steht mit den mitgebrachten Anlagen und der genossenen Erziehung. Denn diese innere Stimme, die sich um das neunzehnte Jahr herum so deutlich zu Wort meldet, ist die Stimme des eigenen höheren Ich, das Zukunftswille in sich trägt. Alles, was bis zu diesem Punkte entwickelt ist, ist alt, ist aus dem Karma vergangener Leben entstanden. Jetzt bricht das Ich durch, das zu dem Alten in diesem Leben etwas Neues hinzufügen will, und dieses Neue gibt dem jetzigen Leben erst seinen Sinn.

Hier sei eine Zwischenbemerkung gestattet. Unsere westliche Kultur hat sich seit dem 18. Jahrhundert in zwei Strömungen aufgespalten. Die ersten deutlichen Repräsentanten dieser Strömungen waren *Locke* und *Leibniz*.

Der Engländer John Locke, Arzt und Theologe, flüchtete während des englischen Glaubenskampfes in die Niederlande, wo er seinen weltberühmten *Essay concerning Human Understanding* verfaßte. Darin findet sich die bekannte These, daß der Mensch bei seiner Geburt ein «unbeschriebenes Blatt», eine «tabula rasa» sei. Alles, was an bewußtem Leben in uns ist, ist, so Locke, durch die Sinne in uns hereingekommen: «Nihil est in intellectu quod non prius fuerit in sensu.» Das anfangs unbeschriebene Blatt füllt sich durch die Lebenserfahrungen. Der Mensch ist daher *passiv* und wird von *außen her* geprägt.

Komplexe Begriffe wie Freundschaft, Treue, Liebe, Ehrlichkeit usw. sind Locke sehr verdächtig. Nur einfache Ideen seien wissenschaftlich untersuchbar. Daher müssen, seiner Meinung nach, die komplexen Begriffe reduziert werden auf einfache Komponenten. Die Bausteine der menschlichen Psyche sind letzten Endes allereinfachste Ideen. Das menschliche *Verhalten*, der einzige Aspekt der Psyche, den wir objektiv kennen und wahrnehmen, muß daher anhand der einfachsten Antriebe erforscht werden. Alles Höhere ist subjektiv oder Spekulation. Die Ratte wird dieser Denkweise nach als ein vereinfachtes Modell des Menschen betrachtet. Darum ist die wissenschaftliche Erforschung des Verhaltens von Ratten zuverlässiger als die des komplexen Verhaltens der Menschen.

Gordon Allport, der Nestor der amerikanischen Psychologen hat einmal konstatiert, daß das angelsächsische wissenschaftliche Denken im Banne der, wie er es nennt, Lockeschen Tradition stände.[18] So ist der Gedanke der «tabula rasa» und der passiven Persönlichkeitsbildung von außen her der Ausgangspunkt der modernen Verhaltensforschung.

Die andere Persönlichkeit war Leibniz. Er war ein Wunderkind. Bereits mit 20 Jahren wurde ihm eine Professur an der Nürnberger Universität angeboten; in dieser Stadt lernte er auch die Alchemie der Rosenkreutzer kennen. Mit 26 Jahren war er Gesandter deutscher Fürsten am Hofe Ludwigs XIV. Hier schrieb er sein «Consilium Aegyptiacum». In diesem Werk behauptete er, daß es die eigentliche Aufgabe Ludwigs XIV. wäre, Ägypten zu erobern und nicht die Länder Europas! Während der Jahre seiner Gesandtschaft beschäftigte er sich sozusagen aus Langeweile, nach einer Begegnung mit Huygens, mit der Mathematik, einem Gebiet, das er noch nicht kannte. Nach kurzer Zeit hatte er das Prinzip der Differential- und Integralrechnung entdeckt.

Als Leibniz die Schrift Lockes gelesen hatte, verfaßte er unverzüglich eine Entgegnungsschrift, «Nouveaux essays sur l'entendement humain», in welcher er seinerseits seine Auffassung vom Menschen darlegte.

Nach Leibniz wird der Mensch aktiv bewegt durch seine zentrale Monade, seine Persönlichkeit. Schon die Wahrnehmung selbst ist ein aktiver, persönlich geprägter Prozeß, der *bei jedem Menschen* in derselben Situation *anders* verläuft. Der Mensch ist für ihn ein Wesen, daß auf eine Zukunft zulebt, immer «unterwegs» ist, oder, wie Allport es später ausdrückt, immer «im Werden». Für Leibniz besteht die Welt nicht aus sog. Materie, sondern aus verdichtetem Geist, aus Konzentrationen von Wesenheiten, die er «Monaden» nennt. Die mineralische Welt beruht auf der größten Verdichtung solcher Geist-Monaden, sie besitzen ein tief-schlafendes Bewußtsein. Das Leben der Pflanzenwelt besteht aus weniger verdichteten Monaden mit unbewußt-lebendem Bewußtsein, doch aktiver als im Mineralischen. Träumend sind schon die Monaden der Tierwelt, wo Bewußtsein aufzutreten beginnt. Die zentrale menschliche Monade ist nur wenig verdichtet und denkend-wach.[19]

Die Aufgabe des Menschen ist es, sein natürliches Bewußtsein so sehr zu «erhöhen», daß es beim Sterben im göttlichen Bewußtsein aufgehen kann.

Für Leibniz hat der Mensch also eine hohe Aufgabe, die er erfüllen, aber auch verfehlen kann.

Allport weist darauf hin, daß das europäische Denken immer an diesem aktiven Menschenbild festgehalten hat. Erst nach dem Zweiten Weltkrieg hat sich im Zuge der starken Orientierung nach Amerika, die Lockesche Tradition auch bei uns durchgesetzt. Sie beherrscht heute die anthropologischen Wissenschaften, das Unterrichtswesen und die Medizin.

Frankl[20] hat auf die Tatsache hingewiesen, daß diese Tradition selektivblind, man könnte auch sagen: farbenblind, ist hinsichtlich alles dessen, was mit dem Geist zu tun hat. In einer extremen, popularisierten Weise wird dieses Menschenbild beschrieben in dem Buche «Der nackte Affe» von Desmond Morris[21].

Die Vertreter des Lockeschen, behaviouristischen Menschenbildes bezeichnen jegliche Anerkennung des «zweiten Menschen» im Menschen als «Ideologie» oder «Weltanschauung» – als unwissenschaftlich also. Dem kann entgegnet werden, daß ihre eigene Wahl des Menschenbildes im Grunde ganz genauso ideologisch und weltanschaulich bestimmt ist. Der Materialismus beruht letzten Endes auch auf einem vorwissenschaftlichen Postulat; er unterscheidet sich in dieser Hinsicht in keiner Weise von irgendeiner Form des Glaubens[22].

Sobald man jedoch den «zweiten Menschen» in uns nicht nur als ein Anpassungsprodukt betrachtet, sondern als selbständige Identität, die wir das Selbst, das Ich, die Individualität, oder mit Aristoteles, die *Entelechie* nennen können, ergibt sich ein farbenreiches, dramatisch-bewegtes Menschenbild. Es wird dann Wirklichkeit, was ich meinem Buche «Lebenskrisen – Lebenschancen» als Motto vorangestellt habe: Die Biographie des Menschen ist eine Symphonie, die er selbst komponiert.

Die «Hymnen an die Nacht» von Novalis

Der zweite Mensch im Sinne der Leibnizschen Tradition kann in verschiedener Weise beschrieben werden. Der deutsche Dichter Novalis (ein Pseudonym des Juristen und Bergbauingenieurs Friedrich von Hardenberg) hat diesen zweiten Menschen in der Ausdrucksweise der Romantik als den «Nachtmenschen» beschrieben. Er war sich dieses Nachtmenschen schockartig bewußtgeworden durch den Tod seiner Verlobten Sophie, eines 15jährigen Mädchens. Dadurch wurde es ihm möglich, sein Meisterwerk, die «Hymnen an die Nacht», zu dichten. Wir wollen einen Teil davon hier wiedergeben als Beispiel eines inneren Erlebens des «zweiten Menschen» in uns.

Novalis war in gewisser Hinsicht seiner Zeit weit voraus. Er war durch seine besondere Veranlagung imstande, Tatsachen zu erleben, die heute erst größeren Menschengruppen zur Realität werden. Das bewußte Erleben des «Nachtmenschen» war bei Novalis nicht das Resultat eines zielgerichteten inneren Schulungsweges; es entstand aus dem Schock, den das Hinscheiden seiner Geliebten ihm versetzte. Allerdings besaß Novalis das seltene Vermögen, an dieser schmerzvollen Erfahrung zu erwachen, ohne sich dadurch, wie dies oft der Fall ist, abstumpfen zu lassen.

Dem Text der «Hymnen an die Nacht» mögen noch einige Anmerkungen zum Leben von Novalis und zur Entstehung der Hymnen vorangestellt werden.

Friedrich von Hardenberg wurde 1772 als Sohn eines sächsischen Barons und Direktors der Weißenfelsischen Salzbergwerke geboren. Der Vater war einige Jahre davor, nach dem Tode seiner ersten Frau, Mitglied der «Herrnhuter Brüdergemeine» geworden, einer sehr frommen, verhältnismäßig pietistisch eingestellten Gemeinschaft.

Der junge Friedrich war ein zartes, sensibles Kind, doch nach einer schweren Krankheit, die er um das neunte Jahr herum durchmachte, entpuppte er sich als ein kräftiger, lebensfreudiger Jüngling. Er besuchte das Gymnasium und fing danach ein juristisches Studium in Jena an, der berühmtesten deutschen Universität jener Zeit. Eine entscheidende Erfahrung war die Begegnung mit Schiller, der in Jena Geschichte lehrte. Auch mit Goethe und anderen wichtigen Persönlichkeiten des kulturellen Lebens fanden Begegnungen statt.

Nachdem er 1794 seine Arbeit als Jurist begonnen hatte, begegnete er auf einer Dienstreise der damals 12jährigen Sophie von Kühn. Er wurde sofort von einer tiefen Liebe zu ihr ergriffen, die sein ganzes weiteres Leben bestimmen sollte. Wenig später fand die Verlobung mit dem Mädchen statt.

Es ist nicht einfach, sich ein treffendes Bild von diesem besonderen Menschenkind zu machen. Es steht fest, daß sie auf alle, die mit ihr umgingen, einen tiefen Eindruck gemacht hat. Sie wird durchweg als ein himmlisches Geschöpf beschrieben, eine bezaubernd-schuldlose Seele, deren Blick ein tiefes Wesen verriet.

Für Friedrich wurde sie zum Zentrum und Sinn seines Lebens. Selbst ihr früher Tod im Jahre 1797 verändert daran nichts; bis zum Ende seines eigenen kurzen Lebens (Hardenberg starb im Jahre 1801, noch nicht 29 Jahre alt) fühlt er sich mit ihr verbunden und durch sie mit der «anderen Welt», der «Nachtwelt», in der ihm die Gestalt des Christus zur Erfahrung wird.

Die «Hymnen an die Nacht» sind der Niederschlag dieses Prozesses, der durch den Tod der Geliebten in dem Dichter angeregt wird. Er vollzieht ihren Schwellenübergang in seinem eigenen Inneren mit.

Hardenbergs künstlerisches Werk – das er unter dem Pseudonym «Novalis» publizierte, das ist: «der Neuland rodet, der säht» – ist zum größten Teil in der kurzen Periode zwischen dem Tod Sophies und seinem eigenen Tod entstanden. Es ist, immer im Sprachkleide der deutschen Romantik, ganz durchzogen vom Erleben der Nacht, die «aufglänzt» als unsere eigentliche Heimat. Die «Hymnen an die Nacht» wurden 1799 vollendet.[23]

Hymnen an die Nacht

Welcher Lebendige,
Sinnbegabte,
Liebt nicht vor allen
Wundererscheinungen
Des verbreiteten Raums um ihn
Das allerfreuliche Licht –
Mit seinen Stralen und Wogen
Seinen Farben,
Seiner milden Allgegenwart
Im Tage.
Wie des Lebens
Innerste Seele
Athmet es die Riesenwelt
Der rastlosen Gestirne
Die in seinem blauen Meere schwimmen,
Athmet es der funkelnde Stein,
Die ruhige Pflanze
Und der Thiere
Vielgestaltete,
Immerbewegte Kraft
Athmen es vielfarbige
Wolken und Lüfte
Und vor allen
Die herrlichen Fremdlinge
Mit den sinnvollen Augen
Dem schwebenden Gange
Und dem tönenden Munde.
Wie ein König
Der irrdischen Natur
Ruft es jede Kraft
Zu zahllosen Verwandlungen
Und seine Gegenwart allein
Offenbart die Wunderherrlichkeit
Des irrdischen Reichs.
Abwärts wend ich mich
Zu der heiligen, unaussprechlichen

Geheimnißvollen Nacht –
Fernab liegt die Welt,
Wie versenkt in eine tiefe Gruft
Wie wüst und einsam
Ihre Stelle!
Tiefe Wehmuth
Weht in den Sayten der Brust
Fernen der Erinnerung
Wünsche der Jugend
Der Kindheit Träume
Des ganzen, langen Lebens
Kurze Freuden
Und vergebliche Hoffnungen
Kommen in grauen Kleidern
Wie Abendnebel
Nach der Sonne,
Untergang
Fernab liegt die Welt
Mit ihren bunten Genüssen.
In andern Räumen
Schlug das Licht auf
Die lustigen Gezelte.
Sollt es nie wiederkommen
Zu seinen treuen Kindern,
Seinen Gärten
In sein herrliches Haus?
Doch was quillt
So kühl und erquicklich
So ahndungsvoll
Unterm Herzen
Und verschluckt
Der Wehmuth weiche Luft,
Hast auch du
Ein menschliches Herz
Dunkle Macht?
Was hältst du
Unter deinem Mantel
Das mir unsichtbar kräftig
An die Seele geht?
Du scheinst nur furchtbar –

Köstlicher Balsam
Träuft aus deiner Hand
Aus dem Bündel Mohn
In süßer Trunkenheit
Entfaltest du die schweren Flügel des Gemüths.
Und schenkst uns Freuden
Dunkel und unaussprechlich
Heimlich, wie du selbst, bist
Freuden, die uns
Einen Himmel ahnden lassen.
Wie arm und kindisch
Dünkt mir das Licht,
Mit seinen bunten Dingen
Wie erfreulich und gesegnet
Des Tages Abschied.
Also nur darum
Weil die Nacht dir
Abwendig macht die Dienenden
Säetest du
In des Raums Weiten
Die leuchtenden Kugeln
Zu verkünden deine Allmacht
Deine Widerkehr
In den Zeiten deiner Entfernung.
Himmlischer als jene blitzenden Sterne
In jenen Weiten
Dünken uns die unendlichen Augen
Die die Nacht
In uns geöffnet.
Weiter sehn sie
Als die blässesten
Jener zahllosen Heere
Unbedürftig des Lichts
Durchschaun sie die Tiefen
Eines liebenden Gemüths,
Was einen höhern Raum
Mit unsäglicher Wollust füllt.
Preis der Weltköniginn
Der hohen Verkündigerinn
Heiliger Welt,

Der Pflegerinn
Seliger Liebe
Du kommst, Geliebte –
Die Nacht ist da –
Entzückt ist meine Seele –
Vorüber ist der irrdische Tag
Und du bist wieder Mein.
Ich schaue dir ins tiefe dunkle Auge.
Sehe nicht als Lieb und Seligkeit.
Wir sinken auf der Nacht Altar
Aufs weiche Lager –
Die Hülle fällt
Und angezündet von dem warmen Druck
Entglüht des süßen Opfers
Reine Glut.
———
Muß immer der Morgen wiederkommen?
Endet nie des Irrdischen Gewalt?
Unselige Geschäftigkeit verzehrt
Den himmlischen Anflug der Nacht?
Wird nie der Liebe geheimes Opfer
Ewig brennen?
Zugemessen ward
Dem Lichte Seine Zeit
Und dem Wachen –
Aber zeitlos ist der Nacht Herrschaft,
Ewig ist die Dauer des Schlafs.
Heiliger Schlaf!
Beglücke zu selten nicht
Der Nacht Geweihte –
In diesem irrdischen Tagwerck.
Nur die Thoren verkennen dich
Und wissen von keinem Schlafe
Als den Schatten
Den du mitleidig auf uns wirfst
In jener Dämmrung
Der wahrhaften Nacht.
Sie fühlen dich nicht
In der goldnen Flut der Trauben
In des Mandelbaums

Wunderöl
Und dem braunen Safte des Mohns.
Sie wissen nicht
Daß du es bist
Der des zarten Mädchens
Busen umschwebt
Und zum Himmel den Schoos macht –
Ahnden nicht
Daß aus alten Geschichten
Du himmelöffnend entgegentrittst
Und den Schlüssel trägst
Zu den Wohnungen der Seligen,
Unendlicher Geheimnisse
Schweigender Bote.

Einst, da ich bittre Thränen vergoß –
Da in Schmerz aufgelößt meine Hoffnung zerrann
und ich einsam stand an dem dürren Hügel, der in engen
dunklen Raum die Gestalt meines Lebens begrub, Einsam,
wie noch kein Einsamer war, von unsäglicher Angst getrieben, Kraftlos, nur ein Gedanken des Elends noch, –
Wie ich da nach Hülfe umherschaute, Vorwärts nicht könnte
und rückwärts nicht – und am fliehenden, verlöschten Leben
mit unendlicher Sehnsucht hing – da kam aus blauen Fernen,
Von den Höhen meiner alten Seligkeit ein Dämmrungs Schauer –
Und mit einemmale riß das Band der Geburt, des
Lichtes Fessel – Hin floh die irrdische Herrlichkeit und
meine Trauer mit ihr. Zusammen floß die Wehmuth
in Eine neue unergründliche Welt – Du Nachtbegei-
sterung, Schlummer des Himmels kamst über mich.
Die Gegend hob sich sacht empor – über der Gegend
schwebte mein entbundner neugeborner Geist. Zur Staubwolke
wurde der Hügel und durch die Wolke sah ich die
verklärten Züge der Geliebten – In Ihren Augen
ruhte die Ewigkeit – ich faßte ihre Hände und die
Thränen wurden ein funkelndes, unzerreißliches
Band. Jahrtausende zogen abwärts in die Ferne,
wie Ungewitter – An ihrem Halse weint ich dem
neuen Leben entzückende Thränen. Das war der

Erste Traum in dir. Er zog vorüber aber sein Abglanz
blieb der ewige unerschütterliche Glauben an den
Nachthimmel und seine Sonne, die Geliebte.

---

4. Sehnsucht nach dem Tode. Er saugt an mir.
5. Xstus. Er hebt den Stein v[om] Grabe.

Nun weiß ich wenn der letzte Morgen seyn wird – wenn
das Licht nicht mehr die Nacht und die Liebe scheucht, wenn
der Schlummer ewig, und nur Ein unerschöpflicher Traum seyn
wird. Himmlische Müdigkeit verläßt mich nun nicht wieder.
Weit und mühsam war der Weg zum heilgen Grabe und das
Kreutz war schwer. Wessen Mund einmal die krystallene
Woge nezte, die gemeinen Sinnen unsichtbar, quillt
in des Hügels dunklen Schoos, an dessen Fuß die irrdische
Flut bricht, wer oben stand auf diesem Grenzgebürge der Welt und
hinüber sah, in das neue Land, in der Nacht Wohnsitz,
Warlich der kehrt nicht in das Treiben der Welt zurück,
in das Land, wo das Licht regiert und
ewige Unruh haußt. Oben baut er sich Hütten
Hütten des Friedens, sehnt sich und liebt, schaut hinüber,
bis die willkommenste aller Stunden hinunter ihn
In den Brunnen der Quelle zieht. Alles Irrdische
schwimmt oben auf und wird von
der Höhe hinabgespült, aber was Heilig ward durch
Der Liebe Berührung rinnt aufgelößt in verborgenen Gängen auf das jenseitige Gebiet, wo es, wie
Wolken sich Mit entschlummerten Lieben mischt.

        Noch weckst du,
        Muntres Licht,
        Den Müden zur Arbeit –
        Flößest fröliches Leben mir ein.
        Aber du lockst mich
        Von der Erinnerung
        Moosigen Denkmal nicht.
        Gern will ich
        Die fleißigen Hände rühren
        Überall umschauen

Wo du mich brauchst,
Rühmen deines Glanzes
Volle Pracht
Unverdroßen verfolgen
Den schönen Zusammenhang
Deines künstlichen Wercks
Gern betrachten
Den sinnvollen Gang
Deiner gewaltigen
Leuchtenden Uhr,
Ergründen der Kräfte
Ebenmaaß
Und die Regeln
Des Wunderspiels
Unzähliger Räume
Und ihrer Zeiten.
Aber getreu der Nacht
Bleibt mein geheimes Herz
Und ihrer Tochter
Der schaffenden Liebe.
Kannst du mir zeigen
Ein ewigtreues Herz?
Hat deine Sonne
Freundliche Augen
Die mich erkennen?
Fassen deine Sterne
Meine verlangende Hand?
Geben mir wieder
Den zärtlichen Druck?
Hast du mit Farben
Und leichten Umriß
Sie geschmückt?
Oder war Sie es
Die Deinem Schmuck
Höhere, liebere Bedeutung gab?
Welche Wollust,
Welchen Genuß,
Bietet dein Leben
Die aufwögen
Des Todes Entzückungen.

Trägt nicht alles
Was uns begeistert
Die Farbe der Nacht —
Sie trägt dich mütterlich
Und ihr verdankst du
All deine Herrlichkeit.
Du verflögst
In dir selbst
In endlosen Raum
Zergingst du,
Wenn sie dich nicht hielte —
Dich nicht bände
Daß du warm würdest
Und flammend
Die Welt zeugtest.
Warlich ich war eh du warst,
Mit meinem Geschlecht
Schickte die Mutter mich
Zu bewohnen deine Welt
Und zu heiligen sie
Mit Liebe.
Zu geben
Menschlichen Sinn
Deinen Schöpfungen.
Noch reiften sie nicht
Diese göttlichen Gedanken.
Noch sind der Spuren
Unsrer Gegenwart
Wenig.
Einst zeigt deine Uhr
Das Ende der Zeit
Wenn du wirst,
Wie unser Einer
Und voll Sehnsucht
Auslöschest und stirbst.
In mir fühl ich
Der Geschäftigkeit Ende
Himmlische Freyheit,
Selige Rückkehr.
In wilden Schmerzen

Erkenn ich deine Entfernung
Von unsrer Heymath
Deinen Widerstand
Gegen den alten,
Herrlichen Himmel.
Umsonst ist deine Wuth
Dein Toben.
Unverbrennlich
Steht das Kreutz,
Eine Siegesfahne
Unsres Geschlechts.

Hinüber wall ich
Und jede Pein
Wird einst ein Stachel
Der Wollust seyn.
Noch wenig Zeiten
So bin ich los
Und liege trunken
Der Lieb' im Schoos.
Unendliches Leben
Kommt über mich
Ich sehe von oben
Herunter auf Dich.
An jenem Hügel
Verlischt dein Glanz
Ein Schatten bringet
Den kühlen Kranz
O! sauge Geliebter
Gewaltig mich an
Daß ich bald ewig
Entschlummern kann.
Ich fühle des Todes
Verjüngende Flut
Und harr in den Stürmen
Des Lebens voll Muth.

Mit diesen letzten Worten «Ich fühle des Todes verjüngende Flut und harr' in den Stürmen des Lebens voll Mut» hat Novalis seiner Lebenshaltung ganz und gar Ausdruck verliehen. Durch den Schwellenübergang am Grabe seiner Geliebten macht er eine Einweihung durch. Von diesem Moment ab ist bei ihm das «Nachterleben» *auch während des Tages* da.

Die «Hymnen an die Nacht» sind mehr als ein bloß autobiographischer Text, sie sind ein Dokument für die weitere Entwicklung der Menschheit, eine Zukunftsvision. Was Novalis durch das Leben zufiel und von ihm in der Folge verarbeitet wurde, das muß der moderne Mensch bewußt seiner Biographie eingliedern: das Doppel-Bewußtsein des Tages- und Nachtlebens in Verbindung mit dem mutigen Bestehen der Prüfungen des Lebens.

5 Der zweite Mensch in uns

Am Beispiel des im vorigen Kapitel wiedergegebenen Textes der «Hymnen an die Nacht» von Novalis kann deutlich werden, was Rudolf Steiner meinte, wenn er von der «Morgendämmerung einer neuen Zeit» sprach, einer Zeit, da die Verfinsterung des geistigen Lebens ein Ende haben wird und Sinn und Ziel unseres Lebens immer bewußter vom eigentlichen Geist-Seelen-Wesen des Menschen (unserem «höheren Ich» oder «idealischen Menschen») bestimmt sein werden. Mit Recht nannten die Romantiker dieses wahre Geist-Seelen-Wesen noch den «Nachtmenschen», denn es konnte damals nur aus dem Unbewußten der Nacht heraus wirken und mußte im Licht des Tagesbewußtseins als bloße Traum-Wirklichkeit erscheinen.

Es ist das Ziel des Entwicklungsweges in der Form, wie er in den nächsten Kapiteln dargestellt werden soll, dieses eigene, höhere Ich auch im Wach-Bewußtsein des Tages zum «Steuermann» unseres Lebens zu machen. Auch da, wo noch keine bewußte innere Entwicklung erstrebt wird, spielt das höhere Ich im Leben des Menschen unserer Zeit eine wichtige Rolle.

Im entscheidenden Moment des Lebens zwischen Tod und neuer Geburt, der sogenannten «Weltenmitternacht» (wir werden im 9. Kapitel näher darauf eingehen), entschließt sich der Mensch in seinem höheren Ich zu einer neuen Erden-Verkörperung, um einen weiteren Schritt auf dem Wege seiner Entwicklung tun zu können. Das höhere Ich verfügt dann über die Früchte früherer Leben, mit all ihren positiven und negativen Aspekten. Außerdem trägt es die Erinnerung an den Anblick des «kosmischen Menschen» in sich, das Zukunftsbild, das der göttlichen Welt als Ziel der Menschheitsentwicklung vor Augen steht und dem Menschen zwischen Tod und neuer Geburt gezeigt wird. Diese «Erinnerung» ist die schaffende Kraft, die als «Geistkeim» das Vermögen in sich birgt, den physischen Leib in seiner ganzen Komplexität aufzubauen.[24] Man könnte dies mit den Bauzeichnungen des Architekten vergleichen, nach denen die Ausführenden (die Lebenskräfte des Ätherleibes) dann den physischen Leib erbauen können. Dieser Geistkeim ist vor allem in den ersten Phasen der Embryonalentwicklung tätig.

Das eigentliche Ich hängt jedoch viel stärker mit der Zukunft, der Aufgabenstellung des nahenden Erdenlebens zusammen. Es kann den sich aus dem Vorgeburtlichen inkarnierenden Menschen bei seinem «Abstieg» aus den geistigen Welten begleiten bis zur Geburt. Dann bleibt es in der geistigen Welt zurück und impulsiert «von oben her» die Biographie.

Jede Nacht begegnen wir unserem höheren Ich in der geistigen Welt und werden dabei von ihm beurteilt. Wir erwachen dann am Morgen mit einem halbbewußten Gefühl der Positivität bzw. Negativität hinsichtlich unserer Taten und Vorsätze. Wenn wir weiter nichts unternehmen, dann bleibt es bei diesen Gefühlen der Freude oder des Unbehagens, Gefühlen, die wir als unser «Gewissen» kennen.

Beim Sterben begegnen wir in unserem Seelen-Wesen diesem höheren Ich, das uns dann während der Läuterungszeit die «Rechnung» des hinter uns liegenden Lebens präsentiert.

Dieser Sachverhalt ist der Sinn des bekannten Gleichnisses von den Talenten, welches wir hier in einer freien Fassung wiedergeben.[25] Ein Mensch geht auf Reisen und gibt jedem seiner drei Knechte ein «Talent», mit dem Auftrag, es während seiner Abwesenheit zu verwalten. Nach Hause zurückgekehrt, läßt er die Knechte Rechenschaft ablegen, was sie mit den ihnen anvertrauten Talenten unternommen haben. Sie sind auf sehr verschiedene Weise damit umgegangen: Der eine hat sein Talent begraben und kann es dem Herrn nun genauso zurückgeben, wie er es empfangen hatte. Der Herr ist jedoch sehr unzufrieden darüber. Ein anderer Knecht hat das ihm Anvertraute vergeudet und steht nun mit leeren Händen da; auch über ihn ist der Herr unzufrieden. Ein dritter hat Handel getrieben mit seinem Talent und kann jetzt ein Mehrfaches des ursprünglichen Wertes zurückgeben. Damit ist der Herr zufrieden. In seiner Phantasie kann man dieses Gleichnis noch durch andere Möglichkeiten erweitern, es wird jedoch immer so sein, daß der Herr nur dann zufrieden ist, wenn man mehr zurückbringt, als man erhalten hat. Unser höheres Ich fordert, so wie der Herr von seinen Knechten, daß die mitgebrachten Talente von uns entwickelt und vervielfältigt werden. Mit anderen Worten: Die Knechte – Astralleib, Ätherleib und physischer Leib – müssen während des Lebens reicher werden.

Was wir während unseres Alltagslebens als unser «Ich» bezeichnen, ist noch nicht unser wahres, höheres Ich. Es ist die *Spiegelung* unseres höheren Ich in der Seele, im Astralleib und in Empfindungs-, Verstandes-, und Bewußtseinsseele.[7] Das moderne naturwissenschaftliche Menschenbild kennt daher kein «Ich» als solches. Es will den Menschen ganz aus seinen animalischen Funktionen erklären. «Der Mensch ist lediglich ein intelligentes Tier und weiter nichts!», das rief mir eine Studentin während einer Vorlesung an der Boston University zu, als ich dort über die Heilpädagogik sprach und dabei den Gedanken entwickelte, daß der behinderte Leib es dem geistigen Wesen des Kindes nicht erlaubt, sich in der richtigen Weise zu äußern.

Tatsächlich ist das Geistwesen im Menschen der Wahrnehmung nicht ohne weiteres zugänglich. Man muß sich innerlich schulen, wenn man dasjenige, was sich während der Nacht abspielt, dem Tagesbewußtsein erfahrbar machen will. Das höhere Ich gibt im Moment der Geburt den sich inkarnierenden Menschen gleichsam frei und begleitet ihn von außen her. Es gibt jedoch Momente im Leben, in denen das höhere Ich aufs Neue seine «Geburtsimpulse» geltend macht. In solchen Momenten steht die Pforte zum höheren Ich sozusagen offen. Der irdische Mensch kann dann seine Vorsätze, mit denen er zu seiner Erdeninkarnation angetreten ist, verstärken und neu ergreifen. Diese Momente werden von den kosmischen Konstellationen, in der Hauptsache zwischen Sonne, Mond und Erde, bestimmt.

Das höhere Ich begleitet, wie schon erwähnt, die sich inkarnierende Seele bei ihrem Abstieg durch die Planetensphären bis in die Mond-Sphäre, von welcher aus die physische Geburt dann stattfindet. Durch das «Tor des Mondes» treten wir ins irdische Leben. Das Ich zieht sich dann wieder in die Sonnensphäre zurück, wo seine eigentliche Heimat liegt.

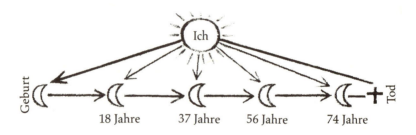

Nach 18 Jahren, 7 Monaten und 9 Tagen wiederholt sich die Geburtskonstellation hinsichtlich des Verhältnisses von Sonne, Mond und Erde – der sogenannte «erste Mondknoten». In diesem Augenblick steht das Tor der Geburt sozusagen wieder für kurze Zeit offen, und das Ich kann seine Impulse, die es im Hinblick auf die diesmalige Inkarnation in sich trägt, erneuern. Dieser Prozeß wiederholt sich beim zweiten Mondknoten und allen folgenden. Es ist besser, wenn man den ganzen Sachverhalt nicht auf jenen einen Moment der Geburtskonstellation einschränkt; es handelt sich eigentlich um eine Periode, in der der Einfluß des höheren Ich sich zunehmend

verstärkt und wieder nachläßt, eine Periode, die sich über mehrere Jahre im Umkreis der Geburtskonstellation erstreckt.[26]

Diese Konstellation wiederholt sich also zum ersten Mal gegen das 19. Lebensjahr. Die Jahre zwischen 17 und 20 sind daher von entscheidender Bedeutung für die Zukunftsziele des jungen Menschen. Er steht dann vor den wichtigen Fragen der Studien- und Berufswahl oder in der Konfrontation mit den Folgen zu früh getroffener Entscheidungen. Der junge Mensch fragt sich dann: Wer bin ich? Was will ich? Was kann ich? Die Begleitung dieser Phase und ihrer existentiell wichtigen Fragen ist ein wesentliches Aufgabengebiet des weiterführenden Bildungswesens.[27]

Auch die Zeit des zweiten Mondknotens ist von großer Bedeutung; er tritt ungefähr um das 37. Jahr herum ein, kurz nach dem Erreichen der Lebensmitte. Es ist dies ein Moment, der von vielen als eine Art «Nullpunkt» erlebt wird. Zwei große Menschheitsdramen, die «Göttliche Komödie» Dantes und Goethes «Faust» beginnen mit dieser Verzweiflungssituation um das 35. Jahr herum. Hier wird deutlich, daß die eigentliche Erfüllung der Lebensbestimmung dieser Inkarnation in der zweiten Lebenshälfte nur stattfinden kann, wenn es jetzt gelingt, den Lebensfaden recht zu ergreifen.

Auch der dritte und vierte Mondknoten um das 56. bzw. 74. Jahr herum nehmen in vielen Biographien eine besondere Stellung ein.[28]

Wer versucht, sich das Bild seines höheren Ich vor Augen zu stellen, das den Lebenslauf von geistigen Höhen aus begleitet, der unternimmt einen ersten Schritt auf dem Wege, der zur Entwicklung der Imagination führt. Ein weiterer Schritt besteht darin, daß man versucht, sich ein Bild davon zu machen, in welcher Art das höhere Ich in die Seelenkräfte des Denkens, Fühlens und Wollens eingreift. Im dreigliedrigen Menschen entfaltet sich das Denken durch das Nerven-Sinnessystem, das hauptsächlich im Kopf lokalisiert ist; das Fühlen hängt mit den rhythmischen Funktionen des Herzens und der Atmung zusammen und der Wille mit Gliedmaßen und Stoffwechsel. Beim höheren Ich aber ist es gerade *umgekehrt*: es bringt Willenskräfte in das Denken und Bewußtsein in den Willen.

Nur im Fühlen gibt es einen gewissen Ausgleich. Doch auch dieser wird beherrscht von dem Gegensatz zwischen dem gewöhnlichen, alltäglichen, der Vergangenheit entstammenden Fühlen und dem Fühlen, in dem das höhere Ich, zukunftsgerichtet, wirksam ist. Unser «gewöhnliches» Denken, Fühlen und Wollen ist die Frucht früherer Erdenleben und außerdem geprägt von der Erziehung, die wir genossen haben. Unser höheres Ich dagegen ist auf die Zukunft gerichtet und auf dasjenige, was wir zu unseren Talenten hinzufügen sollten. So kann man bei jungen Menschen zwischen 17 und 21 häufig erleben, daß ihr Fühlen, das zuvor von einer gewissen

Sicherheit getragen war, nun durcheinandergerät. Das vage Erfühlen der eigentlichen Zukunftsaufgaben führt dazu, daß alles, was irgendwie aus der Vergangenheit stammt, in oft schroffer und unangebrachter Weise abgewiesen wird: die Eltern, die sozialen Strukturen, in denen man aufgewachsen ist, die Moral der bürgerlichen Kultur usw.

Die Begegnung mit dem eigenen höheren Ich, dem idealischen oder «zweiten» Menschen in uns, wird zuerst im Gefühlsleben Wirklichkeit. Dann folgen die anderen Seelenkräfte. In das Denken ziehen neue Willenskräfte ein, die es *kreativ* machen und neue Standpunkte oder Interessengebiete eröffnen. Das Bewußterwerden des bisher schlafenden Willens äußert sich auf *moralischem* Gebiet; die alte, bisher selbstverständliche Moral wird zum Problem. Neue Werte, neue Normen, neue moralische Ziele tauchen aus unbewußten Tiefen auf und konfrontieren den Menschen mit einer existentiellen Lebenskrise.

Rudolf Steiner hat in Gesprächen, die er mit Menschen geführt hat, die in ihrer ersten Lebenshälfte standen, immer wieder betont, wie wichtig es ist, daß man diese fruchtbaren, oftmals schwierigen Jahre, in denen eine Begegnung mit dem eigenen höheren Ich stattfindet, nicht «verschläft», sondern wach zu sein versucht für die neuen Impulse, die in diesen Jahren aufgenommen werden können zugunsten einer fruchtbaren Entwicklung der eigenen Biographie.

Bis zu diesem Punkt haben wir die biographische Entwicklung zu skizzieren versucht, wie sie sich natürlicherweise vollzieht, bis dann beim Sterben die wahre, umfassende Begegnung mit dem eigentlichen Ich erfolgt und es sich herausstellt, ob «der Herr» zufrieden ist mit der Weise, wie die «Knechte» mit ihren Talenten umgegangen sind.

Im heutigen Zeitalter der Bewußtseinsseele ist jedoch diese gesetzmäßig stattfindende Begegnung nicht mehr problemlos. Die Gegenmächte, und vor allem Ahriman[29], unternehmen alles mögliche, um diese Begegnung mit dem höheren Ich zu verhindern oder sie zumindest unbemerkt vorübergehen zu lassen. Das materialistische Menschen- und Weltbild läßt wenig Raum für die Vorstellung einer geistigen Gestalt, wie sie das Ich des Menschen ist. Wenn sich dann bestimmte Erfahrungen einstellen, werden sie häufig als unerwünschte, verunsichernde Erlebnisse, sogenannte Schwächen oder Ängste verdrängt oder unterdrückt. Tranquillizer aller Art stehen zur Verfügung, um das Erleben der Zukunftsimpulse des Ich zu verhindern.

Sicherheit ist etwas, was uns nur das Bestehende, die Vergangenheit geben kann. Die Zukunft bringt per definitionem immer Unsicherheit mit sich. Ahrimans Ideal ist es, daß der Mensch seinen Talenten nichts Neues hinzufügt, sondern in gesetzmäßig-logischer Weise seine mitgebrachten Anlagen immer weiter ausbaut, so daß sein Leben letzten Endes wie vom Computer programmiert verläuft. Der berechenbare Mensch in einer technischen Welt – das ist das Ideal Ahrimans und aller von ihm inspirierten Diktaturen. Der aus seinem Ich handelnde Mensch ist unberechenbar und daher – ein Dissident. Er gehört in eine psychiatrische Einrichtung. Sein Ich muß ausgelöscht oder zumindest isoliert werden.

Wer aus seinem Ich leben will, muß daher mehr tun als einfach abwarten. Wir haben die Möglichkeit, einen inneren Entwicklungsweg zu gehen und uns offen zu machen für den erwachenden zweiten Menschen in uns.

In den nächsten Kapiteln sollen einerseits verschiedene Entwicklungswege beschrieben werden, die in vergangenen Zeiten aktuell waren, und andererseits die Frage gestellt werden nach den Bedingungen eines Schulungsweges in der Zeit der Bewußtseinsseele, in welcher vor allem die Willensschulung und bestimmte individuell-moralische Probleme eine Rolle spielen.

Das Tier kennt nur eine durch die Vererbung programmierte Vergangenheit. Der Mensch kennt jedoch auch eine Zukunft, die ihm durch sein höheres Ich zum Bewußtsein kommen kann. Je bewußter dieser zweite Mensch in uns wird, desto besser kann er die Zügel des Lebens in die Hand nehmen. Eben dies geschieht durch den Weg der inneren Schulung. Der Mensch wird dadurch erst voll zum Menschen.

6 Alte und neue Entwicklungswege

Bereits am Anfang seines Wirkens im Rahmen der damals noch deutschen Abteilung der Theosophischen Gesellschaft hat Rudolf Steiner drei verschiedene Entwicklungswege beschrieben: den östlichen Weg (den Weg des Yoga), den christlich-gnostischen (oder mystischen) Weg und den christlichen Rosenkreuzerweg des Westens. Sie unterscheiden sich unter anderem hinsichtlich des Verhältnisses zwischen Schüler und Lehrer.[30]

In diesem Kapitel wollen wir die wichtigsten Aspekte dieser drei Wege kurz darstellen. Diese Darstellung mündet im nächsten Kapitel in eine Beschreibung des anthroposophischen Schulungsweges.

Der östliche Entwicklungsweg

Wenn man sich einen Begriff vom östlichen Entwicklungsweg machen will, muß man bis in die ältesten Zeiten der altindischen Kultur zurückgehen, bis etwa in das 7. vorchristliche Jahrtausend also. Der indische Kontinent war damals der Schauplatz der ersten nachatlantischen Kultur.[31] Die Menschheit war noch kaum individualisiert und der menschliche Ätherleib noch nicht so deutlich umgrenzt wie heute, wo er stark an den physischen Leib gebunden ist; er ging beinah unmerklich in die ihn umgebende Ätherwelt über. Dies hatte zur Folge, daß das normale Bewußtsein der damaligen Menschen ein hellseherisch-atavistisches war, wie es heute bei manchen Menschen noch spontan auftritt.

Die heiligen Rishis, die Führer der indischen Kultur, konnten diese Hellsichtigkeit zur Welt der Götter, der höheren Hierarchien hin ausrichten und mit deren Hilfe den noch stark kosmischen Ätherleibern in der rechten Weise Form und Begrenzung verleihen. Dies war eine unabdingbare erste Voraussetzung für die weitere Individualisierung. Diese wurde auf Entwicklungswegen erreicht, die dem damaligen Bewußtsein entsprachen, und implizierte ein vollständiges Abhängigkeits- und Verehrungsverhältnis hinsichtlich der lehrenden Meister. Jener Weg wurde später der Weg des «königlichen Yoga» genannt, der *Raja-Yoga*. Es handelte sich um einen rein meditativen Weg.

Gleichzeitig entstand der *Hatha-Yoga*, durch den der Leib – vor allem jedoch der Atem – zum Gehorsam erzogen wurde, so daß er sich dem meditativen Zweck unterordnete. Dadurch wurde der Ätherleib weiter abgegrenzt und mit dem physischen Leib verbunden – ein weiterer Schritt auf dem Wege der Individualisierung. Da der Ätherleib der Träger der Lebensrhythmen in Atem, Blut und Stoffwechsel ist, handelte es sich beim Hatha-Yoga um einen Weg zur Beherrschung der Lebensrhythmen.

In viel späteren Zeiten, im ersten Jahrhundert n. Chr., begründete der große Yoga-Lehrer *Patanjali* seine Schule, ausgehend von den Resten der Sankya-Philosophie und der noch lebendigen Erinnerung an die ursprünglichen Inhalte des alten Yoga. Sie wurde das Vorbild aller späteren Yoga-Schulen. Erst hier ist das Streben nach Frieden und Glückseligkeit durch Stärkung, Reinigung und Veredelung der Seele entstanden. Ein solches Ideal konnte in einer Zeit entstehen, da die Ätherleiber schon stärker in sich abgeschlossen waren und die «natürliche Hellsichtigkeit» daher schon im Schwinden begriffen war. Das Streben richtete sich nicht mehr auf eine Begegnung mit den Göttern (den höheren Hierarchien), sondern auf die Erziehung der eigenen Seele mit dem Ziel der Glückseligkeit, des Aufgehens in einem undifferenzierten All. Der Yogaweg des Patanjali führt über die folgenden acht Stufen zur ersehnten Glückseligkeit («Samadhi»):[32]

1. Yama – nicht lügen, stehlen, töten und dergleichen.
2. Niyama – die Teilnahme an den religiösen Riten und Gebräuchen. Dazu ist anzumerken, daß der Yoga keine *Dogmen*, sondern *Ritualien* kennt. Durch häufige Wiederholung verleibt sich der Schüler diese so weit ein, daß sie ein Teil seiner selbst werden.
3. Asana – das Einnehmen bestimmter Meditationshaltungen.
4. Pranayama – die Beherrschung des Atems, die, im Idealfall, so weit gehen soll, daß der Schüler schließlich keine (giftige) Kohlensäure mehr ausatmet.
5. Pratayahara – die Beherrschung aller Sinneseindrücke
6. Dharana – die Fähigkeit, sich gegen alle Sinneseindrücke verschließen zu können.
7. Dhyana – die Fähigkeit des Meditierens über Vorstellungen ohne Bindung an deren sinnliches Äquivalent.
8. Samadhi – das «leere Bewußtsein» erreichen, ohne dabei einzuschlafen; das Denken ohne Gedanken, durch welches die geistige Welt sich offenbaren kann.

Im Bereich dieser acht Schulungsebenen stellt der Guru seinem Schüler die Aufgaben. Der Guru entscheidet auch darüber, wie lange der Schüler auf der jeweiligen Stufe übend verweilen muß.

Im wesentlichen folgen sämtliche Yogaschulen, die nach der Zeit des Patanjali noch entstanden sind, diesem Aufbau.

Zum besseren Verständnis dieser Yogaschulen und ihrer Macht über die Schüler sei noch folgendes erwähnt. Den Inhalt ihrer Meditationen bildeten (und bilden) Namen hinduistischer Gottheiten, die in Verehrung angerufen werden. Im Altertum waren dies *Brahma* (Vater), *Wishnu* (der Bringer des Lebens) und *Shiva* (der göttliche Geist bzw. das göttliche Bewußtsein). Shiva wird am meisten angerufen: die Formel «om namah Shivaja» (ich neige mich vor Shiva) wird unendlich oft wiederholt in der hinduistischen Meditation. Die heiligen Worte sind beim echten Yoga begleitet vom Denken an Shiva und dem Wunsch nach der Vereinigung mit ihm. – Das gedankenlose Meditieren, wie es in gewissen Schulen gelehrt wird, ist schon eine Dekadenzerscheinung, die den Schüler in eine noch stärkere Abhängigkeit vom Guru bringt.

Swami Mactanandra, der hier im Westen den «Siddha-Yoga» vertritt, sagt: «Shiva ist dein eigenes inneres Selbst. Er ist das Selbst des Alls. Shiva ist Glückseligkeit, ist grenzenlose Liebe. Shiva ist allmächtig.»

Über die Rolle des Guru äußert er sich folgendermaßen: «Der Guru ist nicht der Mensch, der vor einem steht; der Guru ist die von Gnade erfüllte Kraft Gottes. Der Guru ist unser eigenes inneres Wesen. ‹Om› ist das alldurchdringende Bewußtsein, und der Guru ist dieses ‹Om›. In dem Mantram, das der Guru dir gibt, vibriert sein ‹Shakti›, seine geistige Kraft. Ein solches Mantram kann Befreiung schenken dadurch, daß es die Verwicklungen des Karma auflöst. Kundalini, die All-Mutter, die alle Yogas umschließt, ist Form und Inhalt des Mantram, das vom Guru gegeben wird. Wiederhole das Mantram darum unaufhörlich. Durch das Mantram tritt der Guru in dein Inneres herein und eröffnet dir die neue Welt des Yoga. Er verwirklicht diese und löst alles Negative auf. Der Guru führt die Suchenden zur völligen Befreiung. Wiederhole das Mantram, lasse dich nicht durch die Welt verleiten. Im Laufe der Meditationen verschwindet das persönliche Ego, und das Erleben deines Ich verläßt dich! Inneres und Äußeres sind eins. Was bleibt, ist das reine, ewig glückselige Bewußtsein, das höchste Sein – und das bist du! Suche dich selbst. Hari, Shiva, Schakti, Allah, Jesus, Buddha – sie alle wohnen in dir!»[33]

Das heißt also: Inneres und Äußeres sind eins – die individuelle Existenz ist aufgehoben.

Dieses Zitat macht die allesbeherrschende Abhängigkeit von dem Guru deutlich. Dieser tritt selbst in das Innere des Schülers herein. Er befreit den Schüler von seinem Karma, der nicht mehr selbst dafür zu sorgen braucht. Der Schüler läßt sich durch den Guru entwickeln. Ziel der Entwicklung ist das Auslöschen des persönlichen Ich, der Individualität; dann führt der Guru zur Glückseligkeit. Der Schüler braucht dabei sein Mantram nicht selber zu begreifen.

Nur ein lebendiger Guru kann in dieser Weise führen. Es gilt hier die Auffassung, daß Bücherweisheit unübertragbar ist; nur persönlich gebundene Weisheit ist übertragbar und kann etwas bewirken.

Nun war ja diese Unterdrückung des eigenen Ich eine Notwendigkeit in alten Zeiten. Durch Luzifer war das Ich des Menschen noch von Egoismus durchzogen, und dieses egoistische Ich mußte ausgeschaltet werden.[14] Erst durch die christliche Kraft der Liebe, die keimhaft im Ich des Menschen wirkt, wird eine nicht-egoistische Entwicklung des Individuums möglich. In unserer Zeit muß und kann daher auch das Verhältnis zwischen Lehrer und Schüler eine andere Form annehmen. Die *Abhängigkeit* wird abgelöst vom *Freiheitsprinzip*.

Der Mensch unserer Zeit, der einen bewußten Schulungsweg sucht, darf durchaus den Rat eines Eingeweihten annehmen. Er bleibt jedoch selbst für seinen Weg verantwortlich. Dies kann er nur dann sein, wenn er selbst zur Erkenntnis seines Handelns fähig wird.

Die Aufgabe des modernen Eingeweihten ist es, diese Erkenntnis zu ermöglichen. Die ganze Anthroposophie bietet uns Erkenntnisse, die wir uns durch mühsames Studium und lange Prüfungen aneignen können.

Der meditative Weg ist hier darum auch ein anderer als der des Ostens. Dort hat die ursprüngliche, alte Sprache noch magische Kraft in sich. Die Anrufung der Götternamen umfaßt mehr als den bloßen Wortklang, mit dem bestimmte Gefühle einhergehen. Die «Mantren» oder Meditationssprüche Rudolf Steiners haben immer eine solche Form, daß ihr Inhalt überschaut und begriffen werden kann. Der meditierende Mensch verbindet sich mit dem *Inhalt*.

Anthroposophische Sprüche und Mantren können aus diesem Grunde in andere Sprachen übersetzt werden, wenn dies auch nicht immer ganz einfach ist, eben wegen der Schwierigkeit, denselben Inhalt mit Worten anderer Sprachen auszudrücken. Rudolf Steiner lehnte jegliche Guru-Beziehung konsequent ab. Es ging ihm nicht um Verehrer, sondern um Menschen, die begriffen, was sein Anliegen war. Menschen, die aus diesem Begreifen heraus dann selbstverantwortlich ihre Entschlüsse fassen und ihren Weg bestimmen.

Der christliche Weg des Mittelalters

In nachchristlichen Zeiten, seit das Ich des Menschen durch Christus die Kraft der selbstlosen Liebe *der Möglichkeit nach* in sich trägt, bedeutet jede Form der Abhängigkeit von einem lebendigen Guru einen Rückschritt auf dem Wege der inneren Entwicklung. Das durchchristete Ich muß lernen, sozusagen sein eigener Guru zu werden und selbst sein Entwicklungstempo zu bestimmen, seine Meditationsinhalte zu wählen – kurzum: selbst verantwortlich zu sein.

Die Anhänger östlicher Einweihungswege sehen darin eine Form von Hochmut. In ihren Augen ist das Ich immer noch der durch Luzifer zur Selbstsucht verführte «Bösewicht». «Ich» ist gleich «Egoismus». Er kann nur durch die Erlangung des «Nicht-Ich» ausgetilgt werden bzw. dadurch, daß der Schüler seinen Astralleib, den Träger des Bewußtseins, unter Leitung eines Meisters reinigen läßt.

Während des Mittelalters konnte noch eine Übergangsform entstehen: der christliche, mystische Pfad. Um ihn beschreiten zu können, war es auch hier noch notwendig, daß der Schüler sich aus dem normalen Leben zurückzog und als Einsiedler oder Klosterbruder seinen einsamen Weg zu gehen versuchte. Dieser Weg konnte ohne einen lebendigen Meister beschritten werden, denn Christus wurde hier zum Führer, der die Richtung wies.

Um der Verbindung mit Christus teilhaftig zu werden, mußte man dessen Gang nach Golgatha in seinen sieben Stationen selbst durchleben. Jedes Stadium dieses Weges nahm Jahre einsamen Ringens in Anspruch.

Die erste Station war «die Fußwaschung». Das Höhere neigt sich in Dankbarkeit vor dem Niedrigeren, das durch das Opfer des Verharrens auf seiner Daseinsstufe das höhere Leben und Wirken möglich macht. So kniete Christus vor seinen Jüngern und wusch ihnen die Füße.

Die zweite Station war die «Geißelung». Man mußte lernen Standhaftigkeit bei allen Geißelhieben des Lebens zu bewahren. Man sagte sich: Ich will stark bleiben in allen Schmerzen und Leiden, die das Leben mir bringt. Dies konnte sich steigern bis zu physischen Schmerzerlebnissen am ganzen Leibe.

Die dritte Station war die «Dornenkrönung». Man mußte den Spott und den Hohn der ganzen Welt ertragen lernen. Die Imagination der Dornenkrönung konnte so intensiv werden, daß man schier unerträgliche Kopfschmerzen durchmachte. Das Ertragenlernen solcher Schmerzen war eine Frucht jener dritten Station.

Die vierte Station umfaßte die «Kreuztragung» und die «Kreuzigung», wo der Leib zum Holz des Kreuzes wurde, das man nun selber trug. Diese Meditation führte zu der Vision, daß man selbst am Kreuze hing, und rief die von so vielen Heiligen des Mittelalters überlieferte Stigmatisierung hervor.

Die fünfte Station war der «mystische Tod». Da verfinsterte sich alles, und man erlebte die Höllenfahrt Christi mit. Man erfuhr alle Erscheinungsformen des Bösen, bis die Finsternis zerriß und das Licht des Christus die Welt des Dunkels überstrahlte. Dies nannte man «das Zerreißen des Tempelvorhanges».

Die sechste Station war die «Grablegung». Nun war der eigene Leib nicht mehr die materielle Begrenzung, innerhalb derer man inkarniert war. Die ganze Erde wurde zum Leib, mit dem man Christi Tat nachfolgte.

Die siebente Station war die «Auferstehung». Sie ist nicht mehr in Worten zu beschreiben. Man war dann völlig vereinigt mit Christus. Die Worte des Paulus: «Nicht Ich, sondern Christus in mir», waren dann Wirklichkeit geworden.

Dieser christliche Entwicklungsweg stand im Mittelalter in voller Blüte. Die Seele der Menschen dieser Zeit besaß die Fähigkeit, die Gemütskräfte soweit vertiefen und intensivieren zu können, daß es tatsächlich gelang, den Erdenweg des Christus mit zu durchleben. Seit dem Anfang der Neuzeit nimmt diese Möglichkeit jedoch immer mehr ab. Sowohl die heutige seelische Situation des Menschen als auch die uns umgebende Welt stellen ganz neuartige Anforderungen an einen bewußt unternommenen Schulungsweg.

Der christliche Rosenkreuzerweg

Neben dem soeben dargestellten Weg der christlichen Mystiker, der sich innerhalb der kirchlichen Organisationen abspielte, gab es auch noch eine christliche Strömung, die sich außerhalb der Kirche entfaltete. Wir meinen in diesem Falle nicht die vielen Dutzende, ja vielleicht sogar Hunderte christlicher Sekten und kirchlicher Abspaltungen, die seit den ersten nachchristlichen Jahrhunderten entstanden waren, sondern eine Strömung des Christentums, die sich wie ein roter Faden durch die Geschichte zieht und im 9. Jahrhundert n. Chr. schließlich als die «Gralsströmung» aus der Verborgenheit heraustritt.

Das Symbol des Grales hängt eng mit der Bluts-Mystik und den Blutreliquien zusammen, die bis ins späte Mittelalter eine Rolle gespielt haben. Oft wird in diesem Zusammenhang vom «rosenfarbenen Blut des Christus» gesprochen. Viele Legenden sind bekannt, die uns berichten, wie Blutreliquien aus dem Osten in den Westen gebracht worden sind.[34]

Das bedeutungsvollste Bluts-Mysterium ist das des Grales. An dieser Stelle ist es nicht möglich, dieses Mysterium ausführlich darzustellen. In meinem Büchlein über «Mysterienströmungen in Europa»[35] findet der Leser mehr darüber. Hier soll nur ganz kurz erwähnt werden, daß man den Gral als einen Stein ansah, der beim himmlischen Kampf Michaels und Luzifers durch das Schwert des Michael aus der Krone Luzifers geschlagen worden und auf die Erde gefallen war. Über die Königin von Saba und König Salomo kam der Stein in Form einer geschliffenen Schale schließlich in den Besitz des Joseph von Arimathia, der, während er den Leichnam des Christus wusch, in ihm dessen Blut, das aufs neue zu fließen begann, auffing.

Dieses Blut hatte die Wirkungen des im Menschenleibe inkarnierten Christus in sich aufgenommen und war begierdenlos rein. Das trübe, rote Blut, Träger und zugleich Symbol der niedrigen tierischen Leidenschaften im Menschen, war von aller Schuld gereinigt und hatte pflanzenhaften, «rosenroten» Charakter angenommen – als Träger und Symbol der den Menschen durchdringenden reinigenden Kraft des Christus.

Unzählige Legenden berichten uns, auf welche Weise das Grals-Blut aus dem Osten in den Westen gebracht worden ist. Verschiedene Überlieferungen sprechen von Engeln, die den Gral nach Spanien brachten, andere sagen, daß Joseph von Arimathia ihn selbst nach Süd-England gebracht haben soll, und wieder anderen zufolge waren es «die Söhne des Bron», die den Gral nach Frankreich gebracht haben. Unter den Rittern der Tafelrunde des König Artus war Sir Galahad der einzige, der durch die Kraft seines Glaubens den Gral für den Kreis der Ritter sichtbar machen konnte.

Rudolf Steiner hat darauf hingewiesen[36], daß diese Gralssagen ein Bild der Christus-Kraft selbst sind, wie sie mit den Herzen der Menschen allmählich von Osten nach Westen zieht und die niedrigen Begierden des Astralleibes veredelt und zum Geistselbst verwandelt, welches in der Rosenfarbe empfunden wurde. Als die Zahl der Menschen, die das Gralsgeschehen noch in ihren Herzen erleben konnten, im Laufe der ersten Jahrhunderte nach Christus immer kleiner wurde, trat unter dem Namen des Titurel ein wichtiger Menschheitslehrer auf, mit dem Auftrage, eine Schutzburg für den Gral zu errichten und einen Gralsritterorden zu bilden, der den Gral hüten sollte. Doch schon in der dritten Generation nach Titurel gelang es dem Gralskönig Amfortas nicht mehr, die Reinheit des Herzens zu bewahren. Er wurde durch den (luziferischen) Zauberspeer des Königs Klingsor verwundet.

Der Gral wurde dann durch den mühsamen Weg Parzivals zur Gralskönigswürde gerettet. Parzival kann als Vorbereiter einer Menschheit der Zukunft gesehen werden, denn er wurde, ganz im Sinne der Bewußtseinsseelenentwicklung, aus eigener Kraft, aus dem Nichts heraus, d. h. ohne irgendeine Tradition der Vergangenheit, auf die er hätte bauen können, zum Träger des Grales, Träger des gereinigten Blutes des «Geistselbst».

Das eigentliche Grals-Drama, wie es Jahrhunderte später dann von Chrétien de Troyes, Wolfram von Eschenbach und anderen aufgezeichnet worden ist, spielt sich jedoch in der Zeit der Verstandes- und Gemütsseele ab. Wissen und Erkenntnis waren damals noch Fähigkeiten des *Herzens*, das den ganzen Menschen mit seinem Fühlen durchdrang. Die Neuzeit, die Zeit der Bewußtseinsseelenentwicklung, trägt den Stempel einer neuen Form des Wissens und Erkennens. Diese ist jetzt nur noch vom *Haupte* getragen und äußert sich in abstrakten Formulierungen, die möglichst wenig geprägt sein dürfen von persönlichen Gemütserlebnissen.

In der Zeit der Bewußtseinsseele ist es daher viel schwieriger geworden, noch etwas von der alldurchdringenden Kraft des Grals zu erleben. Bei Parzival, dem Gralskönig, endet die Tradition des Grals als Spender neuen Lebens, der in der nur nachts zu betretenden Burg gehütet wird. Sogar der Nachtmensch in uns kann in der heutigen Zeit des abstrakten Denkens den Gral als Symbol der Auferstehung des Christus nicht mehr erblicken bzw. erleben.

Der Überlieferung nach soll Parzival am Ende seines Lebens den Gral mitgenommen haben, als er sich «nach Osten» einschiffte. Dort verwaltet er ihn, bis der Westen aus eigener Kraft imstande sein wird, ihn wieder zu empfangen. So liegt das Mysterium des Blutes, des Grals, seit dem zehnten Jahrhundert n. Chr. in dieser Form nicht mehr im Gebiet des Erreichbaren.[37] «In dieser Form» besagt, daß sich die alte, direkte «Gewißheit des Herzens», die durch den bloßen Anblick des Grals oder einer Blutreliquie entstand, bei den Menschen nicht mehr einstellt.

Mit dem Anbruch der Neuzeit am Beginn des 15. Jahrhunderts drohte durch die Intellektualisierung des Denkens und das damit einhergehende Austrocknen der Herzenskräfte ein Bruch in der Kontinuität des Stromes des «Auferstehungschristentumes», das jahrhundertelang durch das Symbol des Grals repräsentiert worden war. Neue Formen menschlicher Entwicklungswege wurden notwendig, um das Auferstehungsmysterium, das alte Blutsmysterium zu retten. Diese neuen Formen wurden unter dem Namen der «Rosenkreuzerströmung» bekannt. Dabei trat ein neues Symbol auf: das Rosenkreuz. Das schwarze Kreuz, Symbol des physischen Leibes, umgeben von sieben roten Rosen, Symbol des pflanzenhaften, gereinigten Blutes. Auch hier also ein Auferstehungssymbol, das meditativ im Geiste aufgebaut wurde und so den Menschen in seinem Denken, Fühlen und Wollen durchdringen konnte.

Es handelt sich hier im Grunde nicht um *einen* bestimmten Weg, sondern um verschiedene Formen einer Strömung, die auf vielerlei Wegen und in mannigfachen Formen unter der Oberfläche des traditionellen, dogmengebundenen Christentums in verborgenen Adern dahinfloß.

So gab es die echten (Rosenkreuzer-)Alchimisten, die im Reiche der chemischen Erscheinungen von Verwesung und Bildung der Substanzen auf der Suche waren nach der «quinta essentia», dem fünften Zustand der Materie neben den bekannten Formen des Festen, Flüssigen, Gasförmigen und dem Wärme-Element. Dieser fünfte Zustand war die ätherische Welt; in ihr fand sich das «Auferstehungsblut». Auch beim «Stein der Weisen» handelte es sich darum, den Kohlenstoff als Träger aller Formen des Lebendigen, in seiner reinen Form als «Auferstehungsmaterie» zu finden.

Daneben gab es reisende Ärzte und einfache Handwerker, die anhand äußerst primitiver Holzschnittdrucke ihre Auferstehungsbotschaft verbreiteten und, indem sie den Menschen ihre Bilder schenkten, den durstenden Seelen jenes Labsal brachten, das ihnen der Gral einst gewährt hatte.

Da waren aber auch Fürsten und Diplomaten, die unter der Inspiration des Rosenkreuzes versuchten, Kriege zu verhindern und die Kultur zu fördern. Es gab außerdem Handwerker, die noch bis zur Mitte des 18. Jahrhunderts durch die Rosenkreuzeralchimie neue Herstellungsmethoden entdeckten, so z. B. im Falle des Edelporzellans, das das grobe Steingut ersetzte. Es gab Universitätsprofessoren, die, wie z. B. im schwedischen Upsala, der «theophrastischen Richtung» zugetan waren, einem Decknamen der Rosenkreuzer. Und schließlich gab es einsame Gelehrte wie Leibniz, der als junger Mann an der Universität die Rosenkreuzerlehre kennengelernt hatte und daraufhin seine oben schon erwähnte Philosophie der göttlichen Monaden schrieb (vgl. S. 44).

Die Rosenkreuzerströmung floß wie durch verborgene Adern, die hier und da sichtbar werden, unter der Oberfläche des äußeren, verwirrenden Geschichtsverlaufes dahin und wirkte schließlich bis in die Französische Revolution hinein.[38]

Wie konnte diese Rosenkreuzerbewegung entstehen, und wer war der Inaugurator und Hüter dieses Stromes, so wie einst Titurel der Hüter der Gralsströmung gewesen war?

Es muß eine Individualität gewesen sein, die, wie Titurel, ein Menschheitsführer war und die aufs innigste mit dem Mysterium von Tod und Auferstehung verbunden war. Rudolf Steiner spricht über diesen Menschheitsführer in einem Vortrag in Neuchâtel[39]. Es handelt sich um eine Individualität, die sich in der Mitte des 13. Jahrhunderts durch eine sehr außergewöhnliche Art der Einweihung auf eine Inkarnation im nächsten Jahrhundert vorbereitete, während derer sie den Namen Christian Rosenkreutz tragen sollte. Seitdem ist diese Individualität beinah ununterbrochen inkarniert gewesen, von kurzen Unterbrechungspausen zwischen dem Tod und der neuen Inkarnation abgesehen. Sie mußte jedoch noch im Verborgenen wirken, was sich in der Tatsache niederschlug, daß erst 100 Jahre nachdem eine ihrer Inkarnationen ihr Ende gefunden hatte, diese Inkarnation bekannt werden durfte. Die Individualität des Christian Rosenkreutz stand gewissermaßen vollbewußt unter dem Kreuz und wirkte aus der Auferstehungsmacht des geläuterten Blutes. Sein Symbol war das schwarze, mit sieben roten Rosen umkränzte Kreuz.

Außer dieser «echten» Rosenkreuzerströmung gab es aber auch viel Scharlatanerie: Alchimisten, die die innere Verwandlung mit der Suche nach Gold verwechselten; Sektenführer, die sich Rosenkreuzer nannten und deren Symbole zwar gebrauchten, sie aber nicht mehr begriffen. So war am Ende des vergangenen Jahrhunderts und auch noch bis ins 20. Jahrhundert hinein das echte Rosenkreuzertum völlig untergetaucht; an der Oberfläche waren nur noch solche Rosenkreuzergruppen und Bruderschaften tätig, die lediglich die veräußerlichten Formen pflegten.

Auf der Ebene der unbemerkt wirksamen, «untergründigen» Strömungen kann der Zusammenhang der Anthroposophie mit sowohl der Gralsströmung als auch der Rosenkreuzerströmung gefunden werden. Sie haben, gleich der Anthroposophie, in bestimmten Phasen der westlichen Kulturentwicklung Formen eines Auferstehungschristentums geschaffen, welches dadurch als «esoterisches Christentum» unter den Menschen leben kann.

Rudolf Steiner stellte vom allerersten Beginn seines Wirkens innerhalb der (damals noch) Theosophischen Gesellschaft an diese Verbindung mit dem Auferstehungschristentum deutlich heraus. Sein erster Vortragszyklus «Vor dem Tore der Theosophie», die frühe Schrift «Das Christentum als mystische Tatsache» und seine «Geheimwissenschaft im Umriß», wo sich am Ende der Hinweis findet, daß das Buch auch «Die Wissenschaft vom Gral» genannt werden könne – sie alle sprechen von einer neuen Erkenntnisform, durch die, nachdem das «finstere Zeitalter» abgelaufen ist, der Menschheit das Licht des Christus wieder erstrahlen kann. Was früher das nächtliche Erleben des Grales oder die untergründige Wirksamkeit der Rosenkreuzer war, tritt jetzt durch die Anthroposophie in das Licht der Öffentlichkeit, sowohl in Ideen-Gestalt als auch durch die praktische Verwirklichung im äußeren Leben.[40]

Das alte Rosenkreuzertum hat, in der Form wie es bis tief ins 19. Jahrhundert hinein gewirkt hat, aufgehört zu bestehen; die Individualität, die wir Christian Rosenkreuz nennen, widmet sich heute, im 20. Jahrhundert, gemeinsam mit der Individualität, die wir Rudolf Steiner nennen, der bleibenden Aufgabe, in den Menschen das Auferstehungschristentum zu erwecken.

7 Der anthroposophische Schulungsweg

Der Mensch der alten spiritualistischen Kulturen empfand die «Nachtwelt» als seinen wahren Ursprungsort. Das Erwachen am Morgen erfuhr er als eine immer wiederkehrende Art von Gefangenschaft, aus der er sich allmählich zu befreien suchte. Dies geschah nicht durch Selbstmord, sondern durch die Überwindung aller irdischen Begierden und das Aufgehen in der geistigen Welt, im «All» oder im «Nirwana». Das bedeutete eigentlich: Rückkehr ins Ungeborensein, in die vorgeburtliche Existenz.

Im Laufe der Entwicklung verdunkelte sich das Bewußtsein von der Nachtwelt immer mehr; sie wurde schließlich nur noch in den *Träumen* erlebt, die der Deutung bedurften, wenn der Mensch aus ihnen Impulse in sein Tagesleben herüberretten wollte. Im Alten Testament finden wir in Joseph ein Beispiel dafür: Joseph kann dem Pharao seine Träume noch deuten; der Pharao selbst lebt schon völlig in der Welt des Tagesbewußtseins.[41] Aus der Welt der Träume konnten noch Richtlinien für die Führung eines Volkes gewonnen werden. Doch schon die Griechen kannten das Sprichwort: «Lieber ein Bettler sein im Reich der Lebenden als ein König im Lande der Schatten.» Für sie bedeutete der Tag das Leben, die Nacht der Tod. Die Griechen waren die ersten echten Tagesmenschen. Sie vertrauten dem eigenen Tages-Denken und konnten so ihre Philosophie entwickeln. Seither ist der Nachtmensch in das Reich des Glaubens verbannt. – Wir haben Friedrich von Hardenberg-Novalis als Beispiel eines modernen Menschen angeführt. Dieser Dichter war imstande, tagsüber seiner Arbeit als Mineningenieur in den Salzbergwerken nachzugehen und doch daneben den Nachtmenschen im Tagesmenschen bewußt werden zu lassen. Er war einer der ersten, die einen modernen Entwicklungsweg beschritten, denn er zog sich nicht wie der indische Yogi oder mittelalterliche Mystiker aus dem Leben zurück, um an seiner inneren Entwicklung zu arbeiten; im Gegenteil – er stand stets mitten im vollen Leben.

Der Mensch kann den modernen inneren Entwicklungsweg beschreiten, während er voll am sozialen Leben teilnimmt; er kann dabei ausgehen von den Möglichkeiten der mitgebrachten Anlagen, der Erziehung und der Kraft der eigenen Individualität. Er lebt dann ein «Tagesleben», das ganz im Zeichen der Arbeit für andere Menschen steht. Dieses Arbeiten für andere Menschen kann in manchen Fällen Ausdruck der bewußten Entscheidung für einen bestimmten Beruf sein. Im Grunde aber ist *jeder* Mensch im Berufsleben für andere tätig. In unserer arbeitsteiligen Gesellschaft ist dies gar nicht anders denkbar. Er backt nicht nur Brot für seinen eigenen Bedarf, er stellt Maschinen und Einzelteile für andere her, führt die Buchhaltung zum Nutzen der Gemeinschaft oder spricht Recht im Namen eines Gesetzes, das von anderen formuliert ist bzw. von anderen ausgeführt wird. So ist unser Tagesleben immer von einem Netz menschlicher Beziehungen bestimmt.

Unser Tagesmensch ist in den Konflikt zwischen Anlagen und Erziehung verstrickt, ein Konflikt, der unsere äußerlichen Leistungen hemmend, aber auch fördernd beeinflussen kann. Wir sind darin im höchsten Maße unfrei. Unser Tagesmensch ist das Produkt unserer eigenen Vergangenheit, das Resultat des jetzigen wie auch früherer Leben.

Aus der Kraft seiner Individualität heraus kann der Mensch jedoch den Entschluß fassen, ein zweites, geistiges Leben neben seinem normalen Tagesleben zu entwickeln. Erste Möglichkeiten einer solchen Entwicklung bietet z. B. die Beschäftigung mit «Früchten» des geistigen Menschen, wie sie auf dem Gebiet der Kunst und der Religion zu finden sind. Dennoch – wer dies probiert, wird doch bald bemerken, daß er an gewisse Grenzen kommt; Grenzen des Erkennens, des künstlerischen Erlebens und der religiösen Erfahrung.

Wer den Nachtmenschen in seinem Tagesmenschen bewußt zum Erwachen bringen will, wird sich dazu entschließen müssen, einen *inneren Schulungsweg* zu beschreiten, der mit dem des Schülers alter Mysterien vergleichbar ist. Man sollte nun aber nicht mehr die alten Formen suchen, sondern sich die Frage stellen: Wie sieht der Weg des Schülers der *neuen* Mysterien aus?

Die neuen Mysterien sind nicht mehr an Ort oder Zeit gebunden. Man kann ihre Stätte nicht irgendwo lokalisieren und dort dann bleiben. Die neuen Mysterien sind überall und in jedem Moment *im vollen Leben* anwesend. Wir müssen lernen, ständig auf zwei Bewußtseinsebenen zu leben; die eine ist die des Tagesmenschen, auf der anderen spielt sich das Erwachen des «zweiten Menschen» ab; hier wird die Nachtwelt immer bewußter. Dieses Nachtbewußtsein läuft wie ein roter Faden durch die Schichten, die über unserem Normalbewußtsein liegen. Wir können diesen Faden jederzeit ergreifen und mit unserem Leben verbinden. Wir können ihn auch, falls das Leben dies erfordert, loslassen, um ihn später dann wieder aufzugreifen und weiterzuverfolgen.

Das tägliche Leben bietet unendlich viele Möglichkeiten in dieser Hinsicht. Es kann z. B. vorkommen, daß wir auf einen Zug warten müssen. Statt nun ungeduldig und vielleicht sogar verärgert auf dem Bahnsteig hin- und herzulaufen, können wir unsere Aufmerksamkeit einige Minuten lang auf unser Inneres richten und uns mit Gedanken und Gefühlen erfüllen, die wir während anderer Momente meditativ in uns aufgebaut haben. Der Bahnsteig steht voller Menschen, ein großer Lärm herrscht ringsum – unser Geist wendet sich ruhig nach innen, solange die Situation es zuläßt. Dies ist natürlich nur dann möglich, wenn wir während anderer Augenblicke systematisch an unserer inneren Entwicklung gearbeitet haben.

Der Schulungsweg der Anthroposophie wurde von Rudolf Steiner in verschiedenen Büchern dargestellt. Die wichtigsten davon sind: «Wie erlangt man Erkenntnisse der höheren Welten?» und «Die Geheimwissenschaft im Umriß»; in letzterem Werk kommt vor allem der Abschnitt über «Die Erkenntnis der höheren Welten» in Betracht. Außerdem finden sich in vielen Vorträgen Rudolf Steiners Anweisungen für die innere Entwicklung.

Für eine umfassende Darstellung des anthroposophischen Schulungsweges verweisen wir den Leser auf die entsprechende Literatur.[42] In diesem Kapitel geht es um die Darstellung der wesentlichen Hauptmomente dieses Weges. Es liegt auf der Hand, daß sich der Autor dabei durch persönliche Erfahrungen und Vorlieben hat beeinflussen lassen.

Grundzüge des anthroposophischen Schulungsweges

Es ist nichts Zwingendes oder die menschliche Freiheit Beeinträchtigendes an diesem modernen Mysterienweg. Die *Vorbereitung* besteht u. a. in der Übung gewisser Seelen-Eigenschaften, die uns allen bekannt sind und deren Bedeutung jeder ohne weiteres einsieht. Die Fähigkeit, sich Momente der inneren Ruhe zu verschaffen, das intensive Wahrnehmen der Welt, das ruhige Wahrnehmen des eigenen Handelns, die Unbefangenheit gegenüber anderen Menschen, Toleranz gegenüber anderen Auffassungen, das von Wärme getragene Gefühl für das Positive im anderen Menschen, Dankbarkeit für alles, was einem von der Jugend an von der Welt und den Menschen geschenkt worden ist, Gleichmut im Gefühlsleben ohne kalt und gleichgültig zu werden – alle diese Eigenschaften müssen lange Zeit geübt und in Harmonie miteinander gebracht werden. Die Kräfte, die wir in dieser Vorbereitungszeit entwickeln, werden allmählich zu festen Charaktereigenschaften. Bei vielen Menschen wird das persönliche Lebensschicksal Anlaß, bestimmte Charaktereigenschaften zu entwickeln. Der Mensch, der aus freiem Entschluß seine Geistesschulung betreiben will, entwickelt diese Eigenschaften systematisch und ausdauernd.

Ein weiterer Schritt führt zur *Meditation*. Man vertieft sich intensiv in einen selbstgewählten Inhalt oder eine bildhafte Vorstellung, die man innerlich aufbaut. Meditation bedeutet: mit Bewußtsein einen selbstgewählten Inhalt intensiv und immer wieder aufs Neue in sich aufnehmen; also nicht die gedankenlose Wiederholung von irgendwelchen Worten, deren Bedeutung man nicht kennt, selbst wenn diese Worte Namen höherer Wesen in der Sprache einer anderen Kultur sind.

Allmählich wird der Schüler in seiner selbstgestalteten Geistesschulung den Weg zu den Inhalten finden, die ihn im gegebenen Moment weiterbringen können. In der anthroposophischen Literatur findet sich ein großer Reichtum an solchen Meditationsinhalten.

Die erste Frucht dieses inneren Schulungsweges, auf dem der Nachtmensch im Tagesleben erwacht, wird der Anfang des Vermögens der *imaginativen Schau* sein. Nachdem ein Anfang gemacht worden ist mit der Pflege der intensiven Naturwahrnehmung, werden allmählich charakteristische Bilder erfahrbar, die den Menschen mit den schöpferischen Kräften verbinden, die hinter bzw. in der sinnenfälligen Natur tätig sind. Es beginnt mit einfachen Übungen: gelingt es mir beispielsweise, den charakteristischen Unterschied zwischen einer Eiche und einer Birke so intensiv zu erleben, daß ich ihn mit Worten beschreiben oder in einer Zeichnung festhalten kann? Kann ich die Birke oder Eiche «an sich» als Urbilder mit meinem inneren Auge erblicken?

Goethe hatte sich diese imaginative Schau durch jahrelange intensive Wahrnehmungsübungen an der Pflanzenwelt erobern können. So konnte er zu dem inneren Bild der «Urpflanze» gelangen. Er konnte vor seinem Geistesauge die Metamorphosen dieser «Urpflanze» in alle real existierenden Pflanzenformen erscheinen lassen, ja selbst die Metamorphose in solche Formen, die vielleicht nirgends vorkommen, aber, wie er es ausdrückt, doch existieren könnten.[43]

Die volle Ausbildung des Imaginationsvermögens ist der erste Schritt auf dem Wege zu einer modernen, «exakten Hellsichtigkeit». Mancher Künstler hat diese Fähigkeit bereits teilweise entwickelt.

Ein weiterer Schritt, der nicht notwendigerweise *nach* dem soeben beschriebenen stattzufinden braucht, führt zur Entwicklung der *Inspiration*. Diese übersinnliche Tätigkeit ist verwandt mit der *Hör- und Lauschaktivität*, wie wir sie im sinnlichen Bereich kennen.

Wollen wir uns auf diesem Felde üben, so können wir unsere Aufmerksamkeit dem intensiven Hinlauschen auf die Laute der Natur, dem Klang der menschlichen Stimme oder der Musik zuwenden. Wir werden dann allmählich immer mehr *hinter* den Klängen, Worten und Tönen hören. Ein subtiles Gefühl für Qualitäten entsteht in uns.

Manche Menschen kommen durch ihre Anlagen im täglichen Leben in enge Berührung mit der Welt des Hörbaren. Ein Freund, der Cellist und Dirigent war, erzählte mir einmal, daß er sich, solange er sich erinnern konnte, immer umgeben fühlte von Musik. Er war der Meinung, daß das größte Problem eines Komponisten im Finden einer «Technik» besteht, die es ihm ermöglicht, sich aus diesem musikalischen Strom herauszuziehen und das Wahrgenommene in die geordnete Form eines Musikstückes umzusetzen und dann zu notieren. In der Improvisation dagegen darf die Musik frei dahinströmen.

Ein anderes Beispiel gibt einen deutlichen Hinweis auf die Lebenshaltung bzw. -erfahrung, die eine Vorbedingung des echten Hinhörenkönnens darstellt: In einem Kinderlied beklagt sich ein Kind darüber, daß Vater und Mutter so wenig Zeit haben, ihm zuzuhören. Das Kind geht dann zur Großmutter, und diese kann wirklich zuhören. Das Lied schließt mit den Worten: Man muß, scheint es, doch wohl sehr alt geworden sein, um wirklich lauschen zu können.

Im gewöhnlichen Leben ist dieses «empathische» Zuhörenkönnen eine Berufshaltung z. B. des Psychiaters oder Sozialarbeiters, deren Voraussetzung in der Beherrschung bestimmter Fähigkeiten wie Toleranz, Unbefangenheit und Gleichmut liegen. Es gibt heutzutage Berufe, die einen Schritt in Richtung eines inneren Entwicklungsweges notwendig fordern; doch auch hier gilt wieder: Wenn man systematisch und ausdauernd diesen Weg übend beschreitet, so stellen sich Momente ein, in denen die *innere Stimme* zu sprechen beginnt. Was sie uns sagt, ist mehr als was wir bereits wußten. Eine höhere Welt bricht durch, die deutlich unterschieden werden kann von Erzeugnissen der eigenen Phantasie oder irgendwelcher halbbewußter Seelenregungen. Was sich hier abspielt, kann umschrieben werden als ein «Gespräch mit dem eigenen höheren Ich».

Auf einer höheren Ebene führt die Inspiration uns dahin, daß wir alles dasjenige, was aus unserer unbewußten Innenwelt heraufsteigt, von demjenigen, was objektive Weltenmächte von außen an uns herantragen, deutlich unterscheiden können.

Die Inspiration führt zu einer inneren Sicherheit, die uns nicht mehr genommen werden kann.

Bei der Imagination wird das *Denken* zu einem geistigen Wahrnehmungsorgan, bei der Inspiration das *Fühlen*. Die dritte Seelenkraft, das *Wollen*, kann zur *Intuition* entwickelt werden. Auch dabei muß man während der vorbereitenden Phase unterscheiden lernen, welche Taten aus den Wünschen und Begierden des Tagesmenschen entspringen und welche Äußerungen des Nachtmenschen sind, des «zweiten Menschen» in uns. Eine notwendige Vorübung dazu ist die Entwicklung von Mut und Unerschrockenheit im täglichen Leben. Eine weitere Eigenschaft, für die der Sprachgeist das so treffende Wort «Geistesgegenwart» geprägt hat, ist von entscheidender Wichtigkeit. Durch sie wird der Mensch fähig zu erkennen, wann und ob ein Augenblick des intuitiven Handelns da ist; durch die Fähigkeit der Geistesgegenwart kann er sich sogleich in den Strom dessen, was geschehen muß, hineinstellen und seine höhere Pflicht erfüllen.

Das Handeln aus der Intuition heraus – und hiermit meinen wir nicht das instinktiv-richtige, gefühlsmäßige Handeln, welches häufig so bezeichnet wird – kann nicht so schnell und ohne weiteres erobert werden. Es ist durchaus möglich, daß man jahrelang mit der Frage ringt: «Ach, wüßte ich doch, was meine *eigentliche* Aufgabe ist!» Wer nicht bereit ist, daran zu leiden und vielleicht sogar schlaflose Nächte mit dieser quälenden Frage durchzumachen, der wird dann auch nicht die Stoßkraft entwickeln, die er braucht, um im rechten Augenblick zuzufassen, sobald eine Lösung am Horizont sichtbar wird.

Die Intuition spricht zu uns in der «Sprache der Gelegenheit». Der Unvorbereitete läßt seine Gelegenheit vorübergehen; häufig bemerkt er sie nicht einmal. Wer vorbereitet ist, ergreift die Gelegenheit, denn sie ist für ihn eine Antwort auf sein Warten. In der Intuition spricht der seelisch-geistige Mensch, der Nachtmensch aus der Welt heraus zu uns. Die Intuition kommt von außen her auf uns zu! In einem Gespräch, das Rudolf Steiner einige Wochen vor seinem Tode mit Graf Polzer-Hoditz führte, sagte er: «Achten Sie darauf, welche Fragen Ihnen gestellt werden. *In den Fragen spricht sich Ihr Karma aus!*»[44]

Der Entwicklungsweg, der zur Intuition führt, erfordert eine bewußte Vorbereitung hinsichtlich des *Erkennens solcher Fragen*, die meistens nicht in Worten hörbar werden, sondern in der Sprache der Lebenssituationen. Nur einige wenige Male während unseres Lebens tritt der Fall ein, daß uns eine im Schlaf geborene Intuition beim Aufwachen am Morgen deutlich bis in alle Einzelheiten vor Augen steht. Wir zittern dann wie Espenlaub, ein Wille, der weit über unseren eigenen Willen hinausreicht, durchzieht uns, und mit Entsetzen fragen wir uns: «Warum muß gerade ich dies tun? Es durchkreuzt alle meine Pläne und Wünsche, es geht über meine Kräfte.»

Die höchste Intuition wird in der Bibel beschrieben. Es handelt sich um den Moment in Gethsemane, da Christus sich bewußt wird, daß er dem Kreuzestod entgegengeht und in höchster Verzweiflung ausruft: «Laß diesen Kelch an mir vorübergehen!» In schwächerem Maße, doch für die betreffende Person genauso real, kann dieser Ausruf im Leben jedes Menschen erklingen: Laß diesen Kelch an mir vorübergehen. – Wer dann doch aus ihm trinkt, wird feststellen, daß beim Handeln in solchen Situationen Kräfte frei werden, die weit über unser gewöhnliches Vermögen hinausgehen.

Der Mensch fühlt sich beim Handeln aus der Intuition als ein Instrument in den Händen höherer Mächte. Das persönliche Schicksal muß zurückgestellt werden, damit man sich den Notwendigkeiten des betreffenden Augenblickes zur Verfügung stellen kann.

Wir haben hier die ersten Schritte auf dem Wege zur Imagination, Inspiration und Intuition beschrieben. Ihre Bedeutung für die Biographie eines modernen Eingeweihten und großen Geistes läßt sich an Leben und Werk Rudolf Steiners ablesen. Viele sind an irgendeiner Station dieses Weges angelangt, aber es gibt im 20. Jahrhundert keinen Menschen, der so souverän auf der Höhe der Kultur und der Wissenschaft seiner Zeit stand und gleichzeitig so bewußt in einer geistigen Welt lebte wie Rudolf Steiner. Sein Lebenswerk als Ganzes wie auch seine Biographie zeugen von einem vollbewußten Erleben der Tages- und Nachtwelt.

Wir sagten bereits, daß die Intuition von außen an uns herankommt, im Gegensatz zur Inspiration, die aus dem Inneren kommt. Bei der Intuition ist es so, daß der andere Mensch mir mein Karma deutlich macht, ausspricht, was meine Lebensaufgabe ist.

Diesen Weg braucht der Mensch nicht alleine zu gehen. Er kann auch von einer Gruppe von Menschen beschritten werden, die in ihrem Willensleben durch gemeinsame Arbeit verbunden sind, was ja immer eine Schicksalsverbindung impliziert. Ich habe solch eine Gemeinschaft früher einmal als «Verantwortungsgemeinschaft» bezeichnet.[45] Der Einzelmensch geht in einer derartigen Gemeinschaft seinen eigenen Entwicklungsweg, doch er ist dabei in hohem Maße von den anderen abhängig. Jeder, der daran Anteil hat, sieht es als ein Stück *seines eigenen* Entwicklungsweges an, das Tun und Lassen der *anderen* wach wahrzunehmen und dies auszusprechen bzw. Situationen zu schaffen, in denen der andere kreativ werden kann und umgekehrt. Ein Urbild einer solchen Gemeinschaft ist die Pfingstgemeinschaft der Apostel oder die Tafelrunde des König Artus.

So richtet sich die Aufmerksamkeit des einzelnen nicht nur auf sich selbst, sondern auf den anderen; man trägt sich gegenseitig, hilft sich und steht hinter demjenigen, der eine Aufgabe innerhalb oder außerhalb der Gruppe ausführt. Wer das Vorrecht genossen hat, einmal in solchen Gemeinschaften mitarbeiten zu dürfen, der kennt das Gefühl der «Rückendeckung», die die Gemeinschaft ihm gibt, auch wenn er als einzelner in der Welt handelt. Die Totalität der mit ihm verbundenen Menschen steht hinter ihm und seinem Tun.

Dies hat nichts mit Sektiererei zu tun. Niemand braucht seine persönliche

Identität aufzugeben, um dann zur Erlösung seines Ich durch den Geist der Gruppe zu kommen. Im Gegenteil: größte Wachheit für die Nöte der Welt, höchste Einsatzbereitschaft sind vonnöten, um Antworten auf die Fragen anderer geben zu können. Jede Erkenntnis und jegliches Können des einzelnen stehen der ganzen Gemeinschaft zur Verfügung. Es ist das genaue Gegenteil dessen, was ich an manchen Universitäten mitgemacht habe: wissenschaftliche Mitarbeiter bewachen ängstlich ihre Forschungsresultate und neuen Erkenntnisse, in der Furcht, daß ein anderer ihnen zuvorkommen und sie unter seinem Namen publizieren könnte. Andererseits habe ich Forschungsteams kennengelernt, die zumindest auf wissenschaftlicher Ebene intensiv zusammenarbeiten. Der Unterschied liegt dann letzten Endes doch in der Zielsetzung: Wofür setzt man sich ein? Was ist die Aufgabe der Gruppe in der Welt? Inwieweit trägt der eine den anderen auch außerhalb der Arbeitssituation in seinem Streben?

Der neue Mysterienweg, der über die Imagination, Inspiration und Intuition führt und auf dem unser Denken, Fühlen und Wollen – am Anfang noch Instrumente des Tagesmenschen – allmählich zu Instrumenten des zweiten Menschen in uns, des Nachtmenschen, werden –, dieser Weg führt zum höheren Ich und eigentlichen «Selbst», das von der Welt der Nacht aus während vieler Inkarnationen unseren Lebenspfad und unser Suchen nach dem jeweils nächsten Schritt auf dem Wege unserer Entwicklung begleitet.

Unser «erster Mensch», der Tagesmensch, ist von der Vergangenheit, vom Karma früherer Leben gebildet. Daher ist der Mensch in seinem Dasein als Tagesmensch unfrei; er muß seine eigene Vergangenheit akzeptieren. Sie wird dann zum Ausgangspunkt weiterer Entwicklung in diesem Leben.

Die Kraft dazu verdanken wir dem zweiten Menschen in uns, unserem geistig-seelischen Wesen, der tagsüber mit dem ersten Menschen verbunden ist, der sich nachts dann aber von ihm befreit und aus der geistigen Welt die Impulse für seine Zielsetzungen holt. Jede Nacht findet eine Beurteilung unserer Taten statt; jede Nacht erneuern wir unser Lebensziel. Dies klingt beim Erwachen am Morgen noch nach, doch wir lassen uns meistens recht schnell wieder ablenken durch die Licht- und Schalleindrücke der sinnlichen Welt.

Das Bewußtmachen der Nachtimpulse im Tagesbewußtsein ist eine Notwendigkeit für den modernen Menschen, wenn er seine Lebensaufgabe im lärmenden Betrieb dieser Welt nicht aus dem Auge verlieren will. Er kann daraus die Kraft schöpfen, die er braucht bei der Verwirklichung dieser Aufgabe.

Die äußerliche Lebensgeschichte des Tagmenschen nennen wir die «Biographie». Die innere Lebensgeschichte des Menschen, die der Nachtmensch in das Tagesleben hereinprägt, könnte man auch die «geistige Lebensgeschichte» nennen, in Analogie zum Begriffe der Biographie also die «Pneumatographie». In dieser inneren Pneumatographie wird das Karma sichtbar; nicht das aus der Vergangenheit stammende Karma, sondern das Zukunftskarma des Menschen. Der Mensch, «der immer strebend sich bemüht», schafft selbst seine Zukunft, die in einem späteren Leben wieder zum neuen Ausgangspunkt wird.

Das Bewußtsein dieser Tatsachen kann uns dafür begeistern, den hier beschriebenen Entwicklungsweg zu beschreiten. Vielleicht desto mehr, wenn man weiß, daß jeder Mensch berufen ist, nicht nur im Hinblick auf sich selbst, sondern als Glied der gesamten Menschheit seinen Beitrag zur Entwicklung der Bewußtseinsseele zu liefern, bei der es entscheidend ist, daß das Gute getan wird, vor allem und gerade auch in den täglichen, kleinen Dingen des zwischenmenschlichen, sozialen Lebens. Die treibende Kraft, die uns dabei inspiriert, ist die Kraft des Herzens, das sich in Liebe mit der Welt verbindet. Der Entwicklungsweg ist ein von Herzenskraft getragener Weg der Mitte. Jeder wirklich bewußt gewollte Schritt auf diesem Wege, mag er auch noch so klein sein, hat seine Bedeutung, nicht nur für uns selbst, sondern für die gesamte Menschheit.

Mancher ist berufen, historische Taten zu vollbringen; wir alle aber sind berufen, Licht und Wärme im gewöhnlichen, alltäglichen Leben zu verbreiten. Dies ist die «Kultur des Herzens», die jetzt von so entscheidender Wichtigkeit ist.

Wer in der *Imagination* lebt, sieht in allen Erscheinungsformen das *Urbild*.

Wer in der *Inspiration* lebt, entwickelt die «Kultur des *Herzens*».

Wer in der *Intuition* lebt, handelt aus dem Moment heraus und vollbringt *das Gute*.

Einige praktische Gesichtspunkte

Wer den oben beschriebenen Weg beschreiten will, muß zuerst die Bedingungen für eine gesunde innere Entwicklung im eigenen Seelenleben herstellen. Rudolf Steiner spricht in diesem Zusammenhang von der «Vorbereitung», die jedoch aus Übungen besteht, die immer auch zusätzlich, neben den eigentlichen Meditationen gepflegt werden müssen.

Wir wollen hier einige dieser vorbereitenden Übungen darstellen. In der erwähnten Literatur sind sie viel ausführlicher beschrieben. Dazu kommt, daß die Art der Beschreibung bei Rudolf Steiner so gehalten ist, daß schon das bloße Lesen seiner Darstellungen ein Stück innerer Schulung bedeutet. Deswegen empfiehlt es sich, immer wieder in diese Beschreibungen sich zu vertiefen.

Eine allererste Notwendigkeit ist die Entwicklung der *Geduld*, der Fähigkeit, warten zu können, bis bestimmte innere Prozesse ausgereift sind. Ferner ist es wichtig, *Rhythmus* ins eigene Leben zu bringen. Man muß dem Tages- und Wochenrhythmus selbst neuen Inhalt geben. Das Leben mit den Wochensprüchen des «Anthroposophischen Seelenkalenders» von Rudolf Steiner, einem Organismus von 52 Sprüchen, die den Lauf des Jahres begleiten, kann dabei eine große Hilfe sein.[46]

Ein neues Verhältnis nicht nur gegenüber der Natur, sondern auch hinsichtlich der kulturellen Entwicklung der Menschheit muß errungen werden. Ohne ein *Studium* dieser Entwicklungstatsachen kommt der heutige Mensch im Zeitalter der Bewußtseinsseele nicht weiter. Es ist von großer Wichtigkeit, sich mit der Entwicklung des Denkens der Menschheit in ihren verschiedenen Stadien zu befassen und sich die Entstehung ihrer Menschen- und Weltbilder bewußtzumachen. Nur dann wird der moderne Mensch seinen geistigen Standpunkt bestimmen können und damit die Richtung, in der weitergearbeitet werden muß, erkennen.

So kann allmählich das zur inneren Gewißheit anwachsende Gefühl in uns entstehen, daß wir ein Teil eines großen, geistigen Kosmos sind, in welchem jeder Mensch bei zunehmender innerer Freiheit immer mehr verantwortlich wird für den Gang der weiteren Entwicklung. Dies gilt nicht nur hinsichtlich aller Fragen, die mit dem richtigen Gebrauch der Naturkräfte bzw. deren Mißbrauch zusammenhängen, wie z. B. beim Umweltschutzproblem, sondern vor allem auch hinsichtlich der moralischen Verantwortung, die der Mensch für die Weiterentwicklung des Denkens und damit für das dem Denken entspringende Handeln hat.

Eine Vorbereitung zur Imagination besteht darin, daß man sich übt im Umformen von *Gedanken* in *Bilder*. Bilder sind mehr als abstrakte Definitionen. Bilder besitzen immer einen gedanklichen Inhalt, einen Gefühlswert und einen moralisch-symbolischen Wert. Unsere Zeit krankt daran, daß gerade diese Werte aus unserem Denken herausgefallen sind. Wir müssen sie uns bewußt zurückerobern. Dann fangen Bilder wieder zu sprechen an, und sowohl die Natur als die Kunst reden eine neue Sprache.

Wichtig sind die Übungen des sogenannten «sechsgliedrigen Pfades». Sie werden oft auch als «Nebenübungen» bezeichnet, da Rudolf Steiner empfahl, sie immer *neben* den eigentlichen Meditationsübungen zu pflegen. Man kann sie aber durchaus auch als den *Kern* des anthroposophischen Entwicklungsweges ansehen, denn sie spielen sich auf dem Felde der *mensch-*

lichen Seele ab, dem eigentlichen Schauplatz des ganzen Schulungsweges. Dort entfalten sie eine gesundende Wirkung hinsichtlich des Verhältnisses des Ich zu den Seelenkräften Denken, Fühlen und Wollen.

Dies sind die sechs Übungen:
Gedankenkontrolle (klares Denken)
Willensübungen (Beherrschung des Wollens)
Ausdauer
Duldsamkeit, Toleranz und Positivität
Unbefangenheit, Vertrauen, Glaube
vollständiger Gleichmut der Seele, Ausgeglichenheit

Wer diese Übungen unternimmt – sie werden in dem Buch «Wie erlangt man Erkenntnisse der höheren Welten?» ausführlich beschrieben – wird feststellen, daß er die ersten drei zwar als bewußte, individuelle Schulungselemente pflegen kann, daß die anderen drei dagegen aber nur im Leben selber geübt werden können. Unbefangenheit können wir z. B. nur im sozialen Leben, im vielfältigen Kontakt mit anderen Menschen üben. Hier werden wir immer wieder unerwartet mit Situationen konfrontiert, in denen wir unsere persönlichen Vorurteile einer kritischen Prüfung unterziehen müssen.

Geht man diesen modernen Schulungsweg, so darf man sich zwar an den Anweisungen eines Eingeweihten orientieren; dennoch ist jeder selbst verantwortlich für Tempo, Aufbau und Inhalt dieses Weges. Im Laufe der Zeit entwickelt sich dann ein Organ, das einen «warnt», wenn die Neigung zu allzuschnellem Fortschreiten auf dem inneren Weg sich geltend machen will oder wenn man zu träge ist, die notwendigen Schritte zu unternehmen. Dieses Organ könnte man unser «esoterisches Gewissen» nennen. Es ist gewissermaßen unser «innerer Guru».

Wer einmal auf dem Wege ist, wird von selber auf die jeweils nächsten Schritte und Inhalte gewiesen. Es steht einem dann völlig frei, sie aufzugreifen oder nicht. Hat man sich jedoch einmal zu einem bestimmten Schritt entschlossen, dann muß dieser Entschluß auch mit großer Ausdauer durchgetragen werden. Ein leichtsinniges Aufgeben kann zu schweren Krisen und ernsten Gewissensproblemen führen.

Der Materialismus hat heute in den Ländern des Westens zu einer derartigen Seelenleere geführt, daß viele einen Weg zur «Erfüllung» suchen. Unser Geistesleben wird überspült von vielen Formen alter Entwicklungswege. Sie kommen aus Indien, dem alten Persien (wie z. B. die Mazdaznan-Bewegung), den islamischen Ländern (Sufi) und Japan (Zen). Alle spenden sie mit verschieden großem Recht den durstenden Seelen den ersehnten Trost oder führen zum Erfolg und zur Gemütsruhe im Berufsleben.

Die Stellung der Anthroposophie innerhalb dieser Strömungen muß deutlich herausgearbeitet werden, denn sie ist der einzige Weg, der an die Entwicklung des westlichen Denkens im Zeichen der Bewußtseinsseele anknüpft. Ziel des anthroposophischen Entwicklungsweges ist nicht ein intensiveres persönliches Glückserlebnis oder mehr Erfolg im Berufsleben, sondern ein Erwachen zum Bewußtsein der Verantwortlichkeit für die weitere Menschheitsentwicklung. Darum nimmt dieser Weg seinen Anfang bei unserem heutigen nüchternen, durch die Entwicklung der Naturwissenschaft geprägten Denkvermögen und führt von dort aus zu einem zukunftsorientierten geisteswissenschaftlichen Denken. Der geistige Inhalt der mysterienentsprossenen vorchristlichen Weisheit war eine «Sternenweisheit». In den nachchristlichen Jahrhunderten taucht sie in den Bereich des unbewußten *Seelenlebens* unter, d. h. in die astralisch-ätherischen Kräfte der Welt der Organe. So kommt es, daß der Mensch des Bewußtseinsseelenzeitalters wieder als «reiner Tor» ganz von *vorne beginnen muß*. Er muß den *Geist* «von oben her», auf dem Wege über das bewußte Seelenleben, *wiederfinden*. Dann können auch die alten Weisheiten, die gleich «toten Inseln» in uns leben, wieder «von unten her» verlebendigt werden.

Beim anthroposophischen Schulungsweg handelt es sich um die jetzt christliche Wiederbelebung der alten Sternenweisheit; dadurch wird das Christentum seinerseits in seiner kosmischen Bedeutung sichtbar und erlebbar.

8 Aspekte zum Problem des Doppelgängers des Menschen

Der Mensch, der – sei es durch eine bewußte innere Schulung, sei es aufgrund seiner Lebenserfahrung – sein Leben allmählich immer stärker von seinem Ich aus zu gestalten vermag, wird sich immer wieder von bestimmten Aspekten seines eigenen Wesens innerlich distanzieren wollen. Er kann allerlei Gewohnheiten, Charakterzüge und Unvollkommenheiten an sich wahrnehmen, bei denen er fühlt, daß sie nicht zu seinem höheren Ich gehören, aber dennoch stark mit ihm verhaftet sind und seinem eigentlichen Streben oft sehr im Wege stehen. Alle diese Aspekte unseres Wesens können imaginativ zusammengefaßt werden im Bilde einer Gestalt, einer Art Schattenwesen, welches wir zwar *nicht selbst sind*, was uns jedoch auf Schritt und Tritt begleitet. So kommt das Erlebnis unseres sogenannten «Doppelgängers» zustande.

Das Motiv des Doppelgängers hat in der Weltliteratur immer eine große Rolle gespielt. In vielen Varianten wird der Doppelgänger des Menschen von den Schriftstellern beschrieben. Ein Meisterstück in dieser Hinsicht ist die Erzählung «Das Bildnis des Dorian Gray» von Oscar Wilde.

Auch im täglichen Leben spielt dieser Doppelgänger eine entscheidende Rolle. Unsere unsympathische Schattengestalt steht nicht nur uns selbst ständig im Wege, dieser düstere Geselle spielt uns auch im sozialen Umgang mit anderen Menschen so manchen Streich. Oft werden wir geblendet vom Doppelgänger eines anderen Menschen, so daß wir nicht mehr imstande sind, sein eigentliches Wesen wahrzunehmen. Viele Mißverständnisse und Konflikte im sozialen Bereich beruhen auf der unbewußten Wirkung der Doppelgänger, und die schärfsten und schmerzhaftesten Auseinandersetzungen des Ehe- und Berufslebens sind manchmal nichts anderes als Doppelgängergefechte.

Auch in der psychischen Hilfeleistung tritt dieses Problem natürlich auf. Bei der Begegnung von Patient und Therapeut stehen zuerst einmal bestimmte Aspekte ihrer Doppelgänger im Vordergrund; viel Schutt muß beiseite geschafft werden, bis auf beiden Seiten die geistige Individualität zum Vorschein kommt. Im zweiten Teil dieses Buches kommen wir noch auf dieses Gebiet zurück.

Das Wissen um den Doppelgänger ist für jeden, der einen inneren Schulungsweg gehen will, von großer Bedeutung; es ist gleichzeitig ein wesentliches Stück Selbsterkenntnis. Mit Hilfe der Anthroposophie ist eine solche Erkenntnis möglich. Rudolf Steiner hat mehrere Male über den Doppelgänger gesprochen und ihn von verschiedenen Seiten her dargestellt. Dabei zeigt sich, daß es nicht hinreichend ist, immer nur von «dem» Doppelgänger zu sprechen; es handelt sich vielmehr um verschiedene *Aspekte* des Doppelgängerphänomens. Alle diese Aspekte haben eines gemeinsam: sie repräsentieren bestimmte Seiten unseres leiblichen und seelischen Wesens, die nicht, oder nicht ganz, «durchicht» sind, dem Zugriff des höheren Ich also entzogen sind.

Wir wollen nun sieben solcher Aspekte beschreiben. Diese Übersicht erhebt keinen Anspruch auf Vollständigkeit; sie will in erster Linie Unterscheidungskriterien liefern für die Erkenntnis der verschiedenen Seiten unserer Doppelgängernatur.

Vielleicht können unsere Ausführungen ein wenig zur Überwindung des Gefühls beitragen, daß der Doppelgänger ausschließlich etwas Negatives ist. Es wird sich dann allmählich ein anderes Gefühl einstellen, das man mit folgenden Worten umschreiben könnte: «Mein Doppelgänger ist kein Teil meines höheren Ich; trotzdem gehört er zu mir. Er begleitet mich nicht ohne Grund auf meinem Lebensweg. Die Ursachen seiner Existenz liegen in meinem eigenen Wesen, in meinem Karma. Indem ich mich an ihm entwickle, kann ich einen Schritt weiterkommen auf meinem Wege.»

Es lassen sich folgende Doppelgängeraspekte unterscheiden:

a) Unsere erblich bedingten Veranlagungen, wie sie sich in *Gestalt, Temperament* und *Charakter* äußern.

b) Unsere Erziehung, die «Indoktrination» durch Kulturinhalte und kulturbedingte Verhaltensweisen (der «Persona» C. G. Jungs vergleichbar).

c) Ein Doppelgänger, der sich aus *unverarbeiteten Resten früherer Leben* zusammensetzt, die gewissermaßen als «Störsender» im jetzigen Leben weiterwirken.

d) *Unerlöste Naturwesen* als Doppelgänger.

e) *Geographische Kräfte*, die so auf uns einwirken, daß dadurch Strukturen entstehen, die als typisch für ein bestimmtes Gebiet oder einen bestimmten Erdteil angesehen werden können (typisch bayrisch, preußisch, amerikanisch, asiatisch usw.).

f) Auch die Tatsache, ob man als *Mann* oder als *Frau* inkarniert ist, ist einer der Doppelgängeraspekte des Menschen. Vergleiche hierzu die von C. G. Jung charakterisierte Animus-anima-Problematik.

g) Der Doppelgänger als *Hüter der Schwelle*.

Alle diese geschilderten Variationen *sind* wir nicht, wir *haben* sie an uns nach Maßgabe unserer individuellen Vergangenheit. Auf der Basis dieser auskristallisierten Vergangenheit nimmt unsere neue, jetzige Verkörperung eigentlich erst ihren Anfang, als ein tagtägliches Ringen um jeden Schritt in Richtung des Menschenideales der Zukunft. Dieser ideale Mensch wird dann eine individuelle Variante der Gesamtmenschheit sein, so wie in einem Orchester der Gesamtklang aus vielen Einzelklangfarben entsteht. – Die Tatsache, daß unsere Zukunft nach der Richtung eines idealen, individuellen Menschenbildes hin offen ist, gehört wesentlich zum Zukunftsaspekt des Menschen als eines Trägers der Freiheit.

Gestalt, Temperament und Charakter

Was nehmen wir wahr, wenn wir einem Menschen begegnen? Zuallererst seine *Gestalt*, seinen physischen Leib. In der Leibesgestalt wird die Konstitution zum räumlichen Bild. Der französische Arzt Sigaud[47] hat am Anfang dieses Jahrhunderts auf phänomenologischem Wege eine Anzahl verschiedener Konstitutionstypen beschrieben. Damit wollte er den Hausärzten ein Instrument in die Hand geben, mit dessen Hilfe sie mit einem Blick feststellen konnten, wie ihre Patienten bei akuten und chronischen Krankheiten reagieren würden. Er unterschied vier Typen. Einer seiner Schüler brachte sie in nachstehendes Schema:

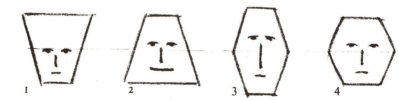

1. Der *zerebrale Typ* mit hoher Stirn und breitem Schädel. Die Gehirnpartie des Schädels dominiert gegenüber der Gesichtspartie. Wenn man eine Linie durch die Nasenwurzel oberhalb der Augen zieht, so liegt diese unterhalb der Mitte des Abstandes zwischen der untersten Spitze des Kinns und dem höchsten Punkt des Schädels.

Der zerebrale Typ ist für alle Sinneseindrücke empfindlich und neigt zur Stoffwechselschwäche. Man findet ihn unter Intellektuellen (z. B. Einstein) und anderen ausschließlich mit dem Kopf arbeitenden Men-

schen. Der Leib neigt, wenn er älter wird, zu chronischen Krankheiten. Akute Krankheiten verlaufen heftig, vor allem im Jugendalter.
2. Das Gegenstück hierzu ist der *digestive Typ*, der Stoffwechseltyp. Die Linie durch die Nasenwurzel verläuft weit oberhalb der Mitte des Abstandes zwischen Kinnspitze und höchstem Schädelpunkt. Die Kieferpartie dominiert. Bauch und Rumpf beherrschen die Gestalt, und die Person ißt gerne viel und gut. Von solchen Menschen können enorme Arbeitsleistungen erbracht werden. Sie neigen aber auch leicht zu einer einseitigen Ausrichtung auf Materielles und zur Ausübung von Macht. Widerstand ruft dann oft Wutausbrüche hervor.
3. Eine Zwischenform ist der *respiratorische Typ*. Hier dominiert der lange, meist flache Brustkorb und die Mittelpartie des Gesichts mit der Nasengegend (Charles de Gaulle). Respiratorische Typen sind im Sozialen schwierige, eigensinnige Menschen. Schon als Kind, in der Schulklasse, sind sie Ausnahmen.
4. Sigaud kennt außerdem noch den *muskulösen Typ*, bei dem die drei oben beschriebenen Typen zum Ausgleich kommen. Die Augenlinie verläuft etwas oberhalb der Mitte. Er besitzt einen harmonischen Körperbau mit guter Muskelentwicklung, ist beweglich, sportlich, praktisch-tätig eingestellt. Selten krank und rasch wieder gesund.

In diesen vier «Behausungsformen» begegnen wir dann dem eigentlichen, individuellen Menschen. Die Konstitution spielt beim ersten Kontakt, aber auch beim weiteren Verlauf von Beziehungen eine große Rolle. Sie bestimmt den ersten Eindruck, den wir von einem anderen Menschen haben, ein Eindruck, der Sympathie oder Antipathie hervorrufen kann und der gleichzeitig die «Klangfarbe» des Instrumentes sichtbar macht, das wir als physischen Leib unserer gegenwärtigen Inkarnation an uns tragen. Die Konstitution bestimmt sozusagen, ob man als Geiger, Flötist oder Trompeter durchs Leben geht. *Was* man dann auf seinem Instrument spielt, ist eine Angelegenheit des Ich.

Die Konstitution ist, wie gesagt, die Gestalt, in der der *physische Leib* sich im Raume offenbart. Diese Gestalt ist im wesentlichen dreigliedrig: Haupt, Rumpf und Gliedmaßen. Nur selten ist diese Dreiheit im Gleichgewicht, wie es das Ideal der griechischen Kunst war.

Die physische Gestalt des Menschen ist aber kein Marmorstandbild, sondern ein lebendiger Körper mit vielfältigen Funktionen in allen seinen Gliedern. Bei einer Einseitigkeit in der Gestalt dominiert auch die entsprechende Funktion. Da die menschliche Gestalt für jedermann sichtbar ist, kann man aus den Einseitigkeiten der Gestalt durchaus Schlußfolgerungen hinsichtlich der konstitutionsbedingten Möglichkeiten des ganzen Menschen ziehen.

Die Konstitution als Ausdruck alten Karmas ist vor allem bestimmend für das Verhalten, die Gesundheit und die Entwicklungstendenzen der ersten sieben Lebensjahre. Darauf sollte man besonders in den *Kindergärten* achten.

Die biologischen Funktionen drücken sich auf seelischer Ebene in den vier *Temperamenten* aus: dem cholerischen, sanguinischen, phlegmatischen und melancholischen Temperament.[48] Diese Eigenschaften sind ebenfalls rein funktionell und sind noch nicht Ausdruck der eigentlichen Persönlichkeit. Die Temperamente werden, etwas später als die Konstitutionen, sichtbar an der Handlungs- und Reaktionsweise und im Verhalten eines Menschen. Auch sie sind Früchte der karmischen Vergangenheit.

Den menschlichen Temperamenten liegt eine bestimmte Struktur des Ätherleibes zugrunde. Ein Temperament ist eine «Zeitgestalt», das heißt: eine bestimmte Art, sich im Leben zu bewegen und auf das Leben zu reagieren.

Man kann die Temperamente kennenlernen, indem man sich in die Bewegungsweisen der Menschen vertieft. Die Blütezeit der Temperamentsentfaltung liegt in der Zeit zwischen dem 7. und 14. Jahr. Die *Grundschule* muß vor allem die Temperamente berücksichtigen. Die Kenntnis der Möglichkeiten der verschiedenen Temperamentsveranlagungen ist von ungeheurer Wichtigkeit für das Verständnis des Lernprozesses als Teil des Gesamtverhaltens eines Kindes. In jedem der vier Temperamente drückt sich eine vorherrschende Kraft unseres Ätherleibes aus. Das Temperament ist also gleichsam ein Ausdruck der Physiologie des Ätherleibes.

Die Temperamente manifestieren sich, nachdem die Konstitution schon ausgereift ist. Konstitution und Temperament können sich gegenseitig verstärken oder stören. Im ersten Fall (z. B. in der Verbindung phlegmatisch-digestiv oder melancholisch-zerebral) können extreme Einseitigkeiten auftreten; im zweiten Fall kann es zu inneren Konfliktsituationen kommen, die sich im Verhalten ausdrücken können. Man muß dies durchschauen lernen, um pädagogisch (und manchmal sogar medizinisch) in der rechten Weise eingreifen zu können.

Als drittes Element tritt, vor allem nach der Pubertät, der *Charakter-* oder *Seelentyp* in den Vordergrund. Der Charakter ist die «Farbe» unserer Seelenstruktur und findet seine Ursache in bestimmten Grundkräften des *Astralleibes*. Dieser macht seine individuelle Entwicklung zwischen dem 14. und dem 21. Jahr durch. Das Innenleben und somit auch das Verhalten ist in dieser Phase in hohem Maße von der Entfaltung dieses Astralleibes, so wie wir ihn karmisch mitgebracht haben, geprägt. Der Astralleib entfaltet sich im Sinne der Siebenheit der Planetenqualitäten; daher gibt es auch sieben

Charaktertypen. In meinem Buche «Lebenskrisen – Lebenschancen» sind sie charakterisiert als der Forscher, der Denker, der Organisator, der Pfleger, der Erneuerer und der Registrator. Diese sechs Typen treten jeweils in zwei Formen auf, einer aktiven und einer passiven oder auch extrovertiert und introvertiert. Der siebte Charaktertyp ist der Ausgleich-Schaffende. Im 9. Kapitel werden wir, im Zusammenhang mit den Planetenprozessen, auf diese Typologie noch näher eingehen.

Der Astralleib steht außerhalb von Raum und Zeit. Er ist eine *qualitative* Struktur, die die Grundlage des Seelenlebens bildet und diesem seine «Farbe» verleiht, den Tonarten vergleichbar, die den Charakter eines Musikstückes bestimmen, ganz unabhängig von dessen übrigem Verlauf.

In den Jahren zwischen 14 und 21 dominiert der sich jetzt durchsetzende Charakter über die früher gebildeten Strukturen des Temperaments und der Konstitution; jene rücken immer mehr in den Hintergrund, sie üben in den unbewußten Schichten der Persönlichkeit jedoch nach wie vor ihren Einfluß aus und können bestimmte Charakterstrukturen verstärken bzw. verkomplizieren.

In den *höheren Klassen* und der Oberstufe der Waldorfschulen ist die Kenntnis der Charaktertypen eine Grundbedingung für die richtige Beurteilung und Begleitung der Schüler.

Aus den oben skizzierten Tatsachen wird deutlich, daß Konstitution, Temperament und Charakter mit den drei «Hüllen» des Menschen, also seinem physischen, ätherischen und astralischen Leib, zusammenhängen. Hinter diesen Schleiern verbirgt sich die Individualität, das «Ich» oder «Selbst» des Menschen, das sich die Ziele dieses Lebens gesetzt hat. Meistens bleibt diese Individualität verborgen und man lernt den wahren, geistigen Menschen erst nach einiger Zeit kennen – durch viele Gespräche oder die Entwicklung eines guten Kontakts. Oftmals dringt die Persönlichkeit eines Menschen jedoch durch alle Schleier hindurch und spricht direkt zu uns.

Gestalt, Temperament und Charakter entstehen aus der Vergangenheit des Menschen, seinem alten Karma. Die Individualität strebt nach *neuem Karma*. Sie will nicht bloß ihre alten Errungenschaften weitertragen, sondern etwas Neues hinzufügen. Im Leben des Menschen geschieht dies dadurch, daß das Ich seinen Einfluß auf die drei «Hüllen» ausübt und sie so allmählich umbildet. Als Resultat dieses Prozesses bildet sich etwas völlig Neues in der Seele des Menschen. Dieses Streben des Ich, dem Seelenleben einen eigenen Charakter zu geben, wirkt sich in der Mittelphase des Lebens, der Zeit zwischen dem 21. und 42. Jahr, aus.

Wenn das Ich aktiv an der *Umbildung des Astralleibes* arbeitet, tritt etwas Ähnliches auf wie bei der Befruchtung einer Eizelle. Die «Eizelle», in diesem

Falle der Astralleib, wächst zu einem neuen Wesen heran, der *Empfindungsseele*. Der Astralleib ist nach innen orientiert. Er richtet sich auf den Aufbau, den Unterhalt und die Funktionen der inneren Organe und tritt seelisch in der Form von Begierden in Erscheinung. Das Ich nun richtet diesen Astralleib zur Welt hin aus, so daß er durch die Sinneseindrücke befruchtet werden kann. Dadurch entsteht ein reiches Innenleben, das sich löst von dem organgebundenen Egoismus des Astralleibes. Das Ich hat sich sein eigenes Seeleninstrument geschaffen.

Die Empfindungsseele entfaltet sich in der Zeit zwischen dem 21. und dem 28. Jahr.

Das Ich kann diese befruchtende Wirkung auch im *Ätherleib* entfalten. In diesem Fall werden die Lebenskräfte teilweise vom physischen Leib gelöst und bilden dann einen Teil des vom Ich gestalteten Seelenbezirks. Diese ätherischen Kräfte bringen, je nach den Organbereichen, denen sie entzogen sind, wieder neue Qualitäten in die Seele. Dadurch entsteht die *Verstandesseele*, vom Nervenpol des Organismus aus, und die *Gemütsseele* vom rhythmischen System her.[49]

Es ist wichtig, daß neben den Verstandeskräften vor allem auch diese Gemütselemente zur Entwicklung gebracht werden, denn sonst würde der Verstand abstrakt, trocken und bürokratisch. Die «Blütezeit» der Verstandes- und Gemütsseelenentwicklung liegt in den Jahren zwischen 28 und 35.

Schließlich muß das Ich die Form-Kräfte des *physischen Leibes* umbilden, so daß sie der seelischen Entwicklung zur Verfügung stehen. Aus diesem Prozeß wird die *Bewußtseinsseele* geboren. Sie hängt vor allem mit unserem moralischen Streben zusammen, welches die Kraft in sich trägt, dem Willen sein Ziel zu geben, so daß er uns zu moralischem, sinnvollem Handeln impulsieren kann. Diese Bewußtseinsseele kann zwischen dem 35. und dem 42. Jahr anfangen sich zu entwickeln.

Die Entwicklung der Empfindungsseele, Verstandes- und Gemütsseele und Bewußtseinsseele soll im 10. Kapitel dargestellt werden. Aus den obigen Ausführungen ist vielleicht deutlich geworden, daß alles dasjenige in unserer Konstitution, was im Beginn noch einen «Doppelgängercharakter» trägt, im Laufe des Lebens allmählich durch das Ich weiter- bzw. umgebildet wird, so daß es zum Instrument der seelischen Entwicklung werden kann.

Erziehung und Kultur als Doppelgängerphänomen

Das kleine Kind erwacht zu seinem Menschsein durch die Kräfte der Nachahmung. In völliger Offenheit nimmt es alle Einflüsse der Umgebung in sich auf: die Sprache, das Denken und die Urteile der Menschen, die Kulturbedingungen und die Natur. Die von Menschen geschaffenen Räume und Gebäude wirken in Erinnerungsbildern und Handlungsmustern weiter.

Durch alle Eindrücke dieser ersten Lebensphase entsteht eine «vorläufige» Seelenstruktur. Dieselbe Individualität wird in einer Familie in einem westlichen Land andere Seelenstrukturen ausbilden als z. B. in einem Dorf in Zentralafrika. Diese vorläufige Seelenstruktur muß dann in der Mittelphase des Lebens vom Ich aus umgebildet und individualisiert werden. In welchem Maße dies gelingt, hängt von der Individualität ab.

Bei der Begegnung mit anderen Menschen spielt diese «vorläufige», kulturgeprägte Seite des Menschen eine wesentliche Rolle. So kann jemand eine neutrale äußere Erscheinung besitzen – sobald er aber seinen Mund öffnet, schwingen bestimmte kulturgebundene Faktoren in seiner Stimme mit und er kann aufgrund dieser sogleich bezüglich seiner Herkunft, seines Standes bzw. Klasse und seines Lebensalters eingeschätzt werden.

Die Konflikte mit Ausländern und Angehörigen kultureller Minderheiten finden ihren Ursprung nicht unbedingt auf der Ebene des Rassenmäßigen, sondern in erster Linie bei diesen «kulturellen Doppelgängern», die sich in der Sprache, abweichenden Gewohnheiten usw. äußern.

Da der kulturelle Doppelgänger im Ätherleib verankert ist, wo sich die Handlungsmuster als Erinnerungsbilder finden, sind alle Handlungen und Reaktionen auf diesem Gebiet instinktiver Natur. Der Astralleib mit seinen Begierden kann durch das Ich beherrscht und verändert werden. Der Ätherleib dagegen, mit seinen Gewohnheiten und Trieben, kann nur auf dem indirekten Wege über den Astralleib verändert werden. Dies beansprucht sehr viel Zeit.

Die Einflüsse aus einem früheren Leben

Konstitution, Temperament und Charakter sind die in einem kosmischen Metamorphoseprozeß verwandelten Folgen früherer Leben. Erziehung und Kultureinflüsse haben die Seelenaspekte der Entwicklung im jetzigen Leben beeinflußt. Außerdem spielen auch die *unverarbeiteten* Kräfte früherer Leben eine Rolle; sie wirken in unser heutiges Leben herein.

Wenn der Mensch stirbt, verläßt er seinen physischen Leib und übergibt ihn dem Erden- oder Feuerelement. Die Form, die der Geist der Materie aufgeprägt hatte, verschwindet damit.

Nach dem Tode lebt das geistig-seelische Wesen des Menschen noch im Ätherleib fort. Dieser Ätherleib ist der Träger aller Erinnerungsbilder. Wie ein einziges, großes Lebenstableau stehen diese Bilder in den ersten drei Tagen nach dem Tode vor der Seele. Danach fängt der Ätherleib – Rudolf Steiner spricht in diesem Zusammenhang von dem «Ätherleichnam», analog zum physischen Leichnam – an, sich aufzulösen in den Elementen der Ätherwelt, so wie sich der physische Leib in den irdischen Elementen aufgelöst hat.[50]

Doch genauso, wie es physikalische Materie gibt, die sich nicht wieder in Erde auflöst – man denke z. B. an Kunststoffe wie PVC –, so gibt es auch Ätherstrukturen in jenem Lebenstableau, die in der kosmischen Ätherwelt solche Fremdkörper sind, daß diese sie abweist, was zur Folge hat, daß sie sich nicht auflösen. Es handelt sich vor allem um diejenigen Vorstellungen und Empfindungen, die einen technisch-materialistischen Charakter tragen. Sie sind, wie Plastik, das Resultat materialistischer Denkbilder und Handlungen. «Unverdaut» bleiben sie in den Äthersphären hängen, behalten jedoch einen gewissen Zusammenhang mit uns, weil wir sie hervorgebracht haben.

Bei dem Abstieg zur neuen Inkarnation durchwandert der Mensch eine Sphäre, wo er sich mittels der Formkräfte seines geistig-seelischen Wesens einen neuen Ätherleib zusammenstellt für die herannahende Verkörperung. Da stößt sein Geist-Seelenwesen nun auf das unverarbeitete Material eines früheren Lebens, das sich dann, aufgrund seiner Affinität zu uns, in unseren sich bildenden Ätherleib hineinschleicht und dort zu einem störenden Element unserer neuen Verkörperung wird.

Wir erfahren in unserem seelisch-geistigen Wesen auf dem Wege unserer Verkörperung diesen fremdkörperartigen Einschluß als etwas Störendes, das sich immer wieder meldet. Wir selbst erleben es als bestimmte Neigungen, Impulse, Einfälle oder Gefühle, angesichts derer wir uns sagen müssen: «Dies bin ich nicht wirklich, doch es ist etwas, was zu mir gehört; ich kann es nicht loswerden. Da gibt es ein störendes, Ärger hervorrufendes Etwas in mir, was sich immer wieder zwischen mich und die anderen Menschen schiebt. Die anderen aber sehen eher diesen ‹Doppelgänger› als mich selbst und beurteilen mich entsprechend. Ich fühle mich mißverstanden und leide darunter. Dieses Etwas stellt sich stets zwischen mich und meine Mitmenschen, obwohl ich das gar nicht will.»

Dieses «Etwas» ist wie eine Insel innerhalb der Seele, zu der ich nicht vordringen kann. Denn es ist nicht mit durch die Metamorphose zwischen Tod und neuer Geburt hindurchgegangen. Indem ich diese Insel in mir wegschiebe oder versuche so zu tun, als ob sie nicht existiert, fixiere ich sie nur. Mein jetziges Leben leidet darunter, und nur dadurch, daß ich dieses Leiden akzeptiere, kann ich dieses Stück alten, unverarbeiteten Karmas dennoch auflösen.

Für die Lebenspraxis bedeutet dies, daß man an jedem Menschen, den man besser kennenlernt, einen zweiten, unsympathischen Menschen erlebt. Dieser unsympathische Mensch hat die unangenehme Eigenschaft, immer gerade dann zum Vorschein zu kommen, wenn man meinte, ein positives Verhältnis zu der betreffenden Person gefunden zu haben.

Solche ätherischen Strukturen sind reale Wesen, in diesem Falle kann man wirklich von «Gespenstern» sprechen – dies im Gegensatz zu den astralischen Wesen, die dämonischer Art sind. Wenn man sie jedoch zu durchschauen vermag als Gespenster der Vergangenheit, unter denen die betroffene Person am meisten leidet, dann kann man sie in der Begegnung beiseite schieben und die wahre Individualität in ihrer jetzigen Verkörperung wahrnehmen.

Diese Gespenster verursachen Zwietracht, Streit und Haß unter den Menschen, in der Ehe und überall, wo Menschen zusammen arbeiten; sie erschweren das gegenseitige Verständnis. Sie können nur erlöst werden, wenn man sie durchschaut und in Liebe akzeptiert als das Kreuz des anderen Menschen, das man ihm tragen hilft.

Lernen, seine eigene Vergangenheit zu akzeptieren, ist ein Schritt auf dem Wege zur Erwachsenheit und zugleich das einzige Mittel, welches bewirkt, daß sich diese Gespenster allmählich auflösen.

In Ausnahmefällen, wenn die nächste Inkarnation so bald stattfindet, daß der alte Astralleib sich noch nicht völlig aufgelöst hat, können Reste des alten Astralleibes einen störenden Einfluß haben. Sie werden dann zu «Dämonen», die zur Besessenheit führen. Dadurch können ernste seelische Störungen entstehen, wie z. B. Schuldgefühle, die dem normalen Urteilsvermögen einen verzerrten Charakter geben. Sie können durch das Mobilisieren von Metamorphosekräften beseitigt werden, z. B. durch die Teilnahme an einer Form des christlichen Kultus oder durch das intensive Erlebnis der Begegnung mit einem spirituellen Menschen.

Unerlöste Naturwesen als Doppelgänger

In dem Vortragszyklus «Geistige Hierarchien und ihre Widerspiegelung in der physischen Welt»[51] schildert Rudolf Steiner, wie der Mensch während seines Lebens sowohl mit der ihn umgebenden sinnenfälligen Natur als auch mit den dahinter wirksamen Elementarwesen in Verbindung steht. Diese sind dort als Kräfte, Naturgesetze und «Verursacher» wirksam. Wenn ein Geist der Weisheit, der Bewegung oder der Form, also ein Wesen der höheren Hierarchien, etwas denkt bzw. will, dann ist solch ein Gedanke ein Wesen, ein astralisch-ätherisches Gebilde in der elementarischen Welt. Diese «Gedankenwesen» sind in die Natur oder in die Bewegungen der Erde und der Planeten hineingebannt, und wir kennen ihre Wirkungen als die Naturgesetze.

Das Hineinbannen elementarischer Wesen in die geschaffene Welt geschieht im Interesse des Menschen, der in dieser Welt dann seine Entwicklung durchmachen kann. Hat die Menschheit dereinst diese Entwicklung vollendet, so wird die heutige Form des Erdenlebens ihren Zweck und Sinn erfüllt haben, genauso wie einst der «alte Saturn», die «alte Sonne» und der «alte Mond» wieder aufgelöst wurden, um neue Entwicklungsphasen möglich zu machen. Dem Menschen kommt also der zentrale Platz in der ganzen Erdenentwicklung zu, von dem Moment ab, da er durch seine Ich-Entwicklung selbst verantwortlich geworden ist. Er steht vor der Aufgabe, durch bestimmte Formen der Erkenntnis sowie der Gefühls- und Willensentwicklung Elementarwesen ihrer Aufgaben zu entheben, das heißt konkret: sie aus ihrem Hineingebanntsein in die Sinneswelt zu erlösen. Durch den Verdichtungsprozeß der Erde und der Planetenwelt unterliegt ständig ein ganzer Strom von Elementarwesen der «Verzauberung».

Rudolf Steiner beschreibt vier Arten von Elementarwesen, deren jede auf ihre eigene Weise erlöst werden muß.

Die *erste* Art solcher Naturwesen kennen wir aus den Märchen: Zwerge, Undinen, Elfen und Feuerwesen. Durch das Anschauen der Natur nehmen wir sie zusammen mit ihren Wirkungen in uns auf. Diese Elementarwesen bleiben mit uns verbunden bis zu unserem Tod. Dann zeigt sich ein Unterschied zwischen denjenigen Wesen, die man durch geistige Tätigkeit, durch das Durchschauen der Sinneswelt und die Erkenntnis der geistigen Wirklichkeit, erlöst hat und denjenigen Wesen, die man nicht erlösen konnte, weil man die Natur nur mit den Augen eines Photoapparates angeglotzt hat.

Diese unerlösten Elementarwesen bleiben mit uns verbunden, und wir begegnen ihnen wieder bei unserem Abstieg zur nächsten Erdeninkarnation, in der ätherischen Welt. Wir müssen sie mithineinnehmen in die Inkarnation und erleben sie dann als eine Last, einen Fremdkörper, der nicht in diese Verkörperung hineinpaßt und der doch zu uns gehört. Durch Erkenntnis können wir sie befreien, durch Torheit und Unvernunft bleiben sie mit uns verbunden, und wir müssen sie weiter mit uns herumtragen. Dadurch wird es immer schwieriger für uns, zum übersinnlichen Schauen vorzudringen.

Eine *zweite* Art ist in diejenige Tätigkeit hineingebannt, die die Erde rhythmisch durch Tag und Nacht hindurchführt. Wir erlösen sie durch Fleiß und ein arbeitssames, produktives Leben. Wir binden sie an uns, indem wir faul, träge und unproduktiv sind.

Eine *dritte* Art hängt mit dem 28tägigen Mondrhythmus zusammen, mit der zunehmenden und abnehmenden Mondphase. Diese können wir durch ein fröhliches Gemüt, durch Seelenruhe und innere Zufriedenheit erlösen. Unzufriedenheit und Mißmut bewirken, daß sie auch während eines kommenden Lebens mit uns verbunden bleiben.

Die *vierte* Art hängt mit dem Jahresrhythmus der Sonne zusammen. Hier werden Sommerwesen in die Verdichtung des Winterdunkels hineingebannt. Wir erlösen sie durch ein religiöses Erleben des Jahreslaufgeschehens – die Wochensprüche des «Anthroposophischen Seelenkalenders» sind dabei eine Hilfe [52] –, dadurch daß wir den Jahreslauf geistig nachzuvollziehen versuchen und durch eine Frömmigkeit gegenüber den Naturprozessen. Wir binden sie stärker an uns, indem wir geist- und gottlos durch das Jahr dahinleben.

Welche Folgen hat nun die Tatsache, daß wir jene vier Arten von Elementarwesen – uns fremd und doch an uns gebunden – mit uns herumtragen müssen? Sie wirken wie schwere Gewichte, die wir mitschleppen auf unserem Lebensweg.

Die *erste* Art verursacht ein leeres, inhaltsarmes Naturerleben, ja sogar Angst vor der Natur.

Die *zweite* Art lähmt den Willen und verursacht Unlustgefühle, Trägheit und Widerstand, sobald es darum geht, aktiv zu werden.

Die *dritte* Art bewirkt eine ständige Grundstimmung der Unzufriedenheit, des Mißmutes in der Seele, die Ohnmacht, wirklich heiter und fröhlich sein zu können.

Die *vierte* Art führt zur Unfähigkeit, noch religiös erleben zu können; sie führt zum Haß gegen alles Geistige, zu einem aggressiven Materialismus.

Man könnte auch sagen, daß die erste Art die Entwicklung unserer denkerischen Fähigkeiten lähmt, die zweite Art unser Wollen, die dritte unser Gefühlsleben und die vierte unsere Ich-Entwicklung als solche hinderlich beeinflußt.

Wer kennt nicht Menschen, die eine Wolke der Melancholie und der Finsternis um sich verbreiten und selbst darunter leiden? Oder Menschen, in denen aggressive Haßgefühle aufsteigen, in dem Moment, da ein religiösspirituelles Erleben entstehen will? Oft projizieren sie ihre Lasten und ihre Ohnmacht auf ihre Umgebung, indem sie «den anderen» oder den Umständen die Schuld an ihrer eigenen Schwere und Wesensverfinsterung geben.

Dies ist einer unserer Doppelgängeraspekte: die Wolken unerlöster Elementarwesen, die uns behindern, schwer auf die Seele drücken und niedergeschlagen machen. Während die erlösten Elementarwesen uns helfen bei der Weiterbildung der Fähigkeit des spirituellen Denkens, des Fühlens und Wollens, bilden die unerlösten Elementarwesen in ihrer Gesamtheit eine Äthergestalt, die sich unter besonderen Umständen von uns lösen kann und dann erlebt wird als ein Wesen, das uns bedroht, obgleich es eng mit uns verbunden ist. Auch während des nachtodlichen Erlebens des Kamaloka erhalten sich unverarbeitete Reste solcher Erfahrungen.

Die «verarbeiteten» Wesen leben sich in unser Karma ein und führen Begegnungen herbei, die zum karmischen Ausgleich führen können. Die unverarbeiteten Wesen dagegen verweben sich mit dem Doppelgänger und verleihen diesem dadurch seine ganz persönliche Physiognomie und seinen Problemcharakter, der bei jedem Menschen wieder anderer Natur ist.

Müssen wir uns nun entmutigen lassen durch die Kenntnis all dieser Tatsachen? Nein – denn gerade dadurch, daß man das Wesen des Doppelgängers durchschaut, ergibt sich die Möglichkeit, einen Anfang zu machen mit der Befreiung der gebannten Elementarwesen und dadurch zugleich mit unserer eigenen Befreiung. Hierfür ist zuallererst ein tiefes Gefühl der *Dankbarkeit* erforderlich gegenüber denjenigen Wesen, die für uns in die Verbannung der Naturgesetze gegangen sind. Elementarwesen, die in die Naturprozesse hineingebannt sind, sind dadurch mit Recht in die Kräfte der Materie eingespannt. Wenn sie unerkannt in unserem Unterbewußtsein mitherumgetragen werden, sind sie Ahriman preisgegeben, der sie dazu mißbrauchen kann, in den Menschen unrechtmäßigerweise materialistische Gedanken, Gefühle und Willensimpulse wachzurufen. Daher kommt es, daß diese Elementarwesen in der Zeit der Bewußtseinsseele etwas Finsteres, Zwingendes an sich haben können.

Und doch gehört das Ich, sobald es diese Doppelgänger durchschaut und ihnen mutvoll gegenübertritt, einer höheren Welt an. Die Kraft ihrer Sonnenstrahlen vertreibt die Finsternis und kann die Elementarwesen in ihre wahre kosmische Heimat zurückführen. Was dazu notwendig ist, ist der Mut und der Enthusiasmus, sich ein spirituelles Verhältnis gegenüber der Schöpfung zu erobern. Was Rudolf Steiner in seiner «Geheimwissenschaft im Umriß» und vielen seiner Vorträge darüber mitteilt, kann eine Hilfe dabei sein.

Über den «geographischen» Doppelgänger

In einem seiner Vorträge[53] hat Rudolf Steiner ausführlich über die ahrimanischen und luziferischen Doppelgänger gesprochen, die wir in uns tragen. In der Zeit der Bewußtseinsseele spielt hauptsächlich der ahrimanische Doppelgänger eine wichtige Rolle.

In dieser Zeit ist es so, daß sich, kurz vor der Geburt, ein ahrimanisches Elementarwesen mit dem Menschen verbindet und den Leib des Menschen als sein «Instrument» durchsetzt, so wie es selber von der Seele und dem Geist des Menschen durchdrungen ist.

Es hängt mit den untersinnlichen Kräften der Elektrizität und des Magnetismus zusammen und verursacht die elektrischen und alle damit verwandten Erscheinungen in unserem Organismus. Was ist dies für ein Wesen, daß sich vor der Geburt mit uns verbindet und daß uns kurz vor dem Tod wieder verlassen muß?

Ahriman hofft, den Menschen mittels dieser Wesen mit seiner kalten, mephistophelischen Intelligenz durchdringen zu können und so zur Schaffung einer technischen Welt zu inspirieren, in welcher alles mechanisch bzw. elektronisch steuerbar ist. Diese Wesen besitzen einen unvorstellbar kräftigen Intellekt und einen Willen, der so stark ist, daß er fast wie eine Naturkraft wirkt. Sie besitzen dagegen kein Gefühl und keine Moralität.

Als Rudolf Steiner im Jahre 1917 über diese Dinge sprach, prophezeite er, daß diesen Wesen in der Zukunft die Inspiration einer elektronischen Welt gelingen würde. Heute, 65 Jahre später, sind wir von einer solchen Welt umgeben. Es sind diese Wesen, denen viele Erfinder ihre Inspirationen verdanken; sie steigen – häufig in Momenten starker Ermüdung oder bei Krankheit – aus dem Unterbewußtsein herauf.

Alle elektrischen Erscheinungen unseres Nervensystems, aufgrund derer die Rhythmen der Nervenfunktionen im Elektroenzephalogramm (EEG) sichtbar gemacht werden können, spielen sich nicht in unserem Ätherleibe ab, sondern in jenem Doppelgänger. Dennoch können wir auf diesem Wege viel über die ätherischen Rhythmen erfahren, denn jene Rhythmen sind eine Abspiegelung der Lichtwelt des eigentlichen Ätherleibes auf der untersinnlichen Ebene der Elektrizität. Auch die Biochemie ist im Grunde nichts anderes als eine Wissenschaft von den Funktionen des ahrimanischen Doppelgängers.

Chronische Krankheiten, die von innen her in uns entstehen, finden ihre Ursache in diesem Doppelgänger. Die chemischen Arzneimittel, die unter der Inspiration eben dieses Doppelgängers entstanden sind, rufen Wirkungen und Nebenwirkungen hervor, die zwar die Krankheitssymptome zum

Verschwinden bringen oder bestimmte Prozesse unterstützen, jedoch keine Wirksamkeit im eigentlichen Sinne besitzen, das heißt, sie können die Funktionen des eigenen Ätherleibes hinsichtlich ihrer Lichtqualität nicht wiederherstellen. Die größte Wirkung zeigen solche Arzneimittel bei fiebrigen Krankheiten. Sie sind da am Platze, wo sie akuten, lebensgefährlichen Situationen vorübergehend ihre Gefährlichkeit nehmen. Der eigentliche Gesundungsprozeß muß aber danach eintreten, und das ist eine Angelegenheit des eigenen Ätherleibes.

Die ahrimanischen Doppelgänger unterscheiden sich je nach der Erdgegend, und sie sind es, die die geographisch bedingten Konstitutionsunterschiede und Verhaltensmerkmale hervorrufen.

Im Westen der Welt, auf dem amerikanischen Kontinent, wirken sie besonders stark auf die Konstitution ein, was sich u. a. in dem Längerwerden der Gliedmaßen und des Unterkiefers ausdrückt. Die technologischen Entwicklungen Amerikas müssen vor diesem Hintergrund betrachtet werden. Wieder andere Wirkungen gehen von denjenigen Wesen aus, die in der Geographie Europas, Asiens oder Afrikas wirksam sind.

Gleiches gilt auch für die luziferischen Doppelgänger im Menschen. Diese inspirieren zwar nicht solche großartigen technischen Kulturerrungenschaften, sind in unserem Zusammenhang aber sehr wichtig, denn sie rufen die Neurosen hervor, die im zweiten Teil dieses Buches beschrieben werden. Sie lenken den Menschen von seiner Erdenaufgabe ab und lassen ihn nur nach seiner persönlichen Erlösung suchen. Sie möchten das Ich auslöschen, indem sie den Hang zu alten Entwicklungswegen, zur Flucht aus dieser Welt, im Menschen erzeugen. Es sind die Kräfte, die hinter der Bildung von Sekten stehen und die zur Droge und zum Alkoholmißbrauch usw. führen.

Den ahrimanischen Doppelgängern begegnet der Mensch auf dem Weg ins Innere. Sie sind in den unbewußten Organprozessen wirksam, vor allem im Nerven-Sinnessystem und wecken eine Willensbesessenheit im Menschen, die sich auf die intelligenzgesteuerte Beherrschung und Ausnutzung der Naturkräfte richtet.

Dem luziferischen Doppelgänger begegnen wir auf dem Weg ins Äußere, in den Verlockungen der Ekstase. In den alten, vorchristlichen Kulturen spielte der luziferische Doppelgänger die wichtigere Rolle, in unserer Zeit ist es der ahrimanische. Der ahrimanische Doppelgänger wurde erst während der ägyptischen Kulturperiode mit dem Menschen verbunden durch den Mumienkult. Der Mensch wurde dadurch dazu gezwungen, auch nach dem Tode noch mit der physischen Welt verbunden zu bleiben, was in späteren Inkarnationen dann zum Materialismus führte.

Man braucht diese Dinge nicht nur rein negativ zu sehen: Der Materialismus als legitime Weltanschauung *mußte* einmal kommen, um die Bewußtseinsseele mit dem Widerstand zu konfrontieren, den sie zu ihrer Entwicklung benötigt. Deshalb kann man auch diese ahrimanischen Wesen, die als Doppelgänger in uns auftreten, als einen notwendigen Faktor für die Entwicklung der Bewußtseinsseele ansehen. Im Überwinden dieses Doppelgängers wird diese Entwicklung geleistet. Das bedeutet, daß wir die stimulierende Kraft des Intellekts akzeptieren sollten, gleichzeitig aber, auch zum Ausgleich, eine wärmegetragene Gefühlswelt entwickeln müssen, ein moralisches Verantwortungsbewußtsein für alles, was wir durch unseren Willen in der Welt vollbringen. Nur eine «Kultur des Herzens», die Frucht des sechsgliedrigen Pfades des anthroposophischen Schulungsweges (vergl. Kap. 7), kann die Grundlage für die Überwindung und Erlösung des ahrimanischen Doppelgängers bilden. Dabei ist es entscheidend, daß man während dieses Prozesses nicht unter den Einfluß des luziferischen Doppelgängers gerät, der uns von unseren irdischen und sozialen Aufgaben abziehen will.

In der Psychiatrie ist das Wissen von diesen Doppelgängern von großer Wichtigkeit, um so mehr, da sie im Unterbewußten wirken und häufig zum Fanatismus nach der einen oder der anderen Seite führen.

Probleme des Mann- und Frauseins

Über das Verkörpertsein als Mann oder Frau herrschen heutzutage oft sehr emotionsgeladene Ansichten. Man muß dieses Phänomen erst aus der Sphäre der Emotionen herauslösen, bevor es möglich wird, es im Lichte der Geisteswissenschaft zu betrachten.

Viele dieser Emotionen können verschwinden, wenn man weiß, daß das Ich des Menschen in der Regel abwechselnd eine männliche und eine weibliche Inkarnation mit den entsprechenden Entwicklungsmöglichkeiten durchläuft. Die Entscheidung für eine männliche oder weibliche Inkarnation ist also eine sinnvolle Entscheidung des höheren Ich, die von den Erfahrungen der vorigen Inkarnation mitbestimmt wird.[54] Es ist unfruchtbar, sich dagegen aufzulehnen, denn dadurch entziehen wir uns dem Erleben der spezifischen Möglichkeiten der jeweiligen männlichen oder weiblichen Verkörperung.

Die Scheidung der Geschlechter hat in der alten lemurischen Epoche stattgefunden, einer Zeit, in der die Hierarchien dem Menschen seinen Astralleib schenkten.[55] Vor dieser Zeit, im alten Hyperborea, war der Mensch noch ätherisch-pflanzlicher Natur, und sein Haupt war – einem Blumenkelch gleich – zum Kosmos hin offen. Sein physischer und ätherischer Leib war damals noch geschlechtslos.

Die Scheidung der Geschlechter implizierte die Entstehung zweier Arten von Astralleibern: eines mehr nach außen orientierten und eines mehr nach innen gekehrten Astralleibes. Dadurch konnte Luzifer seine Macht über die Menschen ausbreiten und sie egoistischer machen. Die im Sinne der Erdenentwicklung wirkenden Götter schufen jedoch als Ausgleich die Notwendigkeit, zum Zwecke der Fortpflanzung eine Verbindung mit einem Menschen des anderen Geschlechts einzugehen. Die körperliche Anziehungskraft, die im Zusammenhang damit geschaffen wurde, ist ein erster Schritt auf dem Wege der Entwicklung einer späteren, geistigen Form der Liebe, die das Ziel der Erdenentwicklung darstellt.

Im Laufe der Zeit hat sich das Verhältnis der Geschlechter in dreifacher Weise herausgebildet. An erster Stelle steht die *Sexualität*, als Ausdruck der physiologischen Notwendigkeit zur Fortpflanzung; dieser Aspekt hängt mit der Leiblichkeit zusammen. – Ein weiterer, mehr seelischer Aspekt ist der des *Eros*, der uns – zusammen mit der Verliebtheit – die Welt dann mit neuen Augen sehen läßt. Der Eros ist der große Impulsator der Kunst. Hoffnung und Erwartung erfüllen die Seele, die zur Begegnung mit dem verehrten Objekt hinstrebt. Der Eros durchzieht die ganze Seele und regt die Empfindungsseele zur Ausgestaltung eines reichen inneren Lebens an. – Schließlich kennen wir die *Liebe*, den geistigen Aspekt der Sache, der in den Vordergrund tritt, wenn eine Begegnung mit dem Ich des anderen Menschen stattgefunden hat und daraus der Wille entsteht, sich mit dessen Inkarnationsauftrag zu verbinden.

Mann-Frau-Beziehungen, die lediglich eine rein sexuelle Basis haben, sind von kurzer Dauer. Rasch ist die Faszination des Neuen verschwunden, und dann stört man sich an den Angewohnheiten und Eigenarten des anderen, mit anderen Worten: an seinen Doppelgängern.

Beziehungen, die sich auf den Eros gründen, sind dauerhafter, fahren sich jedoch nach dem 42. Lebensjahr fest, wenn der geistige Aspekt der Inkarnation mehr in den Vordergrund tritt.

Lediglich die Beziehungen, die in einer Ich-Begegnung wurzeln, sind dauerhaft und können den Stürmen des Lebens widerstehen. Aber diese Ich-Begegnung überwindet die Grenzen des Mann- oder Frau-Seins, sie ist im Prinzip zwischen allen Menschen möglich. Eine Begegnung mit einem Menschen, der mich in meinem Ich anspricht, ist das größte Geschenk, das ich empfangen kann.

Es gibt Männer, in denen die Tatsache, daß sie in einer früheren Inkarnation als Frau verkörpert waren, noch stark nachwirkt, und Frauen, in denen eine männliche Inkarnation nachwirkt. Diese Erscheinung darf nicht mit der Homosexualität bei Männern und Frauen verwechselt werden. Homosexualität spielt sich in viel tieferen Schichten ab; sie hat ihre Wurzel in der Entwicklungsgeschichte des physischen Leibes.

In den ersten Wochen der Embryonalzeit wird die sog. «Urniere» angelegt, aus welcher sich sowohl die männlichen als auch die weiblichen Organe entwickeln können. Anfänglich ist es auch tatsächlich so, daß sich beide Möglichkeiten zugleich entwickeln; ab einem bestimmten Moment jedoch, zwischen dem 20. und 30. Tag, entwickelt sich dann nur noch die eine Möglichkeit und die andere wird zurückgehalten. Die Reste dieser anderen Möglichkeit sind dann während unseres ganzen Lebens in unausgebildeter Form weiterhin in uns vorhanden. Der Ätherleib als die formbildende, aktivierende Kraft, bringt das Wachstum zustande, und wo dies der Fall ist, hat sich der Ätherleib völlig mit der Physis verbunden. Überall dort aber, wo sich eine potentielle Möglichkeit, die im Ätherleib vorhanden ist, *nicht* im Physischen auslebt, besteht diese Ätherstruktur als solche dennoch weiter.

So kommt es, daß jeder Mann einen weiblichen Ätherleib besitzt und jede Frau einen männlichen Ätherleib. Das besagt: dem physischen Leibe nach ist man ein Mann oder eine Frau, im ätherischen aber ist das jeweils andere Geschlecht potentiell anwesend. Nun hängt vieles davon ab, ob man sich *seelisch* mehr auf den physischen Aspekt seiner Verkörperung orientiert, oder ob man nicht ganz bis dahin «hinuntersteigt» und sich mehr im eigenen Ätherleib erlebt.

Die Homosexualität ist ein Problem der menschlichen *Seele* in ihrem Verhältnis zum physischen und ätherischen Leibe. Viele Homosexuelle fühlen sich erhaben über andere Menschen, da sie sich (meist unbewußt) als etwas weniger «irdisch» erleben. Auf der anderen Seite bedeutet die Tatsache, daß man nicht ganz in seine physische Inkarnation herabsteigt, eine Verarmung hinsichtlich der Entwicklungsmöglichkeiten des betreffenden Lebens. Doch gerade die Wahl solcher Inkarnationsbedingungen und der damit zusammenhängenden fehlenden Kräfte hat einen tiefen karmischen Hintergrund, den man nur dann zu beurteilen vermag, wenn man in verantwortlicher Weise das Karma eines anderen Menschen durchschauen kann. Solange dies nicht möglich ist, enthalte man sich aller Spekulationen und vor allem allgemeiner Äußerungen über mutmaßliche karmische Hintergründe.

Wir erwähnten schon, daß sich im allgemeinen eine weibliche und eine männliche Verkörperung abwechseln. Rudolf Steiner hat darauf hingewiesen, daß Individualitäten, die einen Entwicklungsauftrag für die allgemeine Menschheit zu erfüllen haben, der weit über ihr persönliches Karma hinausreicht, um ihres Auftrages willen gelegentlich Ausnahmen von dieser Regel darstellen, weil bestimmte Aufgaben, die in einer bestimmten Kultursituation zu erfüllen sind, vielleicht nur durch eine Frau oder einen Mann verwirklicht werden können. Doch auch hier folgt später die Kompensation, durch die das persönliche Karma wieder ins Gleichgewicht gebracht wird.

Während der alten lemurischen Zeit war die Frau mit ihrer verinnerlichenden Seelentendenz der maßgebliche Kulturträger, während der Mann wild und ungezügelt war. Letzte Reste davon finden sich heute noch im Matriarchat bei Völkern, die noch etwas von der lemurischen Menschheit in sich haben. So ist das Matriarchat z. B. bei den Papuas auf Neu-Guinea noch lebendig.

Der Übergang vom Matriarchat zum Patriarchat kann auf Kreta festgestellt werden, wo die alte Kultur noch von weiblichen Gottheiten regiert wurde. Der Raub «Europas» durch Zeus, im Beginn der Herrschaft männlicher Götter, ist ein mythologisches Bild des Durchbruches der patriarchalischen Gesellschaftsverfassung, die bis zum heutigen Tage andauert.

Die Zukunft liegt sicherlich nicht in einer «Rache der Frauen» oder in der Wiedereinführung des Matriarchats, sondern in der Herstellung einer *Parität* in allen sozialen Organen. Rudolf Steiner gab hier selbst ein Beispiel, indem er den ersten Vorstand der «Allgemeinen Anthroposophischen Gesellschaft» paritätisch zusammenstellte. Seither ist man leider wieder davon abgewichen, weil, wie rasch erklärt wird, «keine geeigneten Frauen gefunden werden können». Gibt es sie nicht oder werden sie von den Männern nicht wahrgenommen?

Wie auch immer – das Verhältnis von Mann und Frau beginnt sich eingreifend zu verändern, vor allem da, wo es sich um die menschliche Individualität handelt, um das menschliche Ich, das sich über die Grenzen einer zufällig männlichen oder weiblichen Verkörperung erhebt.

Daraus ergibt sich auch ein Aspekt der Zukunft: In dem Maße als sich der geistige Mensch weiterentwickelt, nähern wir uns dem Augenblick, da ein neuer Mensch nicht mehr aus den Prozessen des Stoffwechsels geboren wird, sondern aus der schaffenden Macht des Wortes. Das bedeutet zugleich, daß die Inkarnation in verhärtete materielle Leiber keine Notwendigkeit mehr sein wird und die Trennung der Geschlechter aufhören wird zu bestehen.

Der «Hüter der Schwelle»

In einem seiner grundlegenden Werke, dem Buche «Wie erlangt man Erkenntnisse der höheren Welten?»,[56] widmet Rudolf Steiner die letzten zwei Kapitel dem sogenannten «Hüter der Schwelle». Das erste dieser Kapitel beginnt mit den Worten: «Wichtige Erlebnisse beim Erheben in die höheren Welten sind die Begegnungen mit dem ‹Hüter der Schwelle›. Es gibt nicht nur einen, sondern im wesentlichen zwei, einen ‹kleineren› und einen ‹größeren Hüter der Schwelle›.» In den erwähnten Kapiteln werden diese beiden Hüter dann ausführlich beschrieben, zuerst in erzählender, dann in begrifflicher Form.

Wer sich intensiver mit dem Problem der Hüter der Schwelle beschäftigen will, lese die beiden Kapitel und außerdem das fünfte Kapitel des Büchleins «Ein Weg zur Selbsterkenntnis des Menschen», das ursprünglich als Aufsatzreihe erschienen war, ähnlich wie die Kapitel des oben erwähnten Buches.[57] Außerdem tritt das Motiv des Hüters der Schwelle im gesamten Werk Rudolf Steiners in mannigfaltigen Formen immer wieder auf. So steht die Figur des «Hüters» im Mittelpunkt des dritten Mysteriendramas, das den Titel trägt «Der Hüter der Schwelle».[58] Hier ist der Sachverhalt in die Form eines Dramas gegossen. Doch auch in vielen Vorträgen ist von den beiden Hütern die Rede.

Im Rahmen unserer Betrachtungen mögen nachfolgende Erörterungen genügen. Die Tatsache, daß es zwei Hüter gibt, wird den Leser, der unseren Ausführungen bis hierher gefolgt ist, nicht erstaunen. Die Welt, innerhalb derer sich unser heutiges normales Bewußtsein bewegt, kennt zwei Grenzen. Der Mensch lebt zwischen zwei Welten völlig verschiedenen Charakters: einer Außenwelt, einer Welt objektiver Gesetzmäßigkeiten einerseits und einer Innenwelt, die als subjektive Realität erlebt wird. Wer in der Ekstase die äußere Grenze durchbricht, «sieht» Bilder; wer auf dem mystischen Innenwege die Ich-Erfahrung durchmacht, «erlebt» Gefühle.

Dem «kleinen» Hüter der Schwelle begegnet der Mensch auf dem Weg ins eigene Unbewußte. Es handelt sich um eine reale Geistgestalt, die wir selbst hervorgebracht haben. Sie ist die Zusammenfassung der negativen Aspekte unserer Vergangenheit, entstanden aus sowohl früheren Verkörperungen als auch unserer heutigen Inkarnation. Unserem Erleben erscheint diese Gestalt als ein schreckliches, gespenstisches Wesen, das uns den Weg, auf dem wir bewußt in die unbewußten Teile unseres Wesens hinuntersteigen, versperrt. Würden wir diesem Wesen vollständig bewußt begegnen, so würde es uns vorhalten, wie wir uns ändern müßten, bevor wir den Kräften der unbewußten Welt gegenübertreten könnten, ohne von ihnen überwältigt zu werden.

Bereits wenn wir uns halbbewußt der Schwelle nähern, steigt in uns eine Ahnung der nahenden Begegnung auf. Diese äußert sich in der Form von Unlustgefühlen, Depressionen, Gefühlen der Abscheu und Angst. Da dieses halbbewußte Herankommen an die Schwelle heutzutage zur allgemeinen Kultursituation geworden ist, treten diese Gefühle epidemisch auf.

Der Hüter weist den sich ihm nähernden Menschen darauf hin, daß er, wenn er an ihm vorbei will, imstande sein muß, die Aufgabe zu übernehmen, die der Hüter bis dahin erfüllt hat. Er wird nun selbst die Verantwortung für seine eigene Entwicklung auf sich nehmen müssen, unverzagt und erfüllt von dem «Versprechen», von diesem Moment an alle Kräfte anzuspannen, um seine Triebe und Begierden zu beherrschen und sich nunmehr auf positive Ziele zu konzentrieren.

Für denjenigen, der bewußt die Grenze überschreitet, bleibt der Hüter sichtbar. Jeder Fehler, jede Schlaffheit in der strengen Selbstzucht rufen eine dämonische Verformung dieser Gestalt hervor. Der «kleine Hüter» ist unser Gewissen, das uns begleitet, nun aber in der Form eines erschütternden Erlebnisses.

Rudolf Steiner stellt uns den «kleinen Hüter» in sprechender Weise vor Augen: «... Bisher trat ich nur aus deiner eigenen Persönlichkeit heraus, wenn der Tod dich von einem irdischen Lebenslauf abberief. Aber auch da war meine Gestalt dir verschleiert. Nur die Schicksalsmächte, welche über dir walteten, sahen mich und konnten, nach meinem Aussehen, in den Zwischenpausen zwischen dem Tode und einer neuen Geburt, dir Kraft und Fähigkeit ausbilden, damit du in einem neuen Erdenleben an der Verschönerung meiner Gestalt zum Heile deines Fortkommens arbeiten konntest. Ich selbst war es auch, dessen Unvollkommenheit die Schicksalsmächte immer wieder dazu zwang, dich in eine neue Verkörperung auf die Erde zurückzuführen. Starbest du, so war ich da; und meinetwegen bestimmten die Lenker des Karma deine Wiedergeburt. (...)

So stehe ich heute sichtbar vor dir, wie ich stets unsichtbar neben dir in der Sterbestunde gestanden habe. (...) Ich bin wirklich auch der Todesengel; aber ich, ich bin zugleich der Bringer eines nie versiegenden höheren Lebens. (...) Aber die erste Bekanntschaft mit dieser Welt muß ich selbst sein, ich, der ich dein eigenes Geschöpf bin. (...) Du konntest mich schaffen; aber du hast damit auch zugleich die Pflicht übernommen, mich umzuschaffen.»

Wer auch nur ein beginnendes Erleben des «kleinen Hüters» hat, kommt zu der schockierenden Erfahrung, daß alle Gedanken, Gefühle und Willensimpulse Realitäten sind, die zusammen eine *Gestalt* schaffen, die in der Welt auf der anderen Seite der Schwelle zu einem Wesen wird, welches seinen Charakter in seiner Physiognomie offenbart. Was *hier* Abstraktionen sind, wird *dort* wesenhaft. Im zweiten Kapitel haben wir darauf hingewiesen, daß der Weg ins Innere ein Weg rückwärts in der «eigenen» Zeit ist. Der Hüter nun offenbart uns den moralischen Gehalt unserer Vergangenheit. Würden wir lediglich den kleinen Hüter kennenlernen, dann würden wir von unserer eigenen Vergangenheit hypnotisiert werden. Wir finden dann den einzigen Ausweg in der Flucht vor weiteren Inkarnationen, im egoistischen Streben nach Vollkommenheit oder im Aufgehen in einen Zustand des Nicht-mehr-Seins im Nirwana. Der Weg ins Innere birgt immer die Gefahr in sich, daß man sich nur noch mit sich selbst beschäftigt in seiner subjektiv-realen Existenz. Dies ist dann auch häufig der Fall.

Auf dem Wege ins Äußere durchstoßen wir die Grenze, die uns von der uns umgebenden Welt trennt. Das gilt hinsichtlich der Natur, aber auch im Hinblick auf unsere Mitmenschen und die von ihnen gemeinsam erschaffene Kultur.

Der «große Hüter der Schwelle» weist uns nun auf die Welt und die Zukunft. Ohne ihn gäbe es keine neue Zukunft. Der «große Hüter» tritt uns als eine erhabene Gestalt entgegen, deren Schönheit in Worten schwierig zu beschreiben ist. Dieses Wesen läßt uns ahnen, was der Mensch in einer fernen Zukunft einst sein wird; was er spricht, ist ungefähr folgendes: «... Bisher hast du nur dich selbst erlöst; nun kannst du als ein Befreiter alle deine Genossen in der Sinneswelt mitbefreien. Als einzelner hast du bis heute gestrebt; nun gliedere dich ein in das Ganze, damit du nicht nur dich mitbringst in die übersinnliche Welt, sondern alles andere, was in der sinnlichen vorhanden ist. Mit meiner Gestalt wirst du dich einst vereinigen können...»

Der «große Hüter» ist ein Bild desjenigen Wesens, welches die gesamte Menschheit und die Natur zusammen erlösen will. Hinter diesem Bild können wir die Geistgestalt des Christus erfahren, der der Welt die Erlösung bringt. «Ein unbeschreiblicher Glanz geht von dem zweiten Hüter der Schwelle aus; die Vereinigung mit ihm steht als ein fernes Ziel vor der schauenden Seele.»

Die ersten Schritte auf diesem Weg zur Erlösung der Welt bestehen in dem Interesse für alles, was uns umgibt. Dies gipfelt in der eindringlich-liebevollen Wahrnehmung dieser Welt. Goethes phänomenologischer Ansatz ist hierfür ein leuchtendes Beispiel.

Für den Psychologen sind beide Wege gleichermaßen wichtig. Sein Weg ins eigene Innere führt ihn zum Verständnis der Sprache, in der sich der «kleine Hüter» offenbart: durch Träume und Eingebungen, durch die «Organsprache» der inneren Erlebnisse, die ihm sein Mitmensch anvertraut. Er wird dann dieser «Sprache» ihren beängstigenden Aspekt nehmen können, weil er das Fremdartige, das beim Betreten einer unbekannten Welt immer auftritt, zu enttarnen weiß. Sein eigener Weg ins Äußere, das intensive Interesse an der Welt und ihre eindringliche Wahrnehmung, geben ihm die Möglichkeit, den leidenden Mitmenschen aus seiner egozentrischen Gefangenschaft zu befreien, indem er sein Auge auf die vielen Aufgaben richtet, die es in der Welt gibt.

Die hierarchischen Wesen, die der Mensch in dieser uns umgebenden apollinischen Welt antrifft, wurden in den vorchristlichen Kulturen «Götter» genannt. In christlichen Zeiten sprach man von den «Engelscharen». Vor dem Hintergrund der neun Ebenen der christlichen Hierarchienlehre weist uns der Hüter auf die Aufgabe des Menschen, dereinst zur «zehnten Hierarchie» zu werden.

Jeder moderne Mensch befindet sich in der Situation, daß diese beiden Grenzen ihm nicht mehr völlig verschlossen sind; Hütererfahrungen treten in vielerlei Formen, oft unerwartet, auf. Man muß sich dabei klarmachen, daß jedes derartige Erlebnis immer einen Aufruf darstellt, unser Leben von einem höheren Standpunkt aus aufs neue zu überprüfen.

Ein unabsichtlich dahingesagtes Wort, eine absichtslose Handlung kann im täglichen Leben bei einem anderen ein Hütererlebnis auslösen. Man erkennt dies daran, daß uns ein solches Wort oder eine solche Tat bis ins Mark trifft und danach noch lange begleitet. Nur allzu schnell suchen wir die Schuld dann bei jenem anderen, der uns dies angetan hat; wir sind es jedoch meistens selbst, die durch diese Situation unserem Hüter der Schwelle die Gelegenheit geben zu sprechen. Wenn man derartige Situationen als Anlaß zum Erwerb eines Stücks Selbsterkenntnis nimmt, so kann sich folgende Erfahrung einstellen: «Was hier gesagt wurde, hat mich verletzt; es ist unwahr, denn so bin ‹ich› nicht. Doch gleichzeitig weiß ich, daß ich dies doch *auch* bin, obschon ich gar nicht so sein will. Was da gesagt wurde, es hat mich gerade dadurch so verletzt, daß es nur eine Teilwahrheit war, doch ich will diese Teilwahrheit akzeptieren und will versuchen, sie richtigzustellen.»

Nicht nur Inneres und Äußeres – auch unsere Vergangenheit und unsere Zukunft sind uns durch unsere Hüter verhüllt. Wir bekommen darum immer gerade soviel zu sehen und zu verarbeiten, als wir im jeweiligen Augenblick verkraften können, auch wenn mir meinen, daß es zu viel ist für uns.

Wir benötigen für beide Grenzüberschreitungen viel Mut. Wenn Adler über die «Ermutigung» als ein zentrales Problem der Psychotherapie spricht, so liegt darin ein tiefer Wahrheitskern.

9 Planetenprozesse im Kosmos und im Menschen

Ausgangspunkte

In den vorangegangenen Kapiteln wurde wiederholt über die menschliche Entwicklung gesprochen – über ihre historischen und persönlichen Aspekte, über Entwicklung als einen im Unbewußten sich abspielenden Prozeß einerseits und als bewußten Schulungsweg andererseits.

Im weiteren Fortgang dieser Darstellung wollen wir eine Reihe von Entwicklungsproblemen (sowie ihre eventuellen Lösungen) zur Sprache bringen, wie sie gerade in unserer Zeit deutlich auftreten, als Folge der beschriebenen Menschheitssituation. Dazu ist es notwendig, erst auf bestimmte Aspekte der anthroposophischen Menschenkunde etwas ausführlicher einzugehen. Dies wird dann die Grundlage bieten für die Erkenntnis der seelischen Erscheinungen, die wir untersuchen wollen.

Der Abschnitt über die Planetenprozesse liefert den unentbehrlichen Hintergrund für spätere Kapitel (vor allem Kap. 10 und 15), in denen der Aspekt der Planetenwirkungen weiter ausgearbeitet wird.

Die Konzeption des sogenannten «doppelten Planetenprozesses» wurde am Anfang der fünfziger Jahre vom Verfasser erarbeitet im Zusammenhang mit den biologisch-dynamischen landwirtschaftlichen Präparaten und wenig später auch für die anthroposophisch orientierte Heilkunde fruchtbar gemacht. Dies schlug sich in verschiedenen Veröffentlichungen nieder, in denen einerseits die Wirkungen der landwirtschaftlichen Präparate, andererseits die Beziehungen zwischen bestimmten Krankheitsprozessen der inneren Medizin und ihrer Therapien dargestellt wurden.[59] Hier nun werden dieselben Gesichtspunkte dem rational-spirituellen Erkenntnisansatz bei geistigen Entwicklungsstörungen zugrunde gelegt.

In jedem lebenden Organismus wirken physische, ätherische, astralische und geistige Formkräfte. Bevor nun auf die Wirkung einzelner Planetenkräfte eingegangen wird, wird es gut sein, erst noch einmal in einfachster Weise die Wirkungen der verschiedenen Kräftebereiche des «Physischen», «Ätherischen» und «Astralischen» voneinander abzugrenzen und sie hinsichtlich ihres Grundcharakters zu untersuchen.

Wenn wir von einem «Organismus» – dies kann eine Pflanze, ein Tier oder ein Mensch sein – und seinen Organen sprechen, so drückt sich darin schon die Tatsache aus, daß außer dem «Leben» noch ein höheres, organbildendes Prinzip wirksam gewesen ist. Spricht man von der Pflanze im allgemeinen, dann spricht man in erster Linie von einem *Physischen*, welches von einem *Ätherischen* durchdrungen ist, wodurch es aus dem Bereich des bloß Physischen herausgehoben ist. Daran, daß diese lebendige Substanz sich zu Organen, zu einem Organismus zusammengefügt hat, erkennen wir aber, daß diese lebendige Substanz durch ein *Astralisches* geformt worden ist.

Nun kann man im allgemeinen sagen, daß jeder Organismus in seinem physischen Aspekt als eine *Dreiheit* erscheint. Diese offenbart sich bei der Pflanze als Wurzel, Blatt und Saatfrucht (bzw. Blüte). Sie kann mit der physischen Struktur des Menschen verglichen werden, die sich in Kopf, Brust und Gliedmaßen gliedert.[60] In diesem dreigliedrigen Organismus wirken die ätherischen Bildekräfte dergestalt, daß der sogenannte «Lebensäther» im Wurzelgebiet (Kopf) wirkt, die Wärme in der Frucht (Glieder); Lichtäther und chemischer Äther wirken im Blatt (Brust). Die Wirkungen der ätherischen Bildekräfte sind immer allgemeine. Nie kann aus dem Eingreifen eines bloß Ätherischen ein Organismus entstehen. Dieser entsteht erst dann, wenn ein Astralisches dem Ätherischen sein Siegel aufprägt.

Das Urbild der physischen Gestalt eines Organismus ist also die *Dreigliederung*, die sich auf einer Polarität aufbaut, deren Pole sich in einer Mitte rhythmisch verbinden. Diese Tatsache treffen wir so nur im lebendigen Organismus an; im toten Organismus findet sich nur noch der reine Gegensatz, wie bei den Polen eines Magneten. Der lebendige Organismus aber ist durchdrungen von einem Ätherischen, das in einer *Vierheit* erscheint, wie dies u. a. in der Arbeit von G. Wachsmuth über die Ätherischen Bildekräfte dargestellt wurde.[61]

Das *astralische* Wirkprinzip bringt in dieses lebendige Physisch-Ätherische eine strömende Tätigkeit hinein, die sich in ihrer Urbildlichkeit *siebenfältig* zeigt. *Die Grundprinzipien des astralischen Wirkens sind die Planetenkräfte.*

Diese sieben Kräfte-Prinzipien sind in gewisser Hinsicht immer noch ein Allgemeines; sie neigen zwar zur Bildung von Organen, in denen sie sich offenbaren, finden aber in diesen Organen meistens ihren Endpunkt, nachdem sie den ganzen lebendigen Organismus durchströmt haben.

Diejenigen geistigen Wirkungsprinzipien, die die Gestalt zu einer bestimmten Gattung oder *Individualität* machen, sind in ihrer Urbildlichkeit nach einer *Zwölfheit* geordnet, einem Ordnungsprinzip, das sich uns kosmisch im Tierkreis offenbart. Erst durch dieses Geistige wird «die Pflanze» zur Rose oder Lilie, «das Tier» zum Löwen oder zum Wolf, wird «der Mensch» zu einer bestimmten Individualität.

Die siebenfältige Wirksamkeit der astralischen Kräfte leitet sich von der Wirksamkeit der Planetensphären her. Im Zusammenhang des menschlichen Lebens haben sie einerseits eine formende und erhaltende Wirkung auf die Leibesorgane – jede Nacht tragen astralische Kräfte zum Wiederaufbau der Leibesvorgänge bei [62] –, andererseits bestimmen sie die Seelenstruktur des Menschen. Die sieben Planetenkräfte können als ganz bestimmte *Qualitäten* charakterisiert werden, die das menschliche Seelenleben durchziehen. Der Ursprung dieser Qualitäten liegt im vorgeburtlichen Leben des Menschen, das will besagen: in dem Leben, welches die Menschenseele zwischen dem Tode und einer neuen Verkörperung durchläuft.

Eine Zusammenschau verschiedener Vorträge Rudolf Steiners über dieses Leben zwischen Tod und neuer Geburt kann das folgende Bild ergeben [63]:

Wenn die Seele des Menschen zwischen Tod und neuer Geburt die Planetenwelt durchschreitet, so nimmt sie in jeder Planetensphäre deren charakteristische Qualitäten in sich auf. Dies geschieht zweimal; das erste Mal während ihres Aufstieges nach dem Tode durch die Sphären von Mond, Merkur, Venus, Sonne, Mars, Jupiter und Saturn; und dann wieder, in umgekehrter Reihenfolge, wenn sie zu einer neuen Inkarnation herabsteigt.

Auf dem «Hinweg» legt der Mensch nach und nach bestimmte persönliche Eigenschaften ab, die sich während des vorangegangenen Erdenlebens herausgebildet haben. Auf dem «Rückweg» eignet er sich diese Eigenschaften aufs neue an, nun jedoch in einer Form, in der sie sich in dem Karma des nahenden neuen Erdenlebens auswirken können.

In der Mitte zwischen zwei Inkarnationen liegt ein Erlebnis, das sich «jenseits» der Planetensphären abspielt, ein Moment, den Rudolf Steiner die «Weltenmitternacht» nennt. Da wird der Entschluß zu einer neuen Verkörperung gefaßt. Das «höhere Ich» des Menschen hat dann alle Bindungen an die Erde hinter sich gelassen und kann sich nun frei dazu entschließen, entweder als – unvollendetes – Geist-Wesen auf seiner bis dahin erreichten Entwicklungsstufe in der geistigen Welt zu bleiben und auf weitere, mühevolle Entwicklung zu verzichten – oder aber aufs neue das Erden-Dasein zu suchen, um dadurch wieder einen Schritt weiter zu kommen in seiner Entwicklung.

Die erstgenannte Möglichkeit ist die Versuchung, die Luzifer an den Menschen heranbringt, und es könnte kein Mensch der Versuchung dieses Augenblickes widerstehen, wenn nicht die hierarchischen Wesen, die sich dem Dienst der Christus-Wesenheit ergeben haben, ihm gerade in diesem Moment ein anderes Bild vor Augen führen würden. Sie offenbaren dem Ich das *kosmische Menschenbild*, das Bild des Menschen, wie er sein wird am Endpunkt seines Entwicklungsweges. Dieses durch die Hierarchien entworfene Menschheits-Urbild trägt der Mensch dann erinnerungsartig weiter in sich. Aus dem Erleben der Diskrepanz zwischen dem, was er *ist*, und dem, was er *werden soll*, schöpft der Mensch die Kraft, durch welche er der luziferischen Versuchung widerstehen und den Entschluß zu einer neuen Erden-Verkörperung fassen kann. Er kommt so zu der Erkenntnis, daß allein der *auf der Erde* vollzogene Entwicklungsweg ihn einen Schritt weiter in die Nähe jenes Urbildes führen kann.

Ein geistiges Erinnerungsbild ist jedoch nicht nur ein Bild, sondern zugleich eine schaffende Kraft, die uns als Geist-Keim während unseres vorgeburtlichen Erdenabstieges und der Embryonalentwicklung «begleitet». Dieses Erinnerungsbild, dieser Geist-Keim kristallisiert gleichsam in unserer Leibesgestalt aus und bewirkt die Tatsache, daß aus der befruchteten Eizelle ein Mensch entsteht.

Die Qualitäten der Planetensphären bilden miteinander unseren «Sternenleib», unseren *Astralleib*. Das «Ich» sammelt während seines Abstieges in jeder Planetensphäre so viele Qualitäten, als ihm nach Maßgabe seines karmischen Entwicklungsstandes zukommen. Wenn es dann den ganzen Weg von der Saturn- bis zur Mondensphäre zurückgelegt hat, ist der neue Astralleib der herannahenden Inkarnation ausgebildet. In diesem Sachverhalt liegen dann die Ursachen all unserer Möglichkeiten und Unmöglichkeiten auf seelischem Gebiet.

Während des dann folgenden Prozesses der Erden-Inkarnation (bis zum 21. Lebensjahr) bildet sich unser *Charakter* aus, dadurch, daß diese astralische Konstellation nun einerseits in unserem Bewußtsein, andererseits in unseren Gesundheits- und Krankheitsveranlagungen freizuwerden beginnt. Doch zur selben Zeit arbeitet das Ich auch an der Umwandlung des Astralleibes zur *Empfindungsseele* und schließlich dann auch an dem Beginn eines geistig geläuterten Astralleibes im *Geistselbst*.

Das bedeutet, daß mit diesem Umwandlungsprozeß schon wieder eine Lösung von der irdischen Inkarnation stattfindet; in und durch diesen Lösungsvorgang kann sich die Umwandlung des Astralleibes vollziehen. Mit anderen Worten ausgedrückt bedeutet dies: Der Mensch fängt zu sterben an, sobald er geboren ist, und dieser Sterbeprozeß nimmt immer mehr an Stärke zu – vor allem in der zweiten Lebenshälfte ist dies der Fall –, bis er schließlich soweit überhandnimmt, daß sich der Geist im Tode völlig vom Leibe lösen, exkarnieren kann. Dieser Erden-Tod ist dann gleichzeitig ein aufs neue Geboren-Werden für die geistige Welt.

So kennen wir einen absteigenden, sich in der Raumeswelt verwirklichenden Strom und einen aufsteigenden, auflösenden Strom.

Beide Ströme werden in der Folge ihren qualitativen Aspekten nach dargestellt, zuerst jeder Planet für sich, dann im Hinblick auf die Wirkungen polarischer Qualitäten. Schließlich soll dann alles zusammengefaßt werden in ein Bild des sich inkarnierenden und exkarnierenden Menschen.

In späteren Kapiteln werden wir dann, wie schon erwähnt, auf die Tatsache dieser Ströme zurückkommen.

Die sieben Planetenprozesse

Die sieben Planetenprozesse können ihren Wirkungen nach in folgender Reihenfolge dargestellt werden:[64]

		hinsichtlich ihrer Wirksamkeit in den Metallen:
1 Saturn		1 Blei
2 Jupiter	obersonnige Planeten	2 Zinn
3 Mars		3 Eisen
4 Sonne		4 Gold
5 Venus		5 Kupfer
6 Merkur	untersonnige Planeten	6 Quecksilber
7 Mond		7 Silber

Im Hinblick auf die inneren Planetenwirkungen, bei denen drei Paare einander entgegengesetzter Einflüsse unterschieden werden können, während die Sonne die harmonisierende, rhythmische Mitte darstellt, wollen wir die Planetenkräfte in der Form vier verschiedener Prozesse beschreiben:

1. Prozeß:	Polarität 1–7	Saturn-Mond
		Sonne als Mitte
2. Prozeß:	Polarität 2–6	Jupiter-Merkur
		Sonne als Mitte
3. Prozeß:	Polarität 3–5	Mars-Venus
		Sonne als Mitte
4. Prozeß:		Sonne als Mitte an sich

Die sieben Planeten repräsentieren sieben Welten, sieben Qualitäten, sieben Wirkungsprinzipien. Man muß, will man sie kennenlernen, innerlich völlig in ihre charakteristischen Merkmale «eintauchen», muß versuchen, die Bewegungsimpulse der Planeten in innerem Miterleben abtasten zu lernen.

Saturn und Mond

Zuerst soll die *Saturnwirkung* beschrieben werden. Saturn ist der erdfernste Planet, der Mond der erdnächste. Beide stellen gewissermaßen Durchgangspforten dar: der Saturn von astralischen Planetenwirkungen zu geistigen Fixsternwirkungen, der Mond von den Planetensphären zu den ätherischen, mehr erdverwandten Wirkungen.

Dort, wo der Geist der Materie bis in die feste Substanz hinein sein Siegel aufprägen will, muß der Saturn die Richtung bestimmen und seine Inkarnationskraft mit einbringen. Er wirkt von oben herab nach unten, jeglichen Inkarnationsprozeß begleitend von der «Weltenmitternacht» an, beim Durchschreiten des Tores der Geburt und weiter während der ersten dreißig Lebensjahre des Menschen. Es ist ein weitreichender Prozeß, denn durch die Saturnkräfte offenbart sich der Geist bis in die tote Materie hinein.

Im Menschen wirkt der Saturnprozeß so, daß er, beim Scheitelhaar einstrahlend, den Menschen bis in die tote Substanz hinein zu einem Abbild seines individuellen, geistigen Ich machen möchte. Er durchstrahlt den Körper von oben und hinten her und kommt im Skelett zu einem Endpunkt. Das Skelett ist zu einem toten Bild des Ich geworden. Daher rührt auch die erhabene Wirkung des Skeletts: Es stellt uns dieses Bild des Ich vor Augen. Wenn nur der Saturn wirksam wäre, so würde der ganze Mensch verkalken; er würde nach dreißig Jahren zu einer Tropfsteinfigur geworden sein.

Der Saturn stellt uns als geistiges Wesen in die Raumeswelt hinein. Schon in der vorgeburtlichen Entwicklung des Menschen ist er wirksam. Mit Hilfe der Saturnkraft wendet sich das Ich nach der Weltenmitternacht wieder der Erdenwelt zu und vollbringt den schmerzlichen Gang zur Inkarnation, sich immer mehr verdichtend. Der Saturn ist es, der während der Embryonalzeit und in der Kindheit das Skelett aus dem wäßrigen Organismus herauskristallisiert.

Saturn wirkt differenzierend in der Wärme, dem «geistigsten» Element. Da, wo er die Wärme «verdünnt», entsteht auskristallisierte Substanz (Knochen). Wo er sie verdichtet, entsteht die Geburtsstätte des Blutes, des Trägers des Wärmeelements (Knochenmark).

Mitten im physischen, fast toten Skelett wird im roten Knochenmark das Blut geboren. Dieses rote Blut lebt als solches dann ungefähr drei Wochen und geht zugrunde in der Milz. So ist die Milz der Endpunkt des Saturnprozesses und damit dasjenige Organ, in welchem der Saturnprozeß erstirbt.

Wir können also zweierlei Saturnprozesse im Menschen unterscheiden:
– der inkarnierende Saturnprozeß; er führt zum toten Bild im Raume. Man kann dies mit folgenden Worten zusammenfassen: Durch den ersten Saturnprozeß stirbt der Mensch (das Ich) in den *Raum* hinein.
– der Auferstehungsprozeß des Saturn; er gibt dem Ich die Möglichkeit, im Blute sein Karma in der *Zeit* zu vollbringen.

Saturn ist der Planet von Tod und Auferstehung. Das Ich erscheint zweimal im Saturnprozeß: einmal als Bild im Raume (als Skelett), zum anderen als Bild in der Zeit, im Blut lebend und sich ausprägend in der Biographie des Menschen. Saturn führt das Geistige an das Physische heran, bringt dort aber den Tod, das Erstarren zum Raumesbild. Er führt das Geistige im Schicksalsverlauf wieder aus dem Physischen heraus und bringt dadurch die Auferstehung, die Überwindung der Materie durch den Geist.

Der Saturn ist von den genannten der äußerste Planet; als solcher umschließt er das durch die sieben Planeten gebildete Sonnensystem. Seine geistigen Wirkungen kommen aus weitester Ferne und richten sich auf ein Zentrum hin. Er kann seine Wirkungen entfalten, solange er umfassend von der Peripherie her tätig sein kann, nicht aber vom Zentrum aus.

Im Astralleib bilden die Planetenprozesse am Charakter mit. Der saturnische Charakter zeigt die Neigung zur Erinnerung an den Urgrund aller Dinge. Dies kann man als *Forscher*-Mentalität bezeichnen. Der Forscher will ergründen, was sich hinter den Erscheinungen als Wesen offenbart. Saturnische Menschen interessieren sich, durch ihre tiefschürfende Art, oft nur sehr wenig für die alltäglichen Dinge. Dadurch besteht die Gefahr, daß sie sich in ihr «Forschungsgebiet» zurückziehen und so schließlich zum «Fachidioten» werden. Sie betrachten die Welt sozusagen durch eine enge Röhre.

Die exkarnierende Saturnkraft ist im Lebensabschnitt nach dem sechsundfünfzigsten Jahr wirksam. Es ist dann die Frage von entscheidender Bedeutung, ob es einem gelingt, die gesamte bisherige Biographie zusammenzufassen und auf das Lebensende hin zu orientieren. Das bedeutet: Alles

Unwesentliche muß hingeopfert werden. Die in unserem Charakter wirksame Saturnkraft führt zur Auferstehung im Geiste.

Als ein zweiter Prozeß, gegenüber dem Saturn, soll nun der *Mond* charakterisiert werden. Die Mondenprozesse leben überall dort, wo gewisse Eigenschaften durch die Generationenfolge hindurch wirksam sind, in der Fortpflanzung und im Vererbungsstrom. Der Mond wirkt sich in der Reproduktion aus, da, wo ein neuer Organismus aus einem alten entsteht, wo sich in stetem Wachstum Zelle an Zelle reiht. Der Mond will die ewige Wiederholung des Gleichen, die Erinnerung an früher schon einmal Geschaffenes: das Ideal der Vererbung – die horizontal über die Erde dahinströmende Reihe der Generationen, die in der Zeit, im Nacheinander fortlebt. Dieses Prinzip zeigt sich im einzelnen Organismus im Wachstum durch Zellteilung, in unterschiedlichen Organismen durch die Fortpflanzung.

Wirkten im menschlichen Organismus nur die Mondenkräfte, dann wäre der Mensch eine durch die Welt rollende, weiche Eiweißkugel; die Wachstumskräfte würden unaufhörlich tätig sein. Der Mondenprozeß im Menschen findet jedoch seine Begrenzung in der *Haut*. Außerhalb der Haut endet seine Wirksamkeit. Von vorne und unten her einstrahlend (Blasengegend), entfaltet er seine Wirkung in den Fortpflanzungsorganen und durchstrahlt von innen nach außen den ganzen Menschen bis an seine Haut.

Wie der Saturnprozeß Träger der individuellen Geisteskräfte ist und im Skelett sichtbar wird, so ist der Mondenprozeß Träger des Gattungsprinzips, der Vererbung, und wird in der Haut sichtbar (man denke daran, wie stark Vererbung sich gerade in der Hautfarbe manifestiert).

Menschen mit starker Mondenkräfte-Wirkung haben eine schöne Haut und starke sexuelle Anziehungskraft. Der Filmstar ist der ideale Mondenmensch. Die Haut als «Mondenskelett» ist das Bild des Vererbungsmenschen.

Wirken die Saturnprozesse differenzierend im Wärme-Element, so wirken die Mondenprozesse differenzierend in den Lebensprozessen.

Von der Haut spaltet sich in der embryonalen Entwicklung das Nervensystem ab. Das Nervensystem ist daher wie eine nach innen verlegte Haut. Diese «innere Haut» nun ist der Träger einer zweiten Art von Mondenprozessen. Es spiegelt sich durch dieses Nervensystem die äußere Welt im Inneren des Menschen und wird als Bild zum Bewußtsein gebracht. Um dieses «tote Spiegeln» zu ermöglichen, ist eine Eindämmung der Lebensprozesse notwendig, und so offenbart sich das Gehirn gerade als dasjenige Mondenorgan, in dem die Mondenkräfte zu einem Endpunkt kommen.

Physiologisch zeigt sich die zurückgestaute Kraft der reinen Lebens-Zellteilungsprozesse in dem Vermögen zur Differenzierung der Gewebe. Gerade das Nervensystem ist am weitgehendsten differenziert. In der Differenzierungsmöglichkeit wird der Organismus zum Abbild seines geistigen Urbildes. Goethe prägte, im Zusammenhang mit der Wirksamkeit dieses Prinzips in den Pflanzen, hierfür den Begriff der «Steigerung».

Auch der Mond hat also zwei Aspekte: Einerseits bewirkt er im Vererbungs- und Fortpflanzungsstrom das Wachstum in der Zeit; in ewiger Wiederholung des Gleichen wird Wesen an Wesen gereiht. Unter seinem zweiten Aspekt aber drängt er das Leben zurück und wird nun zum Spiegel. Der Mond selbst spiegelt das Licht der Sonne. Mit dem Mond verbindet man seit alter Zeit das Silber. Dieses verwenden wir für die Herstellung unserer Spiegel. Auch die Photographie beruht letztlich auf der Eigenschaft des Silbers, Bilder der Außenwelt zu konservieren.

Im Astralleib hat auch der Mond charakterbildende Wirkung. Die Mondenkräfte bringen die Philisternatur hervor, den Menschen, dem es um Äußerlichkeiten und die Sicherheiten des Gewohnheitslebens zu tun ist: der konventionell eingestellte Mensch. Die Neigung zum Äußerlichen kommt vor allem in der Welt von Fernsehen und Film zu ihrem Recht – «glamour» nach außen hin, im Innern Leere. Dazu gehört auch das ständige Spielen mit dem erotischen Element. Der einseitige Mondenmensch kann nur sehr mühsam echte Beziehungen aufbauen; er bleibt Playboy oder Sexbombe – oft ist der Selbstmord der einzige Ausweg aus der inneren Leere.

Die andere (exkarnierende) Seite des Mondencharakters führt uns zum spiegelnden, abstrakten Intellekt, zum Alleswisser und wandelnden Lexikon ohne echte, selbsterarbeitete Erkenntnisse; Menschen, die alles mitschreiben und dann auswendig lernen, doch schließlich keine Antworten geben können auf Fragen, die eigene Denkarbeit erfordern.

Im Gefühlsleben können sich die Mondenwirkungen als wuchernde Phantasie äußern, der eine alles zusammenfassende, einheitliche künstlerische Aussage nicht gelingt. Auch hier sehen wir, wie die Phantasie hinsichtlich der Sinngebung «leer» bleibt, während der saturnische Mensch demgegenüber sich eher festbeißt und schließlich steckenbleibt bei seiner Suche nach Sinngebung.

Der Mondenmensch ist der *Konservator*, der Buchhalter.

Man sieht, wenn man sich in diese Prozesse einlebt, wie Saturn und Mond ineinanderweben: Saturn stellt das Bild des Ich, des Individuellen, in den Raum hinein. Dieses Bild-Werden ist ein Sterbeprozeß, aus dem das menschliche Ich aufersteht, indem es in der Biographie sein Bild in die Zeit einschreibt. Der Mond verkörpert das Nicht-Individuelle, er stellt das Vererbungsprinzip in den Zeitenstrom. Das menschliche Ich überwindet diesen Generationsstrom, indem es diesen Lebensstrom zurückdrängt, um im Bilde der Außenwelt zu erwachen.

Saturn I
Inkarnation bis zum Skelett; dadurch der Tod als Bild im Raume.

Saturn II
Exkarnation – Überwindung des Todes durch Auferstehung in der Zeit.

Mond I
Reproduktion – Wiederholung, dahinströmend in der Zeit.

Mond II
Zurückdrängen der Reproduktionsprozesse durch Differenzierung der Gewebe («Steigerung»); Spiegel – Bildbewußtsein im Raume.

Saturn und Mond durchweben zusammen die Geheimnisse von Raum und Zeit, von Tod und Auferstehung, des Dahinströmens in der Zeit und des Aufwachens im Bewußtsein.

Jupiter und Merkur

Jupiter kann in erster Linie als der «große Weltenplastiker» charakterisiert werden. Wenn Saturn in den erhabenen Formen des Skeletts ein «nacktes» Bild des Geistes hinstellt, so plastiziert Jupiter um dieses Skelett herum halbweiche Formen in fließender Schönheit. Diese Jupiter-Formen sind Ausdruck des Menschen als beseeltes Wesen. Die plastizierenden Jupiter-Formkräfte wirken von oben her abrundend, von der Stirne aus gleichsam die Wölbung der Himmelskuppel nachschaffend, ein.

Alle inneren Organe sind an ihrer Oberseite abgerundet. Oft sind sie an der Unterseite etwas ausgehöhlt, da sich die Wölbung des darunterliegenden Organs in ihnen abdrückt. Gelenkköpfe sitzen an der Oberseite des Knochens, die Gelenkhöhlen an der Unterseite. Von der Stirn aus strahlt die

Jupiterkraft herein in den Menschen; so plastiziert sie in der Kindheit den Wunderbau des Gehirnes und formt später die Gedanken. Sie manifestiert sich vor allem in denjenigen Gedanken, die die großen Weltzusammenhänge in ihren Ordnungen sichtbar machen, aber dann auch wieder, tiefer im Leibe wirkend, als die gestaltende Kraft in Organen und Muskeln.

Wenn Jupiter so unsere Körperformen und inneren Organe in Schönheit plastiziert, so tut er dies doch mit einer übermenschlich-kosmischen Gebärde. Wenn einzig und allein Jupiter in uns wirksam wäre, wären wir mit vierzehn Jahren zu wunderschönen griechischen Plastiken geworden, die in Haltung und Gebärde Ausdruck eines rein Seelischen wären. Wir wären Apollo- oder Venus-Skulpturen. Denn die plastische Kraft des Jupiter trägt zugleich erhabene, ordnende Weisheit in sich. Diese Weisheit tritt in dem Wunderbau unserer Organe in Erscheinung, indem sie sie aus dem Wäßrigen herausplastiziert. Aber selbst diese weisheitsvolle plastische Kunst müßte letzten Endes doch zur allgemeinen Erstarrung führen. Das menschliche Ich entreißt sich dieser Erstarrung durch die Bewegung in Geste und Gebärde. Die Geste ist plastischer Ausdruck der Seele im Bewegungselement. Ihm dienen die Muskeln, deren Formen einerseits der Oberfläche des Menschen ihre Schönheit geben, andererseits aber in ihrem inneren Spiel zwischen Hart-Werden und Wieder-weich-Werden, Anschwellen und Zusammenziehen chemisch etwas vollführen, was seiner inneren Chemie nach innigst mit der Leber zusammenhängt; denn die Kontraktion der Muskelfasern ist auf chemische Veränderungen der Oberflächenspannungen zurückzuführen, und überall, wo diese auftreten, so auch in der Pflanze, sind Jupiter-Kräfte am Werk.

So kommt die Jupiter-Wirkung in der Leber zu einem Endpunkt, dem einzigen Organ im Menschen, das sich hinsichtlich seiner äußeren Form und innerlich chaotischen Struktur nicht von den weisheitsvoll plastizierenden Kräften des Jupiter durchdringen läßt, sondern statt dessen seine chemische Aktivität vollzieht.

Der Jupiter-Mensch strebt in all seinen Tätigkeiten stets nach der großen Überschau. Details sind nicht interessant, oder zumindest nur dann, wenn sie das Überschaute bestätigen. Der Jupiter-Mensch sitzt sozusagen immer auf einem Thron. Von diesem aus übersieht und ordnet er in Unnahbarkeit die Welterscheinungen, symmetrisch und nach festen Regeln, wobei alles erhabene Schönheit atmet. Im exkarnierenden Strom zeigt der Jupiter-Mensch die durchseelte Gebärde, wie man sie beispielsweise bei großen Schauspielern und Dirigenten antreffen kann. Das subjektiv Seelische ist hier geistig-objektiv geworden und nimmt menschheitlichen Charakter an. Verglichen mit Schiller, dem stets saturnisch mit Tod und Auferstehung Ringenden, ist Goethe der souveräne Jupiter-Mensch.

Der Jupiter-Mensch ist der *Denker*.

Dem Jupiter gegenüber steht *Merkur* in seiner Wirksamkeit. Wo Jupiter kosmische Ordnung bringt, da bewirkt Merkur Chaos – kein «gewöhnliches» Chaos indessen, sondern eine Art «sensibles Chaos»: eine Bewegung ohne deutliche Richtung, die aber bereit ist, sich in alles hineinzuergießen, was sich von außen her ergibt. Merkur ist strömende Bewegung, die sich jedem Widerstand anpaßt, indem sie ihn links oder rechts umfließt, wie es sich gerade ergibt, ohne Eigentendenz, immer jedoch in Bewegung bleibend. Bewegung, Strömung ist das einzige Prinzip, das Merkur nie aufgibt. Wie die Bewegung verläuft, die Strömung sich verhält, das hängt ganz von den äußeren Umständen ab.

Merkur paßt sich an, aber er strömt. Daher wird er im Menschen in einem Strömungsgebiet wirksam, wo es keine festen Bahnen gibt: in der Lymphströmung und in den Lymphgefäßen. Die Blutgefäße haben ihren festen Verlauf, die Lymphgefäße bewegen sich, wie es sich eben ergibt, wenn sie nur schließlich ihr Ziel, die Lymphdrüse, erreichen.

Jupiter schafft symmetrisch, nach hohen kosmischen Gesetzen. Merkur neigt zum Asymmetrischen, Schiefen. Alles Schiefe im Gesicht, in der Gestalt, im Wuchs auch der Pflanze, rührt daher, daß Merkur die Wirkung des Jupiter durchkreuzt. Er ist ein Schalk, zu Witzen aufgelegt, voll Humor, und er freut sich, wenn die erhabenen Pläne der Götter eben nicht ganz so gelingen, wie es beabsichtigt war, so daß die Götter dadurch nie ganz fertig werden und alles im Flusse bleibt.

Ein Freund sagte mir einmal: Jupiter und Merkur werden sichtbar im Bilde des Königs und seines Narren. Der König, auf seinem Thron, gibt weisheitsvoll seine Anordnungen; sein Gewand ist symmetrisch. Am Fuße seines Thrones sitzt sein Narr, seine Kleidung ist asymmetrisch: halb rot, halb gelb, je nachdem, wie sie gerade fällt. Zu den erhabenen Worten des Königs macht er seine Bemerkungen und zeigt, daß es in der Welt oft anders kommt, als man denkt.

Merkur ist der große Realist. Er kann sich an Hitze und Kälte anpassen, an Sonne und Schatten. Er sorgt dafür, daß das Leben unter allen Umständen weitergeht, die Pflanze weiterwächst usw. Wenn es sein muß, kann er sogar unehrlich werden und sowohl Pflanze als auch Mensch zum Schmarotzertum verleiten. Die Griechen machten den schnellfüßigen Merkur zum Gotte der Kaufleute und – der Diebe. Beide sorgen dafür, daß sich die irdischen Güter nicht an einer Stelle ansammeln, sondern im Flusse bleiben.

Dieses innere Anpassungsvermögen würde letzten Endes zur absoluten Charakterlosigkeit führen. Das Ich kommt dem zuvor, dadurch daß es sich der Bewegung entgegenstellt. Was geschieht, wenn sich zwei Ströme begegnen und vermischen? Wirbel und «leere Stellen» entstehen, im Fluß formen sich Sandbänke.

So kann man in der Merkurbewegung ein zweites organformendes Prinzip erkennen. Diejenigen Organe, die aus sich begegnenden Bewegungsströmen entstehen, sind anders geformt als die, welche irdischer Abdruck erhabener Urbilder sind. In der Pflanzenwelt kann man das Zusammenspiel zwischen den beiden Formprinzipien besonders gut wahrnehmen. Pflückt man z. B. ein Buchenblatt und ein Eichenblatt, so kann man das Buchenblatt als solches erkennen. Pflückt man aber vom selben Baum hundert Buchenblätter, dann sind nicht zwei dabei, die sich völlig gleichen. Man stößt hier auf den Einfluß Merkurs, die unendliche Vielfalt innerhalb der Grenzen der gegebenen Form.

Jede wahre Begegnung zweier aktiver Kräfte ist eine Art «Heilung»; echtes Heilen findet nur dann statt, wenn ein Wirksamkeits-Bereich (der menschliche Körper oder die Pflanze beispielsweise) einen anderen in sich aufnehmen kann und dadurch ein Neues entsteht.

Der Merkur-Mensch wird charakterisiert durch Eigenschaften, die man gewöhnlich unter dem Begriff der «Charakterlosigkeit» zusammenfaßt, denn er paßt sich fast immer den vorherrschenden Strömungen an, ohne selber deutliche Prinzipien zu haben. Dennoch verbirgt sich ein System hinter dieser scheinbaren Systemlosigkeit, denn der merkurielle Mensch kennt durchaus seine Zielsetzungen und er versucht sie, auf welchem Wege auch immer, zu verwirklichen. Die bekannte Geschichte vom Handlungsreisenden, der zur Haustür hinausgeworfen wird und durch die Hintertür wieder hereinkommt, illustriert dies. Tatsächlich finden sich in den kommerziellen Berufen viele merkurielle Typen.

Innerhalb der Gesetzmäßigkeit des exkarnierenden Stromes zeigt der merkurielle Charakter noch ein anderes Bild. Durch seine Gabe, Begegnungen zustande zu bringen, entsteht hier eine heilende Wirksamkeit im Sozialen. Festgefahrene Situationen kommen wieder in Bewegung, Entwicklungen werden möglich dadurch, daß neue Aspekte auftauchen. Der Arzt bringt festgefahrene organische und biographische Stauungen wieder in Fluß, indem er im Organismus die Begegnung mit dem Medikament herbeiführt. Durch die Begegnung kann aufs neue Zukunft entstehen.

Der Merkur-Mensch ist in seiner Begegnungsfreudigkeit ein fröhlicher Mensch. Ein Fest, unter dessen Teilnehmern sich keine Merkurtypen befinden, hat wenig Chancen des Gelingens. Der merkurielle Charakter hält durch seine zwei Aspekte die Gesellschaft in Bewegung.

Der Merkur-Mensch ist der *Erneuerer*.

Jupiter und Merkur weben ineinander. Die gesetzmäßigen, weisheitsvollen Formen der Organe finden in der strömenden Merkurbewegung ihre einmalige, bestimmten Umständen angepaßte Abwandlung. Die (chemisch bedingte) Schwellung und Kontraktion gibt der strömenden Bewegung des Merkur, vermittelst der Oberflächenspannung, eine Richtung. In diesem Spiel sind alle Erscheinungen des Turgors (Spannungszustand des Gewebes) zu finden.

Jupiter kommt in seiner plastischen Tätigkeit im Muskelmenschen zu einem Endpunkt. Dann schlägt die Tätigkeit um in den Chemismus und überwindet im Bewegen die plastische Erstarrung. In weisheitsgetragener chemischer Tätigkeit saugt die Muskelbewegungstendenz an der Leber, wo die Jupiter-Wirksamkeit chemisch zu einem Endpunkt kommt. (Diese Auffassung steht im Gegensatz zur gängigen Meinung, daß die Leber die Substanzen zum Muskel hinschickt; von unserem Standpunkt aus gesehen, wird deutlich, daß der Muskel die Stoffe aus der Leber herausholt.) Merkur kommt mit seiner Flüssigkeitsströmung, die im Gewebe noch regellos verläuft, allmählich zu einer Bündelung in den Lymphgefäßen. Die Drüsen schließlich, als Endpunkte des Flüssigkeitsstromes, sind zugleich diejenigen Stellen, wo dieser den Organismus verläßt. Flüssigkeit durchströmt den ganzen Organismus, mit einer Ausnahme: dem eingestülpten Luftsack, den wir «Lunge» nennen. Die Lunge ist eine Drüse, doch eine «negative», da sie einen ausgesparten Raum im Flüssigkeitsmenschen darstellt.

Leber und Lunge sind Endpunkte der Jupiter- bzw. Merkurwirkungen; sie sind dadurch die Jupiter- und Merkur-Organe.

Jupiter I
abrundende Plastik, zur erstarrten Seelenform führend.

Jupiter II
Bewegung als Gebärde, geformte Bewegung durch (chemisch bedingte) Oberflächenspannung.

Merkur I
Strömende Bewegung, zur Aufhebung jeglicher Eigenform führend.

Merkur II
Bewegung als Heilung, Plastik aus sich begegnenden Bewegungen.

Mars und Venus

Jetzt wollen wir die Wirkungen von Mars und Venus beschreiben. Mars, der letzte obersonnige Planet, ist der Träger der schaffenden, gezielten Bewegung. Er ist die Kraft, mit welcher das geistige Urprinzip in das Irdische hineindringt und durch die dieses dann in die Welt hineinströmt. Überall, wo die Pflanze mit ihren Vegetationsspitzen in den Raum hineinstößt, sich den Raum erobert, wirkt Mars. Er ist die Kraft, durch die eine innere Aktivität in die Welt hineingetragen wird, sie zielbewußt erobernd und sich dabei in ihrem inneren Wesen offenbarend. Ohne Mars existierte keine Pflanze. Alles Aufsprießen und Sprossen im Frühjahr ist ein Erobern des Raumes durch Marskräfte. In bildhafter Form lassen sich diese Kräfte fassen, wenn man sich einen Speerwerfer vorstellt in dem Moment, wo er sich anschickt, den Speer zu schleudern und ihn gerade loslassen will. Die auf das Ziel konzentrierte Kraft, die hier auftritt, ist reine Mars-Qualität.

Die Marskräfte strahlen beim Menschen zwischen den Schulterblättern ein und durchkraften ihn im Eisenprozeß seines Blutes. Einerseits strahlen sie hinunter, in das Blut hinein, andererseits hinauf, in den Sprachprozeß. Die Kraft, durch die in der ausströmenden Luft das Wort geformt wird, ist gleichfalls die Marskraft. Der «Marsmensch», der Mensch also, in dem die Marskräfte einseitig wirksam sind, erschöpft sich – in fortwährender äußerer Aktivität – im Schaffen, kann das Geschaffene jedoch nicht bewahren, da er nicht verträgt, daß etwas «fertig» ist; er versteht das Geschaffene nicht zu pflegen. Statt es zu hegen, vernichtet er es lieber wieder, um dann etwas Neues aufzubauen. So wird der Marsmensch vom Tatendrang mitgerissen, und jedes Hindernis, das sich diesem Drang in den Weg stellt, bringt in ihm Zorn zum Aufbrausen.

Das Ich, das sich diesem Mitgerissenwerden widersetzen will, muß dem Marsprozeß kräftigen Widerstand bieten, denn Mars läßt sich durch sanfte Maßnahmen nicht bezwingen. Dieser Vorgang des Widerstand-Bietens führt zur Stauung der zielgerichteten Kraft, und da geschieht dann etwas, was uns vielleicht erstaunen läßt: Wenn die Mars-Kraft gestaut wird, beginnt die Welt zu tönen.

Nehmen wir wieder den Speerwerfer: Da saust der Speer durch die Luft, und die zielgerichtete Kraft wird gestaut, wo der Speer sich in einen Eichbaum oder einen Schild bohrt. In diesem Augenblick, da die zielgerichtete Kraft auf Widerstand stößt, klingt der Speer auf. – Dasselbe Phänomen läßt sich auch gut an einer Saite studieren, die angestrichen wird. Die Kraft, mit der der Bogen geführt wird, wird durch den Widerstand der gespannten Saite gestaut. Während Kraft und Widerstand miteinander ringen, fängt die

Saite an zu klingen. Gleiches kann wahrgenommen werden an einer mit einem Bogen angestrichenen Metallplatte. Wenn man nun Sand darauf streut, entstehen die (Chladnischen) Klangfiguren, die sichtbar machen, wie die Substanzen sich nach Klangprinzipien ordnen. Diesem Ordnungsprinzip begegnet man in der Chemie wieder. Die Ordnung der Substanzen in ihren chemischen und organischen Verbindungen richtet sich nach diesen musikalischen Gesetzen. Jeder Ton besitzt seine eigene Klangfigur. Indem durch die höheren Hierarchien in die Ätherwelt hineingesprochen wird, entsteht aus den kosmischen Harmonien auf der Erde die Ordnung der Substanzen in der Folge der Elemente. Dieses kosmische Klingen geht von der Marssphäre aus und wird der Erde durch den chemischen oder Klang-Äther vermittelt.

Im tierischen und menschlichen Organismus wirkt Mars von innen her in der gleichen Weise substanzordnend.

Die im eisenhaltigen Blut, im Hämoglobin, wirkenden Eisenkräfte kommen in der Leber zu einem Endpunkt. Da entsteht aus dem Blutfarbstoff, dem roten Hämoglobin, die eisenfreie, grüngelbe Galle. Das Billirubin ist identisch mit eisenfreiem Hämoglobin; beim Entstehen von Billirubin wird das Eisen zurückgehalten, es schießt nicht mit hinein in die Galle. Aus diesem Zurückhalten und Stauen entstehen in der Leber dann als «Klangfiguren» Kräfte, welche die Eiweißbildung – die wesentliche Grundlage für die Aufbauprozesse im Menschen – strukturieren. Die Eiweißbildung in der Leber ist ein tönender Prozeß, in dem die Substanzen Kohlenstoff, Wasserstoff, Sauerstoff, Stickstoff, Schwefel und Phosphor in Klangfiguren geordnet werden. Die treibende Kraft dahinter ist die gestaute Mars-Kraft.

Der Marsmensch ist der *Unternehmer*.

Den aktiven Marsprozessen stehen die ganz im Verborgenen wirksamen *Venus*-Prozesse gegenüber. Will man Venus verstehen, so muß man innerlich ganz still werden und lauschen lernen. Venus hängt mit der tieferen Ernährung (Zelle), mit den tiefsten Aufbaukräften zusammen, wo die angebotenen Substanzen, dadurch daß sie sich von einem höheren Wirkungsprinzip aufnehmen lassen, in die Lebensprozesse aufgenommen werden. Venus hängt mit der Bildung eines «Milieus» zusammen, der Schaffung eines Raumes, wo anderes sich frei entfalten kann. Man kann diesem milieubildenden Element gelegentlich in Häusern begegnen, in denen eine stille, bescheidene, aber innerlich bedeutende Frau waltet. Da kommt es zu Menschen-Begegnungen, da tauscht man sich aus, da waltet eine stille Wärme, die bewirkt, daß der Schüchterne sich ausspricht usw. Wenn man sich fragt, warum diese Geselligkeit, dieses Befruchtende gerade in diesem Hause anwesend ist, dann muß man feststellen, daß es jene bescheidene Gestalt im Hintergrunde war, die im richtigen Moment ein paar ermunternde Worte sagte oder auch vielleicht nur den Kaffee hereinbrachte und sich gleich wieder zurückzog. Es ist die Fähigkeit der Venus, einen Raum zu schaffen, durch welchen sich ein Anderes offenbaren kann.

So wie Mars mit dem Sprechen zusammenhängt, so hängt Venus mit dem Lauschen zusammen. «Köstlicher als das Licht» nennt Goethe «das Gespräch»[65]. Denn das Gespräch ist die Harmonie zwischen Mars und Venus, indem der eine Partner der «sprechende» Mars ist, der andere die «lauschende» Venus, um dann die Rollen zu vertauschen. Und da, wo Mars und Venus sich wirklich begegnen, entsteht ein Neues, Drittes, das nun auch anwesend sein kann.

Ganz Venus werden, ganz Schale, um ein Höheres zu empfangen, führt zur völligen Entselbstung; das Ich könnte in der absoluten Venus-Haltung nicht weiterexistieren. Der Prozeß muß wieder umschlagen in sein Gegenteil. So überwindet das Ich den Aufbauprozeß, indem es dasjenige, was durch die Lebensprozesse hindurchgegangen ist, wieder absaugt. Das ist die Aufgabe des Nieren-Blasen-Systems. Die Abbau- und Ausscheidungsprozesse wirken saugend von der Niere und der Blase aus bis in die letzte lebende Zelle hinein. In der Niere (dem Venusorgan) kommt dieser Venusprozeß dann zu einem Endpunkt. Wenn in der Niere Ätherkraft und Substanz getrennt werden, wird die tote Substanz ausgeschieden; die Ätherkräfte strahlen hinauf bis in das Auge hinein und geben dem Blick seine Kraft, mit der er sich nach außen wendet im Sehakt. Gerade die Pathologie kennt den verborgenen Zusammenhang zwischen Niere und Auge.

Wunderbar ist das Zusammenwirken von Mars und Venus im lebendigen Organismus. Das durch die Mars-Kraft geformte Eiweiß ernährt auf dem Venuswege die Zellen; der zu Ende gekommene Venusprozeß läßt in der Niere die Nierenstrahlung entstehen, die sich nach oben hin mit der zielgerichteten Kraft des Mars vereinigt und in der Seh-Kraft der Augen wieder bemerkbar wird. Die Kraft, mit der das Auge sich auf die Außenwelt richtet, stammt aus der Nierenstrahlung. Ein schönes Bild des Zusammenwirkens von Mars und Venus haben wir vor uns in bestimmten Musikinstrumenten, so zum Beispiel in der Geige: Der Bogen ist ganz zielgerichtete Bewegung, die Saite staut diese Bewegung und klingt auf. Seine Qualität bekommt der Ton jedoch erst durch den Klangboden des Musikinstrumentes, der ein Milieu schafft, in welchem der erklingende Ton leben kann und dadurch als lebendige Qualität erst geboren wird.

Der Venus-Mensch ist der helfende, *pflegende* Mensch. Er kann sich am besten entfalten in den pflegerischen Berufen, von der Krankenschwester bis zum Gärtner.

Mars I
Zielgerichtete Bewegung in den Raum hinein.

Mars II
Klang durch Stauung der Bewegung; Eiweiß-gestaltende Kraft; Substanz-bildend.

Venus I
Pflegende Ernährung; Milieu-Bildung. Schale für etwas Höheres.

Venus II
Ausscheidung; Trennung von Substanz und Äther-Kräften.

Die Sonnenwirkungen

Im Mittelpunkt dieser drei polarischen Prozesse steht der Sonnenprozeß. Überall da, wo Saturn und Mond, Jupiter und Merkur, Mars und Venus im Gleichgewicht sind – wir meinen hier nicht ein totes Gleichgewicht, sondern ein lebendiges Ineinanderspielen –, ist bereits Sonnenwirkung anwesend. Das Urbild der Sonnenwirkungen sind *Diastole* und *Systole*, das Sichausbreiten im Raum und Sichzusammenziehen in einen Punkt. Dieses Sichausdehnen und Zusammenziehen ist jedoch kein geradliniger, sondern ein spiraliger Prozeß. Das Streben vom Mittelpunkt zur Peripherie hin findet in immer größer werdenden Bögen statt, wobei von Anfang an die Orientierung auf die unendliche Peripherie vorhanden ist. Demgegenüber steht beim Sichzusammenziehen ein Streben vom Umkreis aus in immer kleiner werdenden Bögen zum Zentrum hin, wobei dieses Zentrum von Anfang an als Orientierungspunkt auftritt. Diejenigen Leser, die mit der Eurythmie Bekanntschaft gemacht haben, werden verstehen, was mit diesen Orientierungen gemeint ist.

So besitzt die Sonne eine zweifache Wirkung: Zum einen faßt sie alles mit zum Zentrum führender Kraft zusammen, andererseits zieht sie alles hinaus in die unendlichen Weiten. Wir können angesichts dieser Vorgänge von der «Wintersonne» und der «Sommersonne» sprechen.

In besonders schöner Weise wird dieser Sonnenrhythmus im menschlichen Blutkreislauf sichtbar: Das Blut versprüht sich vom Herzen aus in die unendliche Peripherie, bis in die allerkleinsten Haargefäße; es verläßt das

Herz in einem großen Bogen und verteilt sich von da aus bis in die Peripherie. Kehrt es dann aus dem Umkreis zurück, so fließt es zuerst langsam, allmählich aber immer schneller zum Herzen hin, um schließlich wirbelnd in den rechten Vorhof hineinzuströmen. Im sogenannten «kleinen Blutkreislauf» findet derselbe Vorgang statt. Das Blut strömt in die Haargefäße der Lungenbläschen. Die Blutmenge eines Herzschlages (35 cm^3) wird hier über eine Oberfläche von etwa 120 m^2 (das entspricht Abmessungen von ungefähr 10 mal 12 Metern!) verteilt. Dort findet die Begegnung mit der Atemluft statt. Das Blut begegnet also abwechselnd der Außenwelt – in der Lunge – und der Innenwelt – im Körperkreislauf. Abwechselnd verdichtet der Sonnenrhythmus den Kosmos zur Substanz und verwandelt diese Substanz dann wieder in kosmische Qualität.

Diese physiologische Sonnenwirkung offenbart sich im Seelischen in der Form extrovertierter und introvertierter Seelen-Eigenschaften. Der Sonnen-Mensch durchstrahlt die Seele mit *Wärme und Licht*, indem er sich abwechselnd auf das eigene Seelenleben richtet oder sich zur Welt hinwendet. Dieses atmende Leben führt zum «Gespräch» in der Polarität Mars–Venus, zum Erkenntnisprozeß in der Polarität zwischen dem all-anwesenden Merkur und dem ordnenden Jupiter und schließlich zur Inkarnation in der Polarität zwischen Geist-verwirklichendem Saturn und spiegelnd-aufnahmebereiten Mondenkräften.

Der Sonnen-Mensch entwickelt eine Gegensätze verbindende Wirksamkeit im Sozialen; er entfaltet dort Wärme und Erkenntnislicht.

Zusammenfassung
Wir wollen nun die Planetenwirkungen noch einmal zusammenfassen:
Saturn I: Aus kosmischen Weiten wirkt das Geistige herein und verdichtet sich zum «Siegelabdruck» im Physischen, ein Prozeß, der zur Kristallisation führt. Als Seelenhaltung: der *Forscher*.
Jupiter I: Abrundend umspielen die Jupiterkräfte in plastischer Schönheit diese strengen Geist-Formen, in ihrer schaffenden Wirksamkeit hohen, großen Vorbildern gehorchend. Als Seelenhaltung: der *Denker*.
Mars I: Kraftvoll wird das Erschaffene in die Raumeswelt hineingestellt und, stets wachsend, sichtbar. Als Seelenhaltung: der *Unternehmer*.
Diese drei Wirkungen zusammen ergeben die Inkarnation eines lebendigen Organismus. Ohne Rücksicht auf die irdischen Verhältnisse möchten die großen Urbilder sich eigentlich auf diesem Wege in der Welt manifestieren. Die Welt antwortet jedoch und empfängt und pflegt das von oben Kommende liebevoll in einer Gegenströmung, die von unten nach oben wirkt:
Venus I schließt die ätherischen Bildekräfte auf, so daß sie zur Schale wer-

den, und ernährt, was Mars in den Raum hinausstößt. Die *pflegende* Seelenhaltung.

Merkur I bringt die halbflüssige Lebenswelt in strömende Bewegung, paßt sich den zufälligen irdischen Verhältnissen an und wandelt die starren Formen Jupiters ab. Im Seelischen: der *Erneuerer*.

Mond I sorgt für die Reproduktion, sowohl im kleinen (Zellteilung) als auch im großen (Fortpflanzung); er bewirkt ein gewisses Chaos, in das die Saturnkräfte ihr Siegel abdrücken können und wo in jeder Zelle das geistige Urbild neu aufgenommen werden kann. Im Seelischen: der *Konservator*.

Zusammengenommen führen die unter «I» beschriebenen über- und untersonnigen Planetenwirkungen zu Geburt und Wachstum eines Organismus. Die treibende Kraft, wodurch sich diese Planetenkräfte so innig zusam-

♄	Geistkeim inkarniert sich; der *Forscher*	Erden-Erfahrung, wird dem Geist-Werden *geopfert*.	♄
♃	Plastizieren der «schönen Form»; der *Denker*	Die *durchseelte* Gebärde (z. B. in der Kunst)	♃
♂	Zielgerichtete Aktivität; Innenwelt offenbart sich; der *Unternehmer*	*Ordnende Kraft* durch die Macht über das Wort.	♂
☉	Wärme und Licht schenkend im Sozialen; der Mensch der *Gleichgewicht* schafft.	Exkarnationswille, Wille zum *geistigen* Streben.	☉
♀	Verborgene Zellernährung; der *pflegende Mensch*.	*Ausscheidung*; Scheidung des Wesentlichen vom Unwesentlichen.	♀
☿	Strömende Tätigkeit; nicht zielgerichtet; der *Erneuerer*	Begegnung, die *Neues* schafft.	☿
☾	wiederholende Zellteilung; der *Konservator*.	Zelldifferenzierung; der *Intellekt*	☾

♁

Erde; *Widerstand*

Inkarnierende und exkarnierende Planetenprozesse. Links der Weg der Inkarnation, rechts der Weg des Erwachsen-Werdens.

menschließen, ist die systolische, zusammenziehende *Kraft der Sonne*, die, von der entferntesten Peripherie herkommend, durch alle Planetensphären wirbelt und ins Irdische hineinführt. Es ist der vorgeburtliche Weg des Menschen, die Frühjahr- und Sommerphase der Pflanzen.

Im Kosmos existiert jedoch nicht nur Wachsen und Gedeihen, sondern auch Welken und Absterben. Da werden diese Kräfte nun wieder auseinandergetrieben durch die diastolische, in die Weite strebende Sonnenkraft. Das ist der nachtodliche Weg des Menschen durch die Planetensphären, die Herbst- und Winterzeit für die Pflanzen. Dieses Sterben ist, im großen gesehen, bedingt durch die Zeit. Im kleinen findet es aber fortwährend im Wachstum statt, denn es muß stets eine Zelle, ein bestimmtes Organ absterben, um ein neues, anderes wachsen zu lassen. Das Leben ist ein ständiges Stirb und Werde, und die hemmenden, exkarnierenden Kräfte sind für einen Organismus von ebenso großem Wert wie die fördernden. Die inkarnierenden Prozesse der Planetenwelt wirken sich hauptsächlich in der Embryonalzeit und den Kinderjahren bis in die Pubertät hinein aus. Letztere Phase nennt Rudolf Steiner die *Erdenreife*. Erst während der Pubertät begegnet die sich inkarnierende Seele bewußt dem Widerstand der Erde. Durch die Überwindung dieses Erden-Widerstandes wird die Metamorphose der inkarnierenden Planetenkräfte in die exkarnierenden vollzogen. Dies ist der Prozeß des Erwachsenwerdens, der mit der Pubertät einsetzt und im Laufe des weiteren Lebens immer stärker wird.

Dadurch erscheint jeder (Planeten-)Charaktertyp unter einem Doppelaspekt. Auf dem Wege durch die Planetenwelt, nach der oben erwähnten «Weltenmitternacht», verbleibt die Seele eine Zeitlang in jeder der verschiedenen Planetensphären. Die Dauer dieses Aufenthaltes ist abhängig von der, karmisch bedingten, Affinität zu der jeweiligen Planetenqualität.

Ein Mensch, der lange in der Jupitersphäre verweilt und sich völlig durchdringt mit deren Qualität, wird sich das Vermögen des ordnenden Denkens ins Leben mitbringen. Andere gehen gleichsam schlafend durch diese Sphäre hindurch und haben später dann wenig Affinität zur denkerischen Tätigkeit. Und so verhält es sich mit allen Planetensphären.

Am längsten verbleiben wir während unserer vorgeburtlichen Wanderung in der Sonnensphäre. Dort bilden wir die Anlage für unser physisches Herzorgan aus mit seinem individuellen, ihm eigenen Rhythmus und das Vermögen, «sonnenhaft» im Leben zu stehen.

Die Metamorphose der mitgebrachten, inkarnierenden Planetenqualitäten in die Qualitäten des exkarnierenden Weges, auf dem die Erden-Erfahrung zum Mitgebrachten hinzugefügt wird – sie kann mehr oder weniger vollständig geleistet werden. Sobald diese Metamorphose in ungenügender

Weise oder zu schnell stattfindet, treten seelische Krankheitserscheinungen auf, die ihrerseits wieder Anlaß organischer Störungen werden können. Im zweiten Teil dieses Buches wird hierauf näher eingegangen.

Die Metamorphose der unter «I» beschriebenen Qualitäten in die unter «II» charakterisierten soll im folgenden noch kurz dargestellt werden. Mit Hilfe dieser Beschreibung kann der Leser sich dann weiterschulen im Umgehen-Lernen mit den verschiedenen Charaktertypen auf dem Entwicklungsweg, den das Leben selber darstellt. Dadurch wird diese Charakterkunde dynamisch und so zum Schlüssel einer Phänomenologie der biographischen Entwicklung.

Mond II haben wir beschrieben als einen Prozeß, bei welchem die in der Zeit fortwirkende Generationen-Strömung aus der Raumeswelt in die Zeit zurückgeworfen wird, ein Spiegelungsprozeß, bei dem das Vergangene als Bild im Bewußtsein erscheinen kann. Dieses Bildbewußtsein bildet die Grundlage unseres kombinierenden Denkens in Denk-Bildern, des Intellekts. Wo dieses intellektuelle, spiegelnde Denken zu stark wirksam wird, entsteht unsere materialistische, positivistische Naturwissenschaft.

Merkur II haben wir beschrieben als Gestaltungskraft, die entsteht aus der Begegnung von strömenden Bewegungen. Dies führt seelisch zum Vermögen, *echte Begegnungen* mit anderen Menschen und der Umwelt zu haben. Aus derartigen Begegnungen entsteht dann, biographisch gesehen, etwas Neues: neue Interessen, ein neuer Freundeskreis usw.

Venus II hängt eng damit zusammen. Physiologisch manifestiert sich diese Kraft in der Ausscheidung. Auf seelischer Ebene wird sie zur Fähigkeit der *Unterscheidung* auf Grund von Lebenserfahrung, des Unterscheidens des Wesentlichen vom Unwesentlichen, z. B. in Freundschaftsbeziehungen oder in der Wahl von Interessengebieten.

Mars II ist als gestauter Klangprozeß beschrieben worden, dessen Wirkung in der Anordnung der Materie in der Eiweißsubstanz sichtbar wird. Ein lebendiger, Substanz-ordnender Prozeß also. Diese Ordnung kommt jedoch erst in der sterbenden Substanz zur Ruhe. Das voll-lebendige, junge Eiweiß befindet sich in wirbelnder, chaotischer Verfassung. Das sterbende Eiweiß erst kann seine chemische Struktur-Formel erhalten. Die einmal gebildeten Substanzen werden immer starrer und nehmen ihre feste Substanz-Struktur, ihren Stoffcharakter, an. Die inkarnierende Marskraft wird hörbar im Wort, das offenbart, was im Menschen lebt. Im exkarnierenden Strom wird dies zur *ordnenden Kraft* im Sozialen und zur Fähigkeit, in wohlabgewogenen Worten seine Absichten deutlich zu machen. Wenn diese Mars-II-Kräfte zu schwach sind, entstehen Schlagwörter und Phrasenhaftigkeit.

Jupiter II offenbart sich in der *durchseelten Bewegung,* in der vom Individuum gestalteten Gebärde. So wird der Mensch als Persönlichkeit sichtbar im Sozialen. Vor allem auch in der Kunst, z. B. in der Eurythmie und in der Malerei, spielt die durchseelte Bewegung eine große Rolle. Die Schauspielkunst beruht ganz und gar auf der Fähigkeit der durchseelten Gebärde.

Saturn II ist die Kraft der Auferstehung aus der Raumeswelt in die Zeitenwelt. Dies vollzieht sich im umfassendsten Sinne beim Sterben. Saturn II bestimmt, in welchem Maße der Mensch Opferbereitschaft – die Voraussetzung für die Metamorphose von Erden-Erfahrung in Geist-Werden – entwickeln kann. Der Egoismus, d. h. das Unvermögen, ein Opfer zu bringen, ist ein Charakteristikum der zu schwachen Saturn-II-Wirkung.

Abschließend sei noch einmal auf die Tatsache hingewiesen, daß durch die Planetenprozesse «I» Kräfte aus der Vergangenheit mitgebracht werden, die – einer aufgezogenen Uhr gleich – von selbst weiterwirken; die Planetenkräfte «II» dagegen muß sich der Mensch bewußt auf dem Wege einer zukunftsgerichteten geistigen Entwicklung erobern. Es ist der *Prozeß des Erwachsenwerdens.* Mehr darüber findet der Leser in meinem Buch «Lebenskrisen – Lebenschancen».

In noch anderer Weise können die Planetenqualitäten charakterisiert werden als *Weltanschauungs-Stimmungen.* In Anlehnung an Rudolf Steiners Vortragsreihe «Der menschliche und der kosmische Gedanke»[66] gelten dann die folgenden Zuordnungen:

Der saturnische Mensch neigt zur Gnosis.
Der Jupiter-Mensch neigt zum Logismus.
Der Mars-Mensch neigt zum Voluntarismus.
Der sonnenhafte Mensch neigt zum Empirismus.
Der Venus-Mensch neigt zur Mystik.
Der merkurielle Mensch neigt zum Transzendentalismus.
Der mondenhafte Mensch neigt zum Okkultismus.

Bei weiterer Vertiefung in diese seelischen Weltanschauungshaltungen ergibt sich der Zusammenhang mit den früher charakterisierten Tatsachen.

Der mondenhafte Charaktertyp mit seiner Neigung zum Okkultismus z. B. wird dann wachsam sein müssen gegenüber einer eventuell vorhandenen Tendenz zum abstrakten Systematisieren geistiger Wirklichkeiten, wodurch er diese ihres inneren Lebens berauben würde. Die alles durchseelende Jupiter-Kraft könnte in einem solchen Fall aufs neue belebend tätig werden.

Abschließende Bemerkungen

Den Sonnenprozeß haben wir als eine Zusammenziehungs- bzw. Ausdehnungsbewegung beschrieben, die spiralförmig verläuft:

Der Punkt, wo der inkarnierende Strom in den exkarnierenden umschlägt, liegt dort, wo die Sonnenqualitäten der Erde begegnen und sie durchdringen. Das Wesentliche an diesen Erdenkräften ist jedoch *Widerstand*, Trägheit. Gerade durch diesen Widerstand können während der verhältnismäßig kurzen Zeit zwischen Geburt und Tod die beiden Ströme ineinandergreifen und gleichzeitig in rhythmischer Weise zusammenwirken in Atem und Herzschlag. (s. Abb. unten)

In dem richtigen Ineinandergreifen von Inkarnation und Exkarnation, welches sich je nach Lebensalter immer wieder anders gestaltet, liegt das Geheimnis der körperlichen und geistigen Gesundheit beschlossen.

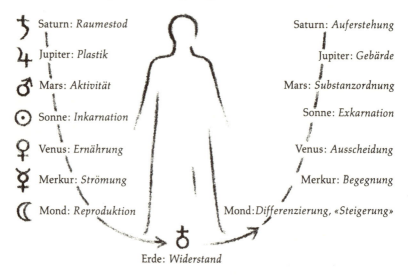

10 Die Entwicklung der Empfindungs-, Verstandes- und Bewußtseinsseele

Das menschliche Seelenleben kennt viele Formen zu langsamer (retardierender) Entwicklungen einerseits und zu schneller (propulsiver) Entwicklungen andererseits. Diese Tatsache spiegelt sich wider in der ebenfalls unregelmäßigen Entwicklung der drei im achten Kapitel beschriebenen Seelenqualitäten der Empfindungs-, Verstandes- bzw. Gemütsseele und Bewußtseinsseele. Der moderne Mensch muß diese Qualitäten zur Entwicklung bringen, wenn er seine Aufgaben in der heutigen Zeit in rechter Weise erfüllen will. Dies gilt nicht nur im Hinblick auf sein eigenes Inneres, sein Selbsterleben, sondern auch hinsichtlich seines Welterlebens und seiner Beziehungen zu den Mitmenschen.

In einem 1910 gehaltenen Vortrag[67] stellt Rudolf Steiner das Verhältnis der oben erwähnten drei Seelenqualitäten zu den im Leiblichen wirksamen Kräften unter dem Gesichtspunkt der Planetenwirkungen im Menschen dar.

Der Mensch ist, was sein bewußtes Leben anbetrifft, ein *Wesen der Mitte*. Rudolf Steiner benutzt den Begriff des «Selbst» im Hinblick auf das alltägliche Ich-Erleben innerhalb der Seele. Dieses «Selbst» ist ein komplexes Gefüge aus Vorstellungen, Erinnerungen, Gefühlen, Seelenregungen und Willensimpulsen. Vor allem das Erinnerungsvermögen erhält die Kontinuität des «Selbsterlebens» aufrecht.

Das gesunde Darinnenstehen in den Anforderungen des Alltags wurzelt in der Kraft der Mitte. Würde man diese Qualität der Mitte in der Terminologie der Planetenprozesse beschreiben, so würde man von der «Sonnenwirkung» sprechen. In der Skizze auf S. 134 ist dies mit dem Begriff «Sonnenselbst» umschrieben.

Sobald das Bewußtsein zu stark nach oben oder unten abweicht, treten abnormale Bewußtseinszustände auf. Solange es dem Menschen nicht gelingt, durch Aktivierung des jeweils entgegengesetzten Poles – entweder durch eine bewußte innere Schulung oder aber durch das Leben selbst – das innere Gleichgewicht wiederherzustellen, dauern diese abnormalen, gestörten Zustände an.

So werden bei dieser Darstellung der Seelenqualitäten aufs neue die zwei Wege sichtbar: der Weg ins Äußere – die Welt der obersonnigen Qualitäten

– und der Weg ins Innere – die untersonnigen Qualitäten –, der mit dem Leiblichen zusammenhängt.

Wir wollen im folgenden einige Entwicklungsaspekte dieser Seelenqualitäten näher beleuchten. Dabei sollen uns die im letzten Kapitel behandelten sieben Planetenkräfte als Ausgangspunkt dienen.

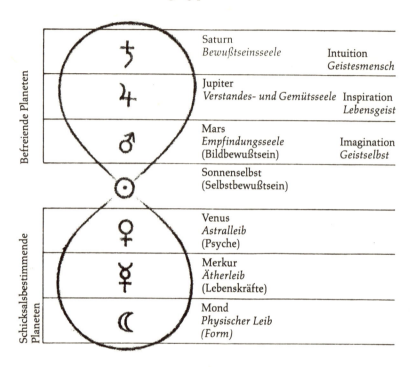

Die Entwicklung der Empfindungsseele

Der Astralleib ist der Träger unseres Bewußtseins. Man könnte ihn seiner Qualität nach als eine «Gestalt» ohne Bindung an Zeit und Raum charakterisieren. In dieser Hinsicht repräsentiert er mikrokosmisch die Planetenwelt in uns.

Wenn wir eine Farbe als angenehm und schön empfinden, so beruht dies auf einer Aktivität unserer *Seele*, in diesem Falle unserer *Empfindungsseele*. Wenn diese Empfindungsseele durch die Tätigkeit des menschlichen Ich aus der Subjektivität der Sympathie- und Antipathiegefühle und der Bindung an das Begierdenleben unseres Astralleibes erlöst und in Richtung eines objektiven, rein geistigen Erlebens emporentwickelt wird, so wird unser alltägliches «Sonnenselbst» zum «*Geistselbst*». Die Griechen bezeichneten den in dieser Weise gereinigten Astralleib und die damit zusammenhängende geläuterte Empfindungsseele in der Bildsprache ihrer Kulturepoche als das «Goldene Vlies». Sein goldener Glanz deutete auf die Reinheit des geläuterten Astralleibes.

Wir können mit den drei Begriffen Astral*leib* (bzw. Empfindungsleib), Empfindungs*seele* und *Geist*selbst drei Stufen des Bewußtseinslebens des Menschen charakterisieren. Dasselbe gilt für die Begriffe Äther*leib*, Verstandes/Gemüts*seele* und Lebens*geist* sowie für die Dreiheit von physischem *Leib*, Bewußtseins*seele* und *Geist*esmensch, auf die wir noch näher eingehen werden.

Wenn wir nun das von Rudolf Steiner gegebene Schema betrachten (vgl. S. 134), so zeigt sich, daß Astralleib und Empfindungsseele dem Sonnenselbst am engsten benachbart sind und die größte Nähe zur Mitte aufweisen.

Die Wirksamkeit des Astralleibes in uns gründet sich auf die Venusqualitäten des Stoffwechselgeschehens. Man kann diese Qualitäten als pflegende bzw. ernährende charakterisieren. Rudolf Steiner spricht im Zusammenhang mit der im Leiblichen wirksamen Venusqualität von der «inneren Zellernährung». Insofern eine Verbindung mit der Mitte, dem Selbst, besteht, können hier die Sinneseindrücke zum Bewußtsein kommen. Es handelt sich dabei um ein noch animalisches Bewußtsein, ein Bewußtsein, welches dem der Tiere in nichts überlegen ist – eine Tatsache, die gerne von den Verhaltensforschern angeführt wird, wenn es darum geht, die These zu verteidigen, daß der Mensch kein höheres als eben dieses animalische Bewußtsein habe.

Dieses Bewußtsein des Astralleibes steht ganz im Dienste des leiblichen Schutz-, Ernährungs- und Fortpflanzungsbedürfnisses. Das Tier geht in diesem Element völlig auf. Im Menschen hat sich dagegen etwas Neues entwickelt; er kann Kultur schaffen. Sein Bewußtsein kann sich von den rein animalischen Funktionen lösen und eine selbständige Innenwelt hervorbringen, eine Welt der Vorstellungen, Gefühle und Willensimpulse – eine *seelische Welt*. Dies tritt ein, wenn das animalische Bewußtsein unter den Einfluß der befreienden, obersonnigen Planetenwirkungen kommt. Die kosmische Seelenqualität des Mars verbindet sich dabei mit dem Sonnenselbst; dadurch beginnt in diesem seelisches Bewußtsein in seinen ersten Stadien zu entstehen. Das Sonnenselbst steht also nach unten hin in Verbindung mit den animalischen Qualitäten des Astralleibes; nach oben hin öffnet es sich den Wirkungen der befreienden Astralität, und diese befreiende Aktivität ist eine Marsaktivität.

Jene seelische Innenwelt begann sich während der ägyptisch-babylonischen Kulturperiode zum ersten Male in der Menschheitsgeschichte herauszubilden.[68] Parallele Entwicklungen vollzogen sich auch in anderen Kulturkreisen der damaligen Zeit. Davor lebte man noch ganz aus den Kräften des Äther- und Astralleibes, die jedoch noch nicht von animalischen Funktionen geprägt, sondern von höheren Wesen durchsetzt waren, die damit die Entwicklung einer eigenen Innenwelt vorbereiteten. In jener Zeit wirkte der Astralleib von «oben» her als Träger der Bewußtseinsfunktionen im Nerven-Sinnessystem, um später dann, frei von der Bindung an den Leib, zur Grundlage für die Empfindungsseele zu werden. Gleichzeitig war der Astralleib auch «unten», im Stoffwechselbereich, als organbildende und Funktionen impulsierende Kraft wirksam; ferner webte er im Erinnerungsvermögen, der Fähigkeit des «Ablesens» vergangener Sinneseindrücke, die ihren Abdruck im Ätherleib hinterlassen hatten. Das Erinnerungsvermögen konnte noch nicht willkürlich in Tätigkeit gebracht werden, sondern war immer wieder auf neue Sinneseindrücke angewiesen, die früheren Eindrücken der gleichen Art entsprachen. An Stätten, wo sich Wichtiges zugetragen hatte, richtete man z. B. einen Stein auf; bei dessen Anblick wurde die Erinnerung an das Geschehen der Vergangenheit wieder wach. Dieses sogenannte «lokale Gedächtnis» finden wir heute noch beim kleinen Kind.

Erst mit der zunehmenden Lösung des Astralleibes vom Leibe im oberen Bereich bildete sich die Grundlage, auf der sich die Empfindungsseele entwickeln konnte, wodurch Erinnerungen jederzeit wachgerufen werden können. Doch diese Erinnerungsfähigkeit mußte noch lange Zeit durch die rhythmische Wiederholung der betreffenden Inhalte aktiviert werden. Diesem «rhythmischen Gedächtnis» verdanken wir die großen Menschheitsepen und -mythologien. Generationenlang wurden diese Dichtungen auf diese Weise weitergegeben. Ein bekanntes Beispiel dafür ist das finnische Kalewala-Epos.

Wir geben nun einen Überblick über die möglichen Entwicklungsabweichungen im Hinblick auf den Astralleib und die Empfindungsseele:
– Der obere Teil des Astralleibes, der das Bewußtsein trägt, greift zu stark in den unteren Teil ein. Im unteren Bereich entsteht dadurch ein verstärktes Bewußtsein – Schmerz tritt auf.
– Der untere Teil des Astralleibes wirkt zu stark auf den oberen ein. Dies führt zu einem dumpfen Bewußtsein, zum Bewußtseinsschwund, ja selbst zur Bewußtlosigkeit.
– Die Lösung der astralischen Kräfte vom Physischen im oberen Pol tritt in ungenügendem Maße ein, wodurch sich die Empfindungsseele nicht vollständig entwickeln kann. Der Mensch bleibt in seinem Seelenleben dann

primitiv, mit starker Bindung an die animalischen Organtriebe. Partiell tritt dies bei der Hysterie auf (mehr darüber im 16. Kapitel).
– Die Lösung der astralischen Kräfte vom Physischen im oberen Pol ist zu früh eingetreten. In diesem Falle treten bei Kindern propulsive Entwicklungen auf. Wir bekommen dann die frühreifen und die Wunderkinder. Bei ihnen besteht die Gefahr, daß die Lösung stattfindet, bevor die Organe ausgewachsen bzw. ausgereift sind. Später kommt es dann zu Insuffizienz-Symptomen, die zum vollständigen Zusammenbruch des Seelenlebens durch die Schizophrenie führen können.
– Die Lösung findet nicht nur im oberen, sondern auch im unteren Bereich, dem Stoffwechselbereich, statt. Dann machen sich im mittleren Bereich, im «Selbst», abnormale, beängstigende Inhalte geltend. Die Grenze, die uns von unserer Innenwelt trennt, wird unzuverlässig. Die Folgen dieser Tatsache sind bereits beschrieben worden. Die Organkräfte, die dadurch erlebbar werden, werden als bedrohlich erlebt, da sie nicht gedeutet werden können. – Ein unbekanntes Geräusch, ein Schatten in der Dunkelheit ängstigen uns. Sobald wir erkennen, was das Geräusch oder der Schatten bedeutet, ist unsere Angst verschwunden. Daher geht es bei der Therapie der inneren Grenzüberschreitungen darum, ein Verständnis der unbekannten Erscheinungen des eigenen Seelenlebens zu erreichen. Sie verlieren dadurch ihren bedrohlichen Charakter. Nur eine Wissenschaft, die von der Realität der Seele und des Geistes und deren Wirkungen im Leiblichen weiß, kann dies leisten.
– Die Lösung im oberen Bereich geht über das für das Seelenleben gesunde Maß hinaus. Eine Art «Überschuß» freier astralischer Kräfte entsteht, und diese gehen direkt in die kosmisch-astralischen Qualitäten der Planetenwelt über. Auch dabei kommt es zu – in diesem Fall sehr intensiven – Erlebnissen, die in der Form flimmernder Farben und blendender Lichteindrücke oder aber als grauenhafte, allesverschlingende Finsternis erfahren werden.

Die Entwicklung der Verstandes- und Gemütsseele

Die soeben beschriebenen unregelmäßigen Entwicklungen treten im Zusammenhang mit der ersten Stufe der eigentlichen seelischen Entwicklung, der Menschwerdung, die auf der animalischen Ebene ihren Anfang nimmt, auf. Der Prozeß der Loslösung seelischer Kräfte vom Leiblichen hat sich im Laufe der fortschreitenden Menschheitsentwicklung jedoch weiter ausgebreitet.

Auf der nächsten Stufe werden Kräfte des *Ätherleibes* im oberen Bereich frei. Im Sonnenselbst können sich auf der Basis dieser Kräfte neue Qualitäten entwickeln: Wir sprechen dann von der «Verstandes- oder *Gemütsseele»*. Die Qualitäten der Empfindungsseele bilden naturgemäß ein einheitliches Ganzes, das seinen Kern in der Mitte, in nächster Nähe sozusagen, hat. Bei der Freiwerdung des Ätherleibes treten Kräfte auf, die nicht in so unmittelbarer Beziehung zur Mitte stehen. Dies bedeutet, daß das Selbst mehr Mühe hat, diese Kräfte zu verarbeiten.

Die Verstandesseele entwickelt sich im Spannungsfeld zwischen der Fähigkeit des selbständigen Denkens (oberer Pol) und dem «Lebensstrom» des Ätherleibes, der im Leiblichen wirksam ist (unterer Pol). Anders ausgedrückt: Die Verstandesseele entwickelt sich innerhalb der Polarität von Jupiter und Merkur. Jupiter repräsentiert die ordnenden Kräfte des Kosmos, die dem Denken Sicherheit geben. Merkur vertritt die das All durchziehenden strömenden Lebenskräfte, die, falls sie nicht in irgendeiner Weise gesteuert werden, zu wucherndem Leben führen können.

Ordnung und Wucherung – mit diesen Begriffen kann man die Polarität umschreiben, die die Entwicklung der Verstandesseele bestimmt. Daher steht diese Entwicklung unter einem doppelten Aspekt.

Der erste Aspekt wird von den Kräften des Jupiter bestimmt. In fruchtbarer Weise war dies der Fall bei der Entwicklung der Philosophie im alten Griechenland; in dürrer und immer abstrakterer Weise in der Spätscholastik.

Den zweiten Aspekt der Verstandesseele nennt Rudolf Steiner die *Gemütsseele*. Hier überwiegt der merkurielle Lebensstrom, der sich in seiner reichen Fülle und Fruchtbarkeit im Sonnenselbst spiegeln kann. Die Gemütsseele kommt in der mittelalterlichen Mystik zur vollen Blüte. Sie bildet die Grundlage der bürgerlichen Lebenskultur in der beginnenden Neuzeit. So repräsentiert sie den «sozialen Pol», während die Verstandesseele den «Denkpol» vertritt. Reine Verstandesseelenwirkung ohne Gemütsseelenanteil führt zum Intellektualismus; die bloße Gemütsseele, ohne Verstandesseeleneinfluß, führt ins soziale Chaos.

Daraus wird die entscheidende Bedeutung der Tatsache deutlich, daß es sich bei der Verstandes- und Gemütsseele um eine Doppelheit handelt. *Die Seele lebt in der Mitte*. Das Sonnenselbst, jene mittlere Seelenqualität, muß die denkend-ordnenden Kräfte mit den lebentragenden sozialen Kräften vereinen. Dies ist nicht so ohne weiteres möglich. Neue, zusätzliche Kräfte müssen im Selbst entwickelt werden. In der griechischen Zeit geschah dies durch die Kunst, vor allem durch Musik und Tanz, die in den Erziehungsinstitutionen für die Jugend kultiviert wurden. Im Mittelalter geschah es durch die Erziehung zur Frömmigkeit und Glaubensstärke durch die Kirchen. Glaube und Frömmigkeit hatten eine Menschheits-Entwicklungsaufgabe während der Verstandesseelenperiode. Heute spielen diese Kräfte noch vor allem im Jugendalter und beim Heranwachsenden eine Rolle. Danach werden neue, andere Kräfte benötigt, die der Entwicklung der Bewußtseinsseele dienen. Denn hier versagen die reinen Glaubenskräfte.

Bei Störungen in der Entwicklung der Verstandes- und Gemütsseele können sich folgende Erscheinungen zeigen:

– Zwischen dem 7. und dem 14. Lebensjahr werden die Verstandeskräfte geweckt, ohne daß die Gemütskräfte einbezogen werden. Dies ist der Fall bei einem abstrakten, unkünstlerischen Unterricht. Später führt dies zu einem phantasielosen, blutleeren Denken.

– Im zweiten Jahrsiebt werden im Sonnenselbst keine Ehrfurchtskräfte, keine Religiosität veranlagt. Dem Selbst fehlt dadurch die Kraft zur Vereinigung der Denk- und Lebenskräfte. Verstandes- und Gemütsseele fallen auseinander. Ziellose soziale Kräfte chaotisieren das Seelenleben oder können zur Gewalttätigkeit, zum Terrorismus führen, der von einem abstrakt-utopischen Denken gespeist wird.

– Die chaotischen Lebenskräfte sind stark im Selbst wirksam, in Verbindung mit unterentwickelten Denkkräften. Es tritt dann ein vages, mystisches Suchen auf, das leicht zum Anschluß an alle möglichen mysteriösen Sekten führt. Menschen dieser Art erscheinen häufig als Wirrköpfe, mit im Grunde guten Absichten, doch sie sind, vor allem wenn sie in Gruppen auftreten, nicht ungefährlich. Dahinter stehen häufig Organisatoren, denen es nur um wirtschaftliche Macht geht.

– Die Lebenskräfte sind zu schwach wirksam in der Mitte, im Selbst. Es entwickelt sich dann zwar noch eine Empfindungsseele, auf dem Wege über den Astralleib, jedoch keine Gemütsseele. Dieser Sachverhalt liegt der psychasthenischen Konstitution zugrunde. Es handelt sich dabei um Menschen, die immer wieder zusammenklappen, sobald sie psychisch belastet werden.

Aus dem Überblick, der sich einem ergibt, wenn man das Ineinanderspielen von Verstand, sozialem Lebensstrom und verbindender Mitte zu verstehen versucht, läßt sich auch die Leitlinie für Prophylaxe und Therapie gewinnen. Viele Grundprinzipien des Waldorfschullehrplans werden so in ihrer Bedeutung für die gesunde Entwicklung der Mitte begreiflich, wobei sich die Kräfte der Verstandes- und Gemütsseele als echte Lebenshelfer erweisen. Derartige Grundprinzipien sind beispielsweise Ehrfurcht und Religiosität, künstlerischer Unterricht und Entwicklung des Intellekts im richtigen Tempo, d. h. nicht zu früh, doch wenn es an der Zeit ist (in den höheren Klassen) dafür dann in kräftiger Weise.

Die Entwicklung der Bewußtseinsseele

Bei der Entwicklung der Bewußtseinsseele gilt es, den Bogen zwischen Mond- und Saturnkräften zu schlagen; das bedeutet, daß hier eine noch größere Spannung überbrückt werden muß als bei der Verstandes- und Gemütsseele. Gerade hier sind kräftige Maßnahmen notwendig, um der Mitte die Kraft zu verleihen, derer sie bedarf, um die Extreme zu verbinden. Die bloße Verstärkung der Mittenqualität ist dafür aber nicht hinreichend. Es müssen von außen her, durch soziale Strukturen und Institutionen, Situationen geschaffen werden, die das Zustandekommen der Einheit unterstützen. War die Verstandes-Gemütsseele noch unter dem Gesichtspunkt der Doppelheit zu fassen, so bedarf die Bewußtseinsseele einer vollständigen *Dreigliederung*, wenn sie sich gesund entwickeln soll. Hier gilt der Satz erst recht: Die Seele lebt in der Mitte.

Schiller hat in seinen «Briefen über die ästhetische Erziehung des Menschen»[69] die bekannte Dreigliederung von *Formtrieb, Spieltrieb* und *Stofftrieb* (bzw. *Sachtrieb*) entwickelt. Diese Briefe sind deshalb von so großer Bedeutung, weil hier zum erstenmal eine Dreigliederung des sozialen Lebens im Zusammenhang mit der Dreigliederung des Menschen deutlich dargestellt wird. Davor gab es lediglich eine theologische Dreieinigkeit in Form eines Lehrinhaltes oder Dogmas, nicht als Basis einer Erkenntnis der dreifachen Gliederung des Menschenwesens.

Schiller beschreibt zum erstenmal den Menschen als Dreieinheit und im Anschluß daran das soziale Leben, in welchem dieser Mensch auftritt: Wenn der Formtrieb dominiert, erscheint er als Barbar, wenn der Stofftrieb dominiert, als Wilder. Am Beginn der Französischen Revolution bot sich in dieser ein unmittelbares Anschauungsobjekt, das seine Erkenntnisse bestätigte. So konnte er die Voraussage tun, daß in dem Moment, da die wilde Raserei der entfesselten Revolution ein Ende nehmen würde, unvermeidlich ein Zustand der Barbarei – wir würden heute sagen, der Diktatur – als ihr Gegenbild eintreten würde. Er schrieb: «Die Französische Revolution hat mich enttäuscht. Sie ist – wozu es nicht hätte zu kommen brauchen – auf Abwege geraten, in Gebiete, in denen der Mensch seine Freiheit verliert. Ihr Ende ist daher jetzt schon voraussagbar. Noch jubelt man ihr zu, doch es wird ein Mann kommen, der sie mit Füßen treten wird. Und er wird sich nicht nur zum Herrscher über Frankreich aufwerfen, sondern wahrscheinlich auch über den größten Teil Europas. *Ich kenne ihn nicht, doch er muß bereits geboren sein!*» So sah Schiller das Auftreten Napoleons voraus.

Schiller war der Ansicht, daß die Abirrungen der Französischen Revolution nicht hätten aufzutreten brauchen. Aus seinem gesamten Werk wird deutlich, daß er die Ursache dieser Erscheinungen in dem Versagen der menschlichen Mitte, in der allzu schwachen Menschlichkeit sah. Er drückt dies mit folgenden Worten aus: «... der Mensch spielt nur, wo er in voller Bedeutung des Wortes Mensch ist, und er ist nur da ganz Mensch, wo er spielt» (15. Brief). Hier deutet Schiller auf den eminenten Stellenwert der Mitte des Menschen, des Menschen, der mit Form und Stoff «spielt» und dadurch zur Freiheit gelangt, einer Freiheit, die in dieser Mitte entstehen kann.

Der «Mensch der Mitte» ist immer ein Künstler, und die größten Künstler sind in Schillers Augen die Staatskünstler und die pädagogischen Künstler, denn sie arbeiten beide am edelsten Stoff, den die Schöpfung kennt: dem Menschen selbst.

Die Bewußtseinsseele muß die saturnische Kraft in sich erwecken, die Kraft, durch die es dem Geist möglich ist, sich bis in die Materie hinein zu manifestieren und diese dadurch zum Abbild seines Wirkens zu gestalten. Im menschlichen Leibe ist dies der Fall bei der Bildung des Skeletts. «Das Skelett ist das tote Abbild des Ich» (Rudolf Steiner[70]).

Die Saturnkraft ist im Menschen vom Zeitpunkt der «Weltenmitternacht» an wirksam. Sie impulsiert das Inkarnationsgeschehen bis in die Skelettbildung hinein. Gleichzeitig jedoch führt sie nicht nur in den Tod, sondern auch zur Auferstehung, bei welcher der Geist sich wieder von der Materie löst, um aufs neue zur Weltenmitternacht hinzustreben. Während dieses Weges werden die Erfahrungen des vergangenen Lebens in neue Fähigkeiten eines kommenden Lebens verwandelt.

Die Mondenkräfte manifestieren sich dagegen im Strom der Generationen, in dem Lebendiges gleichsam horizontal durch den Zeitenstrom immer weitergetragen wird. Saturn und Mond legen die Grenzen im Kosmos fest.

Die Bewußtseinsseele steht inmitten dieses großen Spannungsfeldes, und sie muß dies ertragen können. Voraussetzung dafür ist jedoch ein Mittengebiet, dessen Kräfte den Bogen schlagen können von einer Weltenmitternacht zur anderen. Anders ausgedrückt: ein Bewußtseinsumfang, wie ihn nur ein großer Eingeweihter besitzt. Solange wir diesen noch nicht erreicht haben, sind wir auf Hilfe von außen angewiesen – Hilfe jedoch nicht von hierarchischen Wesen, die uns dadurch nur unfrei und abhängig werden ließen, sondern durch *soziale Institutionen*, die einer gesunden Entfaltung der Bewußtseinsseele in ihrer Dreigliedrigkeit förderlich sind. Dies ist einer der Hintergründe der Dreigliederungsidee des sozialen Organismus.[71]

Im kleineren Zusammenhang unseres eigenen Lebenskreises können wir drei Gebiete unterscheiden, in denen wir uns täglich bewegen: das Geistesleben, den Bereich des Zwischenmenschlichen und das Berufsleben. Dadurch, daß wir versuchen, bei allem, was wir auf einem dieser Gebiete unternehmen, die anderen miteinzubeziehen und dabei für rhythmische Abwechslung zwischen den verschiedenen Tätigkeiten zu sorgen, können wir Einseitigkeiten vermeiden.

Wenn in diesem Zusammenhang Einseitigkeiten auftreten, kann es zu folgenden, häufig auftretenden Problemen kommen:

– Das Geistesleben kann einseitig dominieren. Das führt zum Fanatiker, dem «Barbaren» Schillers, der alle «Ketzer» verfolgt und verbrennt.
– Das Geistesleben kann zu früh entwickelt worden sein. Dies trifft man bei genialen jungen Menschen an, die dann leider von vielen verehrt und zu früh belastet werden. Die Saturnkraft, von der der Geist bei seiner Inkarnation getragen wird, führt in späteren Phasen nur selten zu einer harmonischen Entwicklung; es kommt vielmehr zu Enttäuschungen und unproduktiven Perioden der Erschöpfung. Wenn diese dann noch Hand in Hand gehen mit einem saturnischen Todestrieb, wird es gefährlich. Bei der Therapie wird in einem solchen Fall das Mittengebiet der wärmegetragenen Begegnung mit dem Humor und dem Element der Treue eingesetzt. Daran kann sich die weitere Stärkung der Mitte durch künstlerische Therapie anschließen, jedoch nicht in der Form von Einzeltherapie, sondern im Rahmen der Gemeinschaft. Emotionen aufwirbelnde Formen der Gruppentherapie führen diese Menschen in akute, lebensgefährliche Krisen hinein, ebenso der Gebrauch von LSD und anderen Drogen.
– Es ist auch möglich, daß die Saturnwirkung zu schwach ist. In diesem Fall inkarniert sich der Geist zögernd und unschlüssig. Was im Jugendalter beginnt, führt nach dem 42. Jahr meistens zu existentiellen Krisen. Junge Menschen, die dies durchmachen, beschreiben ihren Zustand vom körperlichen Erleben her so, als bewegten sie sich einen halben Meter über dem Boden, sie fühlen sich, als ob sie «schwebten» usw. Einige Bleiinjektionen (D 20) schaffen hier rasch Abhilfe, doch die ernsteren Fälle bedürfen einer langfristigen Therapie, unterstützt durch viel Heileurythmie. Die Betroffenen geben selbst an, wann sie wieder auf den Boden gekommen sind. Vergleiche hierzu auch das Kapitel über die Anorexie im zweiten Teil dieses Buches.
– Zu stark wirksame Mondenkräfte ergeben die oben dargestellten Merkmale des sogenannten «Mond-Typs»: das rein spiegelnd-intellektuelle Denken, Sexbombe, Playboy usw. – Sie stellen ein großes Hindernis für die Entwicklung der Bewußtseinsseele dar, eine Problematik, die dazu führt, daß diese Menschen innerhalb der Bewußtseinsseelengesellschaft oft zum Wahnsinn getrieben werden; depressive Phasen in Verbindung mit Selbstmordversuchen sind die Folge.

Auch hier kommt es entscheidend darauf an, ob es gelingt, menschliche Beziehungen von der Mitte her aufzubauen, und auch hier spielt das Element der Treue wieder eine wesentliche Rolle.
- Bei der zu schwachen Wirksamkeit der Mondenkräfte handelt es sich in erster Linie um ein medizinisches Problem. Der Stofftrieb ist hier auch im Seelischen zu schwach, es drohen ständig Erschöpfungszustände und Apathie. Solche Menschen haben körperlich so gut wie keine Reserven, doch können sie, ungeachtet ihrer Leiden, durchaus alt werden und, je nach ihrer Umgebung, eine gewisse, wenngleich beschränkte, geistige Aktivität entfalten.

Die individuelle Entwicklung der Empfindungs-, Verstandes-, Gemüts- und Bewußtseinsseele spielt sich während der großen «Sonnenphase» des Lebens ab, d. h. zwischen dem 21. und 42. Lebensjahr. In diesen dreimal sieben Jahren werden Astral-, Äther- und physischer Leib teilweise frei und geben dadurch die Basis für die Ich-Aktivität ab, die den Seelenkräften von der Mitte aus ihren Inhalt, ihre Form gibt.

Natürlich besitzt der Mensch bereits davor ein Seelenleben! Dieses Seelenleben entwickelt sich schon ab dem dritten Lebensjahr; seine Form und seinen Inhalt verdankt es dann jedoch seiner Umgebung, seiner Familie, der Schule und der Kulturumgebung im weitesten Sinne.

Wenn wir das 21. Lebensjahr erreicht haben, verfügen wir alle über diese vom Zeitgeist und der Kulturumgebung geprägte Seelenstruktur. Hier liegt die Ursache des oftmals so großen Unterschiedes zwischen Kindern, die verschiedenen Kulturkreisen angehören. Dieser seelisch bedingte Kulturgegensatz ist das Hauptproblem der Jugend bei ethnischen Minderheiten. Es wird heute viel über Rassenhaß und Rassendiskriminierung diskutiert, doch im Grunde liegt die Ursache der Probleme nicht auf der Ebene der Rasse, sondern in den völlig andersartigen und unverständlichen Seeleninhalten. Mit anderen Worten, nicht die rassenmäßigen Unterschiede rufen die Probleme hervor, sondern die kulturellen.

Gleichzeitig erreichen wir hier eine Schwelle. In einer ethnischen Minderheit ist bereits das kleine Kind von völlig andersartigen Seeleninhalten und seelischen Reaktionsmustern geprägt. Darum werden dann auch die Lehrinhalte des Schulunterrichts falsch interpretiert bzw. falsch eingeordnet. Kinder anderer Rassen, die gleich nach ihrer Geburt adoptiert worden sind, sind in keiner Hinsicht problematischer als andere Kinder. Kinder aus anderen Kulturkreisen, die im dritten oder vierten Lebensjahr adoptiert werden, haben dagegen oft große Anpassungsschwierigkeiten.

Diese durch Nachahmung der Umgebung entstandene «erste» Seelenstruktur ist selbstverständlich nur eine vorläufige Seelenstruktur. Sie muß zwischen dem 21. und 42. Jahr durch die Wirksamkeit des individuellen Ich zu einer Seelenstruktur umgewandelt werden, die zu der eigenen Individualität paßt. Daher ist der Mensch mit 42 Jahren erst richtig erwachsen. Wenn er 21 ist, ist er «vorläufig erwachsen». In jenem Umwandlungsprozeß der großen Mittelphase des Lebens liegen die Ursachen der verschiedenartigsten neurotischen oder sogar psychiatrischen Störungen. Sie sind so individuell, daß sie hier nicht in allgemeiner Form dargestellt werden können. Das oben entwickelte Schema der möglichen Entwicklungsprobleme im Zusammenhang mit den drei Seelenqualitäten kann dem Therapeuten bei seiner Suche nach einer rationellen Therapie als Leitlinie dienen.

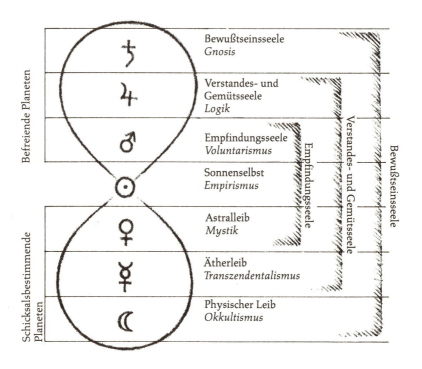

Im zweiten Teil wollen wir noch näher auf gewisse pädagogische und therapeutische Gesichtspunkte in ihrem Zusammenhang mit den drei Seelenkräften eingehen.

11 Schatten auf dem Weg ins Innere

Während der ersten nachatlantischen Kulturperioden war der Mensch noch offen für die geistige Welt, die ihn umgab. Die Grenze war noch transparent. Höhere hierarchische Wesen wurden als Götter verehrt; Elementarwesen halfen den Menschen bei ihren Alltagsgeschäften. Brunnen, heilige Bäume, ein Fluß, ein Berg – sie wurden als beseelt erlebt. In nördlichen Gegenden Europas wußte man von Trollen und Kobolden, Wasserwesen, Elfen und Feuersalamandern. Diese Naturwesen trugen, je nach Volk, die verschiedensten Namen. In den alten Kulturen gehörten sie zur Realität des Alltags, und man mußte durch bestimmte Zeremonien dafür sorgen, daß sie einem freundschaftlich gesinnt blieben.

Vom neunten vorchristlichen Jahrhundert an verschwanden diese hellseherischen Fähigkeiten allmählich. Man erlebte dies als einen Verlust, als «Götterdämmerung». Während der ganzen Verstandesseelenperiode (ab ca. 800 v. Chr. bis etwa 1400 n. Chr.) waren die Menschen auf die bloße Erinnerung an jene Welt angewiesen, die in Sagen und Legenden weiterlebte. Ihre letzten Ausläufer finden sich in unseren Märchen, die selbst in der heutigen Zeit noch beliebt sind, zumindest als Erzählstoff für Kinder. – In der Seeleneinsamkeit der vergangenen zweieinhalbtausend Jahre bildete sich innerhalb der westlichen Menschheit das verstandesmäßige Denken heraus; nach dem 15. Jahrhundert, im Aufgange der Bewußtseinsseele, entwickelte das Denken sich dann im Anschluß an das naturwissenschaftliche Experiment.

Seit dem letzten Drittel des 19. Jahrhunderts aber, und vor allem nachdem der Erzengel Michael sein Wirken als Zeitgeist angetreten hat und das sogenannte «Kali-Yuga», das finstere Zeitalter[72], abgelaufen ist, hat ein Prozeß eingesetzt, in dessen Verlauf die *Grenze des Inneren* immer transparenter wird. Dieser Prozeß wird sich immer stärker durchsetzen und wird, solange nicht begriffen wird, was sich da abspielt, Verwirrung und Unruhe auslösen.

Wir wollen nun einige Symptome dieses Vorganges betrachten.

Bei der Darstellung der ägyptischen Einweihung (2. Kapitel) sind die Erlebnisse, die beim Überschreiten der Schwelle auftreten, bereits beschrieben worden. Was einzelne dort bewußt durchmachen mußten, steigt heute in jedem Menschen aus dem Bereich des Unterbewußtseins herauf. Das Ich oder Selbst, das mit den unterhalb des Zwerchfells wirksamen Kräften mehr oder weniger bewußt Bekanntschaft macht, stößt dort zuerst auf den unbewußten Teil des eigenen Astralleibes, den Bereich der Begierden, Wünsche und des Verlangens. Ein Prozeß der Selbsterkenntnis setzt ein. Alte Fehler und «Unterlassungssünden» tauchen seelisch als Bilder auf. Alles, was wir hätten tun müssen bzw. können, jedoch nicht ausgeführt haben, steht jetzt im Bilde vor uns, und ein Dunstschleier der Melancholie legt sich über unser Gemüt. Das Gefühl der «Sündenlast», die Last unserer Versäumnisse rufen immer schwerere Gewissensbisse und Selbstbeschuldigungen hervor. Das unbestimmte Gefühl stellt sich ein, daß wir uns selbst und anderen gegenüber in vieler Hinsicht versagt haben, ja, daß wir schuldig geworden sind gegenüber einem «Höheren» und unser Versagen somit nicht nur ein Hindernis bei unserer persönlichen Entwicklung bedeutet, sondern die ganze Menschheit und sogar den Kosmos mitbetrifft. Dieses vage Unbehagen ist ein allgemeines Zeitsymptom geworden. Der tiefe Kulturpessimismus vor allem bei Jugendlichen und so häufig gehörte Wendungen wie «Es macht mir keine Freude mehr» oder «Es hat doch keinen Sinn mehr» – sie sprechen eine deutliche Sprache.

Man kann die verschiedenartigsten Reaktionen auf dieses Kulturphänomen beobachten. Mancher flüchtet sich in die *Aggression* gegen irgendwelche Sündenböcke, die dann die Schuldigen sind. Andere verlangen nach der *Betäubung* durch Alkohol oder Nikotin, durch die das Unbehagen einige Stunden oder Minuten lang verschwunden zu sein scheint.

In der Aggression gegen «die Gesellschaft», die Politiker und die Polizei, in den gewalttätigen Aktionen gegen die gesellschaftlichen Mißstände, überall äußert sich, von dem an sich positiven Ideal abgesehen, häufig auch das Suchen nach einer Form der Befriedigung, die das Gefühl der Misere verdrängen soll. Wer die Schuld dem Ehepartner, dem undankbaren Sohn oder der Tochter, dem Chef oder den Eltern in die Schuhe schieben kann, findet die Genugtuung, die die Stimme der Selbstbeschuldigung übertönt. Aber auch das Gegenteil kommt vor: Man kultiviert das Gefühl der eigenen Schlechtigkeit und genießt dies mit perversem Vergnügen.

Vor etwa 20 Jahren brachte das Schweizer satirische Blatt «Der Nebelspalter» einen nicht ganz ernst gemeinten Leitartikel über den schweizerischen Wohlstand: Es geht uns ausgezeichnet und eigentlich ständig besser usw. Warum ist dann eigentlich jedermann so unzufrieden? Die Antwort: Gott sei Dank haben wir den – Föhn! Der Föhn ist an allem schuld, er ist die Ursache der Misere. Er ist der Sündenbock! – Diese Neigung, die Ursachen des Unbehagens auf irgendeinen Sündenbock zu schieben – das ewig schlechte Wetter, die Politik, die Wirtschaft –, wird jedem bekannt vorkommen. Die Behauptung, daß viele Menschen das Bedürfnis haben, der Wirklichkeit zu entfliehen, möge durch nachstehende Zahlen untermauert werden. Seit 1965 hat sich der Alkoholkonsum in den Niederlanden ungefähr vervierfacht. Er übertrifft damit sogar die finstersten Jahre des Alkoholismus am Anfang unseres Jahrhunderts. Der Schlafmittel- und Tranquillizergebrauch hat inzwischen einen derartigen Umfang angenommen, daß die Volksgesundheitsbehörde einzugreifen versucht.

Ein anderes Symptom, das mit dem Erleben der eigenen, bisher unbewußt gebliebenen Seelenkräfte zusammenhängt, ist das Gefühl der inneren Unruhe, die gehetzte Aktivität, die dennoch keine Befriedigung gewährt. Man denke in diesem Zusammenhang nur an den Ferien-Hunger: Jedes Jahr werden größere Reisen unternommen, die Anzahl der Kilometer, die den ersehnten Abstand vom Schauplatz der täglichen Sorgen und Ärgernisse gewährleisten soll, wächst ständig, und schließlich kommt man ermüdeter zurück, als man wegging.

Die eigentliche Ursache dieser Misere liegt jedoch nicht außerhalb von uns, *sondern in uns selbst*; wir nähern uns der Begegnung mit dem «kleinen Hüter der Schwelle», derjenigen Kraft in unserem Inneren, die uns zuruft: «Mensch, erkenne dich selbst. Habe den Mut, dich so zu sehen, wie du bist!»

Viele Formen von Gruppentherapien, Encountergruppen und dergleichen sind als eine Art Antwort entstanden auf dieses Bedürfnis, mit dem Gefühl des Unbehagens ins reine zu kommen. Tatsächlich ist die innere Not groß, vor allem bei denjenigen Bevölkerungsgruppen, die in relativem Wohlstand leben, wodurch sie Zeit für die Beschäftigung mit ihrem inneren Leben haben. Während des Hungerwinters der Jahre 1944/45 gab es diese Probleme so gut wie nicht; jeder mußte mit seiner Familie täglich ums Überleben kämpfen, und alles drehte sich um die Befriedigung der elementarsten Lebensbedürfnisse.

Die Aggression unter den Jugendlichen, die in einer stets wachsenden Zahl europäischer Länder auftritt, hat ihre Ursachen natürlich durchaus auch in der Arbeitslosigkeit und den fehlenden Zukunftsaussichten. Doch Arbeitslosigkeit und echte Armut hat es in den vergangenen zwei Jahrhunderten seit der industriellen Revolution immer schon gegeben. Der entscheidende Unterschied liegt in der Art und der Heftigkeit der Reaktionen, die nicht nur bei einzelnen, sondern bei ganzen Bevölkerungsgruppen auftreten. Diejenigen, die diese Reaktionen verurteilen, können es sich vielleicht erlauben, andere Fluchtwege zu benutzen angesichts derselben Aussichtslosigkeit und derselben, in ihrem Fall dann *inneren*, Armut.

Nur allzuoft wird die Suche nach dem Sündenbock, dem Feind, in der internationalen Politik als politischer Vorwand benutzt, um die Aufmerksamkeit von den eigenen Mißständen abzuleiten und die Kritik aus den eigenen Reihen zum Schweigen zu bringen.

Diese und ähnliche Erscheinungen – jeder kann sie aus eigener Erfahrung ergänzen – sind erste *Symptome des unbewußten Überschreitens der Schwelle*; die westliche Menschheit wird jetzt in zunehmendem Maße mit dieser Tatsache in der Form einer allgemeinen Problematik konfrontiert.

Das unbewußte Überschreiten der Innenschwelle führt dazu, daß sich der Mensch rückwärts bewegt im eigenen Zeitenstrom. Immer mehr Menschen erleben heute Bilder, die sie nicht in ihre bewußten Erinnerungen einordnen können. Oft sind diese Bilder so stark und deutlich, daß der Betroffene meint, einen «anderen» Menschen in sich zu erleben, und nicht selten projiziert er diese Erfahrung auf ein früheres Erdenleben. Die Literatur über Reinkarnation wächst rapide, doch es ist nur wenig Ernstzunehmendes dabei. Allzuschnell werden Bilder, die einige Jahrhunderte oder oft sogar nur Jahrzehnte zurückdatiert werden können, als Erinnerungen an eine frühere Inkarnation aufgefaßt. Die Gegenmächte haben das größte Interesse daran, die Menschen in diesen Dingen auf eine falsche Fährte zu locken. Echte Erkenntnisse über frühere Inkarnationen ergeben sich einem nur auf einem langen Übungsweg in Verbindung mit strengster Selbstkritik. Gerade in diesem Bereich machen sich Eitelkeit, Illusionen und Wunschdenken besonders stark geltend.

Natürlich ist unsere Konstitution und die Art der Probleme, mit denen wir es im Leben zu tun haben, karmisch bedingt; sie stellen den Ausgangspunkt des jetzigen Lebens dar, eine gegebene Tatsache, von der wir auszugehen haben bei unserer weiteren Entwicklung. Es ist jedoch viel wichtiger, diesen Ausgangspunkt gründlich kennen- und akzeptieren zu lernen, als die stille Hoffnung zu hegen, daß man in einem früheren Leben womöglich eine bedeutende Persönlichkeit gewesen ist. Mit unmißverständlicher Deutlichkeit läßt Rudolf Steiner in einem seiner Mysteriendramen[73] den Geisteslehrer Benedictus aussprechen, daß viele von uns sich tief schämen würden, wenn sie wüßten, auf welchen geistigen Entwicklungshöhen sie einst gestanden haben im Vergleich zum gegenwärtigen Dasein.

Dennoch – alle Entwicklungsresultate früherer, noch nicht durch die Bewußtseinsseele geprägten Inkarnationen waren noch nicht die Frucht der Tätigkeit des selbstverantwortlichen Ich. Vor allem die führenden Individualitäten waren noch «personae», Masken, Instrumente, durch die hindurch eine höhere Welt sprach, um auf diese Weise die Kulturen zu impulsieren. Es war das Verdienst der führenden Persönlichkeiten, daß sie sich durch ihre Mysterienschulung gleichsam transparent gemacht hatten für das Wirken der höheren Wesen. So hatten die Griechen ihre Halbgötter und Helden, die zur Hälfte Gott und zur Hälfte Mensch waren. Das will besagen, ein hierarchisches Wesen sprach aus ihnen und handelte durch sie. Wir wissen von Gilgamesch, dem Helden des altbabylonischen Epos, daß er zu zwei Dritteln ein Gott war und zu einem Drittel Mensch.

Doch seit ungefähr 1500 n. Chr. ist eine neue Situation eingetreten. Seit dem Beginn des Bewußtseinsseelenzeitalters – unsere Schulbücher sprechen hier von der beginnenden Neuzeit – muß der Mensch ganz aus seinem eigenen Ich heraus seinen Weg suchen. Und plötzlich zeigt sich, daß dieses Ich, in dem Moment, da es zum erstenmal auf eigenen Beinen steht, das Laufen erst noch erlernen muß!

Was wir in früheren Erdenleben gewesen sind, verdanken wir der Gnade höherer Wesen. Jetzt wird die Menschheit allmählich erwachsen und muß lernen, auf eigenen Beinen zu stehen.

In der beschriebenen Situation ist die Neigung zur Abhängigkeit von irgendwelchen Gurus, führenden politischen Figuren und herrschenden Systemen besonders groß. Warum sollten wir uns auf den mühsamen Willensweg des selbständig Laufenlernens begeben, wenn doch so viele Menschen und Instanzen bereitstehen, die uns dieser Mühe entheben?

Bei diesem Weg handelt es sich jedoch nicht um eine Form des Egoismus – wie viele Verführer uns glauben machen wollen, sondern um eine Form der Ich-Entwicklung, durch die wir die Möglichkeit gewinnen, auch anderen auf die eigenen Beine zu helfen. Dies ist auch das Ziel der anthroposophischen Pädagogik: dem Kinde die Mittel für sein eigenes Handeln an die Hand zu geben. Gleiches gilt für die anthroposophische Heilkunde: Der Arzt reicht dem Patienten ein Arzneimittel, das dessen Konstitution dazu anregt, selbst, aus eigener Kraft die Krankheit zu überwinden, und nicht etwas, das dem Patienten diese Funktion vorübergehend abnimmt.

Dasselbe Prinzip spielt schließlich eine zentrale Rolle beim anthroposophischen Schulungsweg: Es geht eben nicht um die Abhängigkeit von einem Guru, der mir meine Meditationen aussucht und mit seinem «Schakti» füllt, so daß meine «karmischen Knoten» für mich gelöst werden, sondern darum, daß ich mit Hilfe der allgemeinen Erkenntnisse, die mir der Eingeweihte vermitteln kann, selbst die Richtung meines inneren Weges bestimmen kann.

Die Menschheit steht erst am Anfang dieses Prozesses. Bestimmte scheinbare «Resultate» innerer Entwicklung in Form von Glücksgefühlen oder wirren geistigen Wahrnehmungen lassen sich unter Benutzung alter Wege, wenn sie unter Leitung beschritten werden, unschwer erzielen. Echte Resultate in Form wirklich selbsteroberten Ich-Bewußtseins und eigenverantworteter Schwellenüberschreitungen sind dagegen weniger spektakulär. Sie haben einen noch flüchtigen Charakter, sie verschwinden, wenn man nicht ständig innerlich an ihnen weiterarbeitet.

Die oben beschriebenen Erscheinungen (Flucht in die Aggression, Flucht in die Betäubung, Flucht in die Trugbilder vermeintlicher früherer Inkarnationen, der Hang zur Abhängigkeit, die Neigung, sich Autoritäten zu unterwerfen usw.) spielen sich in einem Bereich ab, in den wir noch selbst eingreifen können. Wenn wir wirklich wollen, haben wir von unserem Ich aus die Möglichkeit, einen anderen Weg einzuschlagen, an uns zu arbeiten und eventuell einen bewußten Schulungsweg zu beschreiten. Ganz anders steht es bei solchen Erscheinungen, die zwar auch zu den Symptomen des unbewußten Überschreitens der Schwelle «nach innen» gehören, aber doch noch einen Schritt weiter gehen. Wir haben es dann mit psychischen oder sogar körperlichen Störungen bzw. Krankheitserscheinungen zu tun, die ohne gezielte Hilfe von außen her nicht bewältigt werden können. Wir meinen die verschiedenen Formen der momentan sehr häufig auftretenden *Neurosen* und *Psychosen*.

Hier folgt nun eine erste, orientierende Beschreibung dieser Erscheinungen. Im zweiten Teil des Buches soll diese dann weiter konkretisiert werden; zugleich sollen dort Leitlinien für die Ausarbeitung einer professionellen Therapie entwickelt werden. Den verschiedenen Ebenen des anthroposophischen Denkens entsprechend, sollen dann noch weitere, ergänzende Gesichtspunkte miteinbezogen werden.

Die anthroposophische Menschenkunde gibt uns einige Gesichtspunkte an die Hand, durch die wir die in Betracht kommenden Phänomene begreifen können. Dazu ist es nötig, den «Abstieg» des menschlichen Bewußtseins in seine eigene Leiblichkeit – Astralleib, Ätherleib und physischer Leib – zu beschreiben.

Wir begegnen auf dem Weg ins Innere – dem Weg des halbbewußten Erwachens in unseren normalerweise unbewußten Seelenschichten – zuerst, wie schon angedeutet, gleichsam träumend der *astralischen* Seelenregion in den Tiefen des Willensbereiches. Alte und neue Willensimpulse werden nun halb bewußt und kleiden sich, wie alle Traumerlebnisse, in die Form von Bildern, mit Gefühlsqualitäten durchzogene Fetzen von Erinnerungsbildern oft beängstigenden oder zwingenden Charakters, die, gleich Träumen, kommen und gehen.

Dieser gleichsam träumende Eintritt in die astralischen Seelenbezirke ist die erste Phase. Oft bleibt es dabei, und dann kann der Betroffene sich einen inneren Ruck geben und der Situation mutig ins Auge sehen; oder aber er gibt ihr nach und bleibt in der leicht depressiven Stimmung hängen, die sich dann einstellt. Eine dritte Möglichkeit ist die schon beschriebene Flucht in die Betäubung oder die Aggression.

Häufig setzt sich der Prozeß des Abstiegs in die eigene «Unterwelt» jedoch weiter fort. Dann kommt das Bewußtsein mit den in den *Organen* wirksamen Kräften in Berührung. Es handelt sich dabei um *astralisch-ätherische* Prozesse, Vorgänge, die mit der ab- und aufbauenden Tätigkeit der vom schlafenden Seelenleben gesteuerten Lebenskräfte zusammenhängen. Was sich hier abspielt, hat einen zwingenden Charakter. Diese Prozesse sind in der Lage, Stoffe zu zersetzen, sie aufzulösen und dann neu einzuordnen, um sie zu körpereigenen Substanzen zusammenzusetzen. Was sich im Leibe bei einer Temperatur von etwa 37° C scheinbar in aller Ruhe abspielt, das kann außerhalb des Leibes, unter Laboratoriumsbedingungen, nur unter extremen Temperaturen und hohem Druck mit Hilfe von aggressiven Säuren und Basen nachvollzogen werden. Und das alles, während wir nach dem Essen ruhig die Zeitung lesen, ohne irgend etwas davon zu bemerken!

Wir dürfen dankbar sein, daß sich die Tätigkeit dieser zwingenden Kräfte auf der Ebene des Schlafbewußtseins vollzieht. Wenn das Tagesbewußtsein in diese Schicht durchstößt, wird es von diesen Kräften ergriffen und gefesselt. Welche Organe das dann sind, hängt in erster Linie oder sogar ausschließlich von der Konstitution des Betroffenen ab. Die Kenntnis von diesen Kräften ist wichtig für den Therapeuten. Im Seelenleben treten sie in der Gestalt von Ängsten, Zwangsvorstellungen, echten Depressionen, Halluzinationen bis hin zur Tobsucht auf.

Vier Organe sind es, die eine Hauptrolle spielen bei diesen Spiegelungsvorgängen: die *Nieren*, die *Lunge*, die *Leber* und das *Herz*.

In der *Niere* (oder umfassender gesehen: beim Nierenprozeß) spielen sich folgende physiologische Vorgänge ab: Die Substanzen werden über den Darm angeführt; sie werden abgebaut und danach zu körpereigenen Substanzen aufgebaut; die abgebauten Stoffe werden ins Blut ausgeschieden; in der Niere werden die Abfallstoffe dem Blut entzogen und schließlich über den Urin vom Körper ausgeschieden. Das Ganze ist, vom planetarischen Gesichtspunkt aus, der physiologische *Venusprozeß* im Menschen.

Wenn sich dieser, normalerweise unbewußt verlaufende Vorgang im Tagesbewußtsein, dem «Sonnenselbst» also, spiegelt, dann kommt es zum abnormalen Erleben: Hypochondrische Depressionen und Verstimmungen stellen sich ein, und Selbstbeschuldigungen aufgrund chaotisch auftretender Erinnerungen erfüllen das Bewußtsein, wodurch dessen normale Funktionen gestört werden.

Die neurotischen Verstimmungszustände des beginnenden Abstiegsprozesses hängen mit moralischen Problemen zusammen, die noch einen gewissen Zusammenhang mit der Realität aufweisen. Es handelt sich um echte Versäumnisse, nur ist die betreffende Person abnormal stark von ihnen eingenommen. Im Verlauf des weiteren Abstiegs aber sprengen die Selbstbeschuldigungen alle Verhältnisse und wachsen oft bis ins Absurde. Die Horizontverengung, die völlig einseitige Befangenheit der Blickrichtung durch die eigene Vergangenheit – sie lassen schließlich nur noch einen einzigen Ausweg offen: den Selbstmord, um diesem unerträglichen Leben zu entfliehen. In den Niederlanden hat nicht nur der Alkoholkonsum als Mittel, dem Unbehagen zu entfliehen, in erschreckendem Maße zugenommen; auch die Zahl der Selbstmorde, vor allem junger Menschen, hat sich vervielfacht. Lediglich das absolute Stillschweigen der Zeitungen und einschlägigen Publikationen sorgt dafür, daß diese Tatsache weitgehend verborgen bleibt.

Wenn der Mensch ein *Lungen-Typ* ist, mit anderen Worten: seine Lungen eine dominierende Rolle spielen, stehen andere Symptome im Vordergrund. Auch der Lungenprozeß umfaßt mehr als nur die reinen Organfunktionen der Lunge selbst. Vom planetarischen Gesichtspunkt aus handelt es sich hier um einen *Merkurprozeß*. Wenn sich diese Vorgänge bis in das halbbewußte Seelenleben hinein bemerkbar machen, können sie sich dort gleichsam festfahren und tote «Inseln» in der Seele bilden. Diese Inseln verkapseln sich so stark, daß die strömende Bewegungskraft der Merkurprozesse nicht mehr an sie herankommen kann. Sie sind wie spitze Felsen inmitten strömenden Wassers.

Ein deutliches Symptom dafür besteht darin, daß bestimmte Vorstellungen einen Zwangscharakter annehmen. So wie die Lungen bei Asthma mit eingeatmeter Luft gefüllt sind, die nicht ausgeatmet werden kann, so ist es hier der Fall mit bestimmten Vorstellungen: sie können nicht «ausgeatmet» werden.

Zwangsneurosen sind, wie die Erfahrung lehrt, nur sehr schwierig durch Therapie zu beeinflussen. Die betreffende Person weiß nur zu gut, daß ihre Zwangsvorstellungen im Grunde Unsinn sind und daß ihre Ängste unbegründet sind, doch das hilft nichts: Sie existieren eben einfach, und sie kommen, ohne daß der Betroffene dies steuern kann, immer wieder zurück.

Manchmal trifft man unter den Zwangsneurotikern kontaktarme Menschen an, die sich in der Pubertät nicht richtig entwickelt haben. Die Zwangsneurose kann dann in Gestalt skrupulöser Pflichterfüllung als Beweis der absoluten Ehrlichkeit auftreten; häufig werden mit peinlicher Sorgfalt «Indizien» gesammelt, um dadurch demonstrieren zu können, daß der eigene Zwang (scheinbar) begründet ist. Dies gilt vor allem für den Verfolgungswahn.

Die egozentrische Beschäftigung mit dem eigenen Leben, den eigenen Problemen, und die Angst, Bindungen mit anderen Menschen – und das häufig durch eigenes Verschulden – zu verlieren, führt dazu, daß sich die

Gedanken immer im Kreis bewegen. Die Überempfindlichkeit gegenüber Geräuschen und grellem Licht, aber auch gegenüber der herzlichen Zuwendung anderer Menschen, schneidet die sozialen Kontakte immer mehr ab. Die Zwangsvorstellungen können zum paranoiden Wahn werden, obwohl in solchen Fällen im allgemeinen noch ein anderes Organ mit im Spiel ist.

Ein paar Beispiele aus meiner Praxis mögen das Bild des «Lungentyps» verdeutlichen. Vor vielen Jahrzehnten hatte ich einen Patienten – es handelte sich um einen Schalterbeamten in einem Postamt –, der den paranoiden Wahn entwickelt hatte, daß sein Chef auf der Lauer läge, um ihn bei einer Unehrlichkeit zu ertappen. Er ließ sich nichts anmerken, aber er hatte ein ganzes System aufgebaut, in welchem jede Briefmarke, die er verkauft hatte, vermerkt war. Seine minutiöse Pflichterfüllung brachte ihm das höchste Lob von seiten des Chefs ein, doch er faßte die positiven Bemerkungen nur als ein Ablenkungsmanöver auf, das ihn in Schlaf wiegen und sein Sicherheitssystem schwächen sollte. Als er zu mir kam, war dieser Prozeß schon einige Jahrzehnte lang im Gange; niemand hatte etwas davon bemerkt, nicht einmal seine eigene Frau. Doch jetzt wurde es ihm zuviel, und er suchte Hilfe.

Einen anderen Inhalt hatten die Wahnvorstellungen des Nachtredakteurs einer großen Tageszeitung, eines Junggesellen. Er lief eines Nachts von seiner Arbeit weg, um dem nächsten Polizeibüro zu melden, daß er jetzt endlich alle Beweise in Händen hätte: er sei schon seit 20 Jahren von den Sioux-Indianern verfolgt worden; jetzt sei es sogar soweit gekommen, daß sie Papierzettel in seinem Papierkorb deponierten. Der Polizeibeamte, der ihn empfing, erwiderte ruhig und geistesgegenwärtig, daß die Polizei diesen Indianern schon lange auf die Schliche gekommen sei, und schickte ihn zum Psychiater.

Die Entstehung solcher spezifischer Wahnerscheinungen wurzelt, vor allem bei so kontaktarmen Menschen wie im Falle unserer Beispiele, häufig in der Pubertätszeit; die Betroffenen sind nicht richtig erwachsen geworden. Häufig hat die Umgebung der Patienten sehr unter den sich oft schleichend entwickelnden Wahnvorstellungen und unerwartet heftigen Ausfällen – die dann auftreten, wenn der Patient gegen seinen Wahn ankämpft – zu leiden.

Die *Leber* (Jupiter) baut fremdes Eiweiß ab und bildet es zu körpereigenem Eiweiß um. Dieses Organ zwingt gleichsam die Materie, andere Formen anzunehmen. Wenn Vorstellungen, die ins Unterbewußte abgesunken sind, unter dem Einfluß dieser zwingenden Kräfte-Wirksamkeit erst abgebaut und danach wieder in anderer Form aufgebaut werden, treten wirklichkeitsfremde Visionen und Halluzinationen auf.

Diese Art der Grenzüberschreitung kann zu heftigen Reaktionen führen. Die oft völlig absurden Halluzinationen spielen dabei eine wesentliche Rolle. Es werden z. B. Stimmen wahrgenommen, die einem Aufträge erteilen, oder es werden Beeinflussungen durch elektrische Schwingungen verspürt. Dies alles wird einerseits als ganz real erlebt – der Betroffene hört z. B. wirklich Stimmen usw.; andererseits weiß er, rein verstandesmäßig, daß die Phänomene nicht echt sind. Wenn auch dieser letzte Halt wegfällt, sagt der Volksmund: «Jetzt ist er völlig verrückt geworden!»

Eine Halluzination ist die *Spiegelung* eines Organs des Ätherleibes im Astralleib. Durch die Spiegelung tritt ein Bewußtsein der Organfunktion auf, wodurch das normale Seelenleben gestört wird. Die Art der Halluzinationen, die auf dem Weg ins Innere auftreten, steht immer in einem inneren Zusammenhang mit der persönlichen Biographie. Ihre Inhalte hängen mit den moralischen Problemen zusammen, die schon während der ersten Phase des Abstiegs ins Innere auftauchen. Ein Mensch mit angstartigen, zwanghaften Charakterzügen wird an anderen Halluzinationen und Zwangsvorstellungen leiden als ein geborener Genußmensch.

Im Falle des *Herz*-Typs (Sonne), des Menschen also, dessen Bewußtsein von den Kräften, die im Blutkreislauf wirksam sind, infiltriert wird, stehen – vor allem im Anfangsstadium – bestimmte Gewissensprobleme im Vordergrund. Mit dem Herzen beurteilen wir uns und unsere Handlungen anders als mit dem Kopf. Werden solche Gewissensprobleme verdrängt, so treten Ängste auf. Im Gegensatz zum Lungentyp haben die Ängste hier einen allgemeinen und unbestimmten Charakter. Lebensangst und Todesangst greifen ineinander. Es ist eine allgemein bekannte Tatsache, daß Herzinfarkte und Angina pectoris Hand in Hand gehen mit heftigen, akuten Angsterscheinungen. Bei Menschen, die scheinbar mit einem gesunden Kreislauf ausgestattet sind, begleitet die Angst eher untergründig das gewöhnliche, tägliche Leben. Es mischen sich Gewissensängste, Selbstbeschuldigungen und Empfindungen eigenen Unvermögens mit einem direkt-herzlichen Auftreten und sozialem Engagement.

Ein Beispiel möge dies illustrieren.

Während eines Managementkurses für Betriebsführungskräfte überraschte ein älterer Betriebsleiter, nachdem er sich eingeführt hatte, die anderen Kursteilnehmer mit folgender Mitteilung: «Und wenn Sie wissen wollen, warum ich hier jetzt teilnehme – nun, ich lebe in der großen Angst, daß ich sterben muß!» Dabei war er noch immer voll aktiv in einem gutgehenden Betrieb, den er selbst von Grund auf aufgebaut hatte und der für sein gutes Betriebsklima bekannt war. Ein paar Jahre danach erlag er einem Herzinfarkt.

Dies ist charakteristisch für den Herz-Typ: Es handelt sich um aktive, im Sozialen oft sehr starke und wache Menschen, die jedoch viele Enttäuschungen erleben durch die oft frustrierende Bürokratie und die Gleichgültigkeit, die man ihrer warmen «Herz»-lichkeit entgegenbringt. Es gehört zum Bild des Herz-Typs, daß Widerstände häufig mit Wutanfällen beantwortet werden, was später dann wieder bedauert wird.

Bei echten Psychosen kann sich dies bis zur Tobsucht steigern.

Wir haben damit vier sogenannte «Organtypen» beschrieben. Selbstverständlich handelt es sich in der praktischen Wirklichkeit häufig um Mischtypen. Der anthroposophische Arzt und Psychiater muß wissen, welche Organe bei diesen Phänomenen eine Rolle spielen, denn es wird sich bei der anthroposophischen Therapie, von den übrigen Maßnahmen einmal abgesehen, immer auch um eine spezifische Organbehandlung handeln.

Man kann heute derartige Symptome durch die modernen Antidepressiva und Antipsychotika mit Leichtigkeit unterdrücken, so daß der Patient von seinem Zustand wenig spürt – solange er zumindest seine Medikamente schluckt. Doch im Grunde tritt dadurch keine Heilung ein; die Grenze ist nach wie vor überschritten, die Organspiegelung im Bewußtsein besteht weiterhin, nur weiß das Tagesbewußtsein nichts mehr von seiner eigentlichen Situation, weil es eben isoliert ist. Daß diese Isolation nicht nur für die Depressionen und Wahnvorstellungen alleine gilt, wird wohl deutlich sein.

Jemand, der unter dem Einfluß solcher Medikamente steht, ist kein «ganzer» Mensch mehr. Er darf z. B. nicht Autofahren oder wichtige Entscheidungen treffen, die für längere Zeit bindend sind.

Dem Abstieg in den unterbewußten Bereich des Astralleibes und tieferem Untertauchen bis in den Ätherleib kann sich noch ein dritter Schritt anschließen. Wie einstmals der ägyptische Mysterienschüler – dort unter der Aufsicht eines Hierophanten –, so kann auch der moderne Mensch auf seiner «Höllenfahrt» (C. G. Jung) in den Bann der Kräfte des *physischen Leibes* geraten. Das ist der Fall bei den schweren Psychosen, unter anderem bei der Schizophrenie. Dabei wird nicht nur der ätherische Organprozeß belastet und beschädigt, sondern auch das physische Organ selbst. Der Betroffene ist dann ein Gefangener seiner beschädigten physischen Organe; das seelische Leben beschränkt sich auf Reste organischer Prozesse.

Zusammenfassend kann gesagt werden, daß sich der Weg ins Innere in drei Etappen vollzieht. Auf der ersten Stufe ist das Ich im untersten Bereich des Astralleibes (dem Gebiet der Wünsche und Begierden) gefangen. Dies ist die Ebene der *Neurose*. Auf der zweiten Stufe kommt das Ich unter den Einfluß der Stoffwechselprozesse des Ätherleibes. Das ist die Ebene der noch *reversiblen Psychosen.* Auf der dritten Stufe wird das Ich zum Gefangenen des (beschädigten) physischen Leibes, der Ebene der sogenannten *Restpsychose,* des traurigen Endzustandes.

Bei der Wahl der Therapie müssen alle drei Ebenen mitberücksichtigt werden. Auf der ersten Stufe sind die künstlerische Therapie und das Gespräch die wesentlichen Elemente. Doch auch hier muß bereits eine Behandlung mit potenzierten Heilmitteln einsetzen, um die ätherischen Prozesse zu regulieren und weitere Entgleisungen zu verhüten. In der zweiten Phase steht die medikamentöse Therapie im Mittelpunkt, wobei nur im absoluten Notfall Psychopharmaka einbezogen werden. Die künstlerische Therapie und die Gesprächstherapie assistieren dabei. Selbst in der letzten Phase kann noch eine medikamentöse Reaktivierung der physischen Organe versucht werden, und auf jeden Fall werden die künstlerische Therapie und das therapeutische Gespräch fortgesetzt. Wer einmal erlebt hat, daß ein mutistischer, katatoner Patient, mit dem scheinbar keinerlei Kontakt mehr möglich war, sich später jedes an ihn gerichteten Wortes erinnern konnte, ja sogar nachträglich näher darauf eingehen wollte – der weiß, daß das Ich dieser Menschen doch immer noch erreicht werden kann und daß die Patienten schwer darunter leiden, wenn sie als nicht mehr vollwertige Menschen behandelt werden.

Die Psychose unserer Zeit ist wie ein Gegenbild der altägyptischen Einweihung, mit dem Unterschied, daß der Hierophant die alte Einweihung mit seinem Bewußtsein begleitete, während die moderne Psychose ungewollt und ohne Kontrolle des Ich eintritt. Es ist durchaus nicht weit hergeholt, die Psychosen als «mißlungene Einweihungen» zu charakterisieren. Weiter oben haben wir den «modernen Einweihungsweg», den Schulungsweg, darzustellen versucht; es handelt sich um denselben Weg, doch er wird hier in vollständiger Bewußtheit und in gesunder Weise beschritten.

Oft erklingt die Frage nach dem «Warum» dieses Weges. Wäre es nicht besser, mit beiden Beinen auf dem Boden zu bleiben und die sinnenfällige Welt zu nehmen, wie sie ist? Wir müßten doch eigentlich froh sein, daß die lange Zeit des Aberglaubens an eine «geistige Welt» endlich hinter uns liegt...

Dem kann nur entgegnet werden, daß sich die Zeiten schnell ändern – die Konstitution der westlichen Menschheit ist heute so beschaffen, daß die Schwelle des Inneren «durchlässig» geworden ist, ob wir dies nun gewollt haben oder nicht. Wir stehen vor der Wahl, entweder immer mehr Psychopharmaka zu produzieren, Alkohol zu konsumieren usw., oder aber den eigentlichen Ursachen ins Auge zu sehen und das persönliche Verantwortungsgefühl für unsere geistige Gesundheit nach Kräften zu stimulieren.

Wer von dieser Erkenntnis durchdrungen ist, kann nicht anders als versuchen:
- bei anderen ein Verständnis dieser Vorgänge zu wecken;
- das Verantwortungsbewußtsein möglichst vieler Menschen wachzurütteln, so daß die Notwendigkeit eigener innerer *Aktivität* begriffen wird;
- vor diesem Hintergrund hinzuwirken auf die Änderung der Lebensgewohnheiten und die bewußte Pflege des inneren Lebens;
- durch die eigenen Bemühungen – wie schwierig dies auch sein mag – ein Stück des Weges der inneren Erstarkung und Entwicklung Gestalt annehmen zu lassen.

12 Schatten auf dem Weg ins Äußere

In den alten Kulturen war, wie im letzten Kapitel dargestellt, der Weg ins Äußere sozusagen der «übliche» Weg. Alle alten, vor-griechischen Kulturen mit ihrem spiritualistischen Weltbild beruhten noch auf dem alten Hellsehen, einer Fähigkeit, die der Gesamtheit der Menschen damals ganz natürlich eigen war. Langsam verlor sich diese Fähigkeit, und man erlebte dies so, als wenn sich die Götter allmählich zurückzogen. Mit Wehmut sprachen die Griechen über jene Zeit, da «die Götter noch mit den Menschen am Tische saßen». Und wenn Homer seine Ilias anhebt mit den Worten «Singe mir, Muse, den Zorn des Achilles...», so ist das nicht als dichterische Bildersprache gemeint, sondern wie ein Gebet zu einem höheren Wesen, das den Dichter inspirieren möge.

Um 800 v. Chr. herum ist die «Götterdämmerung» eingetreten; danach nimmt die alte hellseherische Fähigkeit atavistische Züge an und tritt nur noch ausnahmsweise bei einzelnen auf. Aus der römischen Zeit sind uns z. B. die Sybillen bekannt, die Michelangelo in der Sixtinischen Kapelle verewigt hat. Sie konnten aus einer Art Trance-Zustand heraus, der sie in Verbindung mit der geistigen Wirklichkeit brachte, den Menschen Rat erteilen. Die delphische Pythia stand unter dem berauschenden Einfluß der vulkanischen Dämpfe, die aus einem Spalt im Felsgestein aufstiegen.

Heute leben noch Reste dieser alten Fähigkeiten in manchen medial begabten Menschen, Paragnosten und dergleichen.

Im vorigen Kapitel haben wir darzustellen versucht, daß die «Schwelle des Inneren» im Zuge der heutigen Entwicklungsvorgänge durchlässig geworden ist. Dies ist eines der Hauptprobleme der geistigen Volksgesundheit. Doch zur gleichen Zeit tritt, man könnte sagen als eine bewußte oder unbewußte Reaktion auf das Überschreiten dieser Schwelle, bei vielen Menschen eine «Ich-Verdünnung» auf, eine Art Flucht in die entgegengesetzte Richtung: Man will sich losmachen von dieser Welt, in einer Welt intensiver Sinneserlebnisse verkehren, möglichst ohne Kontakt zur harten Wirklichkeit.

Diese «Ich-Verdünnung» stellt innerhalb unserer Kultur eine ungeheure Versuchung dar. Die Flucht in die Ekstase bietet einen Ausweg aus den depressiven Stimmungen. Vor allem bei jungen Menschen, die – etwas populär ausgedrückt – nicht richtig «in ihrem Leib drin sind», kann diese Neigung auftreten. Der erfahrene Kinderpsychiater und vor allem der Heileurythmist erkennt diese Konstitution schon früh, vor allem an der Art, wie solche Kinder laufen. Sie laufen auf den Zehenspitzen, so als ob sie die Berührung mit der Erde vermeiden wollten. In dieser Phase hat eine Therapie durch Heileurythmie noch eine mehr prophylaktische Wirkung. Nach der Pubertät wird eine Behandlung viel schwieriger, weil die Jugendlichen dann häufig eine starke Aversion entwickeln gegen alles, was sie an ein bestimmtes Regelmaß bindet und ihnen eine gewisse Verantwortung auferlegt. Jegliche leibliche oder intellektuelle Übung wird schnell wieder aufgegeben; man sucht einen Lebensstil, durch den man sich in Situationen hineintreiben lassen kann, die jene Neigung zur Weltflucht noch weiter verstärken. Wir kommen darauf noch zurück.

Wenn man die neurotischen und psychotischen Erscheinungen verstehen will, die als Folgen dieser Fluchttendenzen auftreten, so ist es notwendig, sich eine Vorstellung des Zusammenhangs von Makrokosmos und Mikrokosmos zu bilden. Im Menschen sind dieselben schaffenden Qualitäten wie im Kosmos wirksam.

Tierkreis und Planetenwelt sind nicht bloße Materieklumpen, die ziellos durch den unendlichen Raum ziehen, sondern Ausdruck von Wirkungen der Hierarchien, d. h. schaffender Wesenheiten. Solche kosmischen Qualitäten sind keine bloßen Naturgesetze, die blindlings am Werk sind; es handelt sich um lebend-tätige Elementarwesen, hinter denen höhere hierarchische Wesen stehen. Wer unvorbereitet, aufgrund irgendwelcher Manipulationen die Schwelle der sinnenfälligen «Oberflächenwelt» durchbricht, dringt ein in die Wirklichkeit dieses *hinter* der Oberfläche liegenden Weltbereiches.

Diese Grenzüberschreitung kann – von den Fällen, in denen sie, konstitutionsbedingt, spontan auftritt – durch allerlei Manipulationen forciert werden. Wir nennen hier die bekanntesten: Hyperventilation, ausdauerndes Hungern, extreme Übermüdung, ein Übermaß an verwirrenden Informationen, Drohungen und Versprechungen im ständigen Wechsel, knallharte Schalleindrücke, oft in Kombination mit grellem Flackerlicht, Drogen wie z. B. LSD und Haschisch und schließlich unsere «Genußmittel», der Alkohol im Westen und das Opium im Osten. (Der gesellschaftlich sozusagen akzeptierte Alkoholgenuß dient in erster Linie dazu, sich in einen fröhlichen, ungezwungenen Gemütszustand zu versetzen. Er muß unterschieden werden von dem im vorigen Kapitel erwähnten Alkoholismus. Dort handelt es sich um ein Wegsinken in die Betäubung, die zum Bewußtseinsverlust und, in letzter Konsequenz, zur Schädigung der Leibesorgane führen kann. Für den Osten gilt Ähnliches hinsichtlich des gesellschaftlich mehr oder weniger akzeptierten Opiumgebrauchs im Gegensatz zur Heroinsucht samt ihrer vernichtenden Folgen.)

Immer schon waren solche Manipulationen im Schwang, wenn es darum ging, der Last des Daseins durch Rausch oder Ekstase zu entrinnen. Die rituellen Tänze der Derwische und der balinesischen Kristänzer, die zeremonienartigen Kriegs- und Einweihungstänze vieler Negerstämme, sie dienen alle demselben Zweck. Die Klänge des schottischen Dudelsacks, der dem Heer während des Gefechts vorangetragen wurde, brachten die Krieger in einen wilden, rauschartigen Zustand. Immer ist es die ständige Wiederholung gleicher Bewegungen, derselben Melodie oder desselben Rhythmus, die zur leichten Exkarnation führt. Auch die Wiener Walzerseligkeit ist so zu verstehen. Gäbe es diese Wirkungen nicht, so würden unsere Diskotheken leer bleiben.

Es wird einem dabei sogleich auffallen, daß die beschriebenen Manipulationen und deren Varianten eine wesentliche Rolle spielen beim Vorgehen vieler der sogenannten «Jugendsekten», die seit einigen Jahren immer stärkeren Zulauf gewinnen.

Die unvorbereitete Überschreitung der Grenze, die auf diesem Wege auftritt, nimmt ihren Anfang mit einem allgemeinen Wonne- und Befreiungsgefühl, einem Gefühl der Erlösung von allen Sorgen und Problemen. Das kann bis zur echten Ekstase gehen. Dieses erste Stadium beinhaltet eine große Verlockung und kann als solches schon zur Sucht führen, ob das nun der Alkohol ist oder die Diskothek.

Die Herbeiführung solcher Exkarnationszustände wird als ein Gegenmittel gegen die Unlustgefühle erfahren, die bei dem tieferen Abstieg ins eigene Innere – wir haben das im vorigen Kapitel bereits geschildert – auftreten. Unsere westliche Kulturwelt steht dadurch vor einem immer größeren Problem.

Der Grad der Exkarnation ist im ersten Stadium meist noch gering. Nach der Ekstase schlägt das Pendel nach der anderen Seite aus: Es treten depressive Stimmungen auf als Folge einer zu tiefen Inkarnation, ein «Kater», der mit körperlichen Symptomen wie z. B. Kopfschmerz, Muskelkater oder Übelkeit einhergeht. Nach dem Aus-sich-Herausgetretensein wird die «Rückkehr» als besonders schmerzhaft erlebt. Dieselben Erscheinungen treten auch bei Entziehungskuren auf. Dieser Kater kann bekanntlich zur Ursache des erneuten Verlangens nach dem exkarnierenden Mittel werden, und so schließt sich der Kreis.

Doch die Exkarnation kann noch einen Schritt weiter gehen. Dann betritt die betreffende Person in einem unvermittelten Schock eine andere Welt, in welcher alle Sinneseindrücke, so wie wir sie in unserer Welt der physischen

Realitäten erfahren, tausendfach verstärkt auftreten. Farben, Klänge und Formen sind von einer dem gewöhnlichen Bewußtsein unbekannten und unvorstellbaren Intensität.

Diesen ruckartigen Übergang in die «andere Welt» hat Rudolf Steiner als eine Einweihungserfahrung der nordisch-germanischen Völker beschrieben. Mit derselben Erscheinung – aber nun in ihrer modernen Form – befassen sich die amerikanischen Forscher Conway und Siegelman. Die Resultate ihrer jahrelangen Untersuchungen sind in dem Buch «Snapping» niedergelegt. Dieses «snapping» ist der schockartige Übergang vom ersten ins zweite Stadium der Exkarnation. Dessen Folgen sind viel schwerwiegender: Wurde im ersten Stadium die Rückkehr ins gewöhnliche Leben mit einem mehr oder weniger schweren Kater erkauft – im zweiten Stadium kann sie nicht mehr garantiert werden; und wo sie dann doch noch stattfindet, ist eine entscheidende Veränderung der Persönlichkeitsstruktur eingetreten.

Die Gehirnwäsche koreanischer Militärs, aber auch die schon erwähnten Jugendsekten – bei beiden geht es um derartige Wirkungen. Endlose Schlafentziehung, eiweißarme Hungerdiät, ständiger Wechsel von Drohungen und freundlichem Gebaren, die endlose Wiederholung bestimmter Bewegungen und Worte in exotischen Ritualen, ein unablässiger «Informationsstrom» durch Vorträge und Sitzungen – dies alles zusammengenommen führt zu einem tiefen Erschöpfungszustand, der dann zu jenem ruckartigen Übergang, dem «snapping» führt. Dabei verliert die betreffende Person ihr Ich-Bewußtsein. Dieses wird durch automatische, von der Sekte programmierte Handlungsmuster ersetzt, denn die Sekte hat die Funktion des Ich übernommen. Wohin dies führen kann, ist vor einigen Jahren in erschütternder Weise deutlich geworden, als der Massenselbstmord der Anhänger der Volkstempel-Sekte des Amerikaners Jim Jones Schlagzeilen machte.

Ein wesentliches taktisches Mittel ist immer der Abbruch aller Beziehungen mit dem bisherigen Milieu, das in den schwärzesten Farben als «teuflisch», «zum Untergang verdammt» usw. charakterisiert wird. Dagegen ist die eigene Sekte zur Rettung auserkoren. Wer weitere schockierende Einzelheiten darüber wissen will, der lese das bereits erwähnte Buch «Snapping» oder «Die himmlischen Verführer»[74].

Nach vorsichtigen Schätzungen sind alleine in den Vereinigten Staaten ungefähr 300 000 junge Menschen im Griff solcher pseudo-religiösen Sekten wie z. B. der «Vereinigungskirche» (Mun-Sekte), der «Kinder Gottes», der «Hare Krishna-Bewegung», «Divine Light Mission», «Forever Family», Scientology Kirche» und der «Jesus People», um nur einige der wesentlichsten zu nennen. Dazu kommen, was Europa betrifft, noch einige andere Bewegungen etwas anderer Art, die sich mehr an Erwachsene wenden, wie

z. B. die «Transzendentale Meditation» und die «Baghwan-Bewegung». Wer ihre monotonen Wortmeditationen geduldig wiederholt, dem verspricht die TM die Entwicklung ganz außergewöhnlicher Fähigkeiten wie z. B. die Überwindung der Schwerkraft durch Hüpfen und Fliegen. Die Baghwan-Bewegung appelliert an unbefriedigte religiöse Gefühle, die sich nun in absoluter Hingabe auf den Guru Baghwan richten.

Auch hier können dieselben Erscheinungen im Gewande individueller Neurosen und Psychosen auftreten.

Aus Neurosen, die noch reversibel sind, werden schließlich Psychosen, wenn die Exkarnation im zweiten Stadium zu Situationen führt, aus denen eine Rückkehr ins Tagesbewußtsein nicht mehr möglich ist.

Wir wollen es hier bei der bloßen Nennung dieser Erscheinungen bewenden lassen. Im zweiten Teil dieses Buches sollen einige Krankheitsbilder noch ausführlicher behandelt werden.

Die vor allem bei jungen Menschen auftretenden Perioden weitgehender Apathie – eine überaus häufig vorkommende Erscheinung in unserer Zeit – rechne ich unter die Neurosen des ersten Stadiums. Die betreffenden (meist jüngeren) Personen verfallen dann in absolute Inaktivität, bleiben den ganzen Tag im Bett oder stehen erst im Laufe des Nachmittags auf, rauchen, wenn die Möglichkeit dazu besteht, bis tief in die Nacht Haschisch innerhalb einer Gruppe oder hocken einfach nur auf irgendwelchen Kissen auf dem Boden. Die Stimmung ist überaus freundlich, solange nichts von ihnen verlangt wird. Gespräche sind mühsam und drehen sich immer um dasselbe: «Warum sollte ich aktiv werden? Ich bin so völlig glücklich. Arbeiten? Warum? Die Welt ist schlecht genug! Die Sozialleistungen sind für solche Menschen wie uns da. Wenn sie eingestellt werden, dann ist's eben aus mit mir ... na und?»

Dazu kommen dann rasch die Folgeerscheinungen der einseitigen und mangelhaften Ernährung, die die Neurose verstärken. Gespräche mit solchen Menschen haben nur wenig Wirkung, denn man erreicht ihr Ich nicht, und sie sind nur mit Mühe durch äußere Maßnahmen aus ihrer Apathie herauszuholen. Und doch hungern sie nach echten Kontakten und suchen Menschen, die ihnen «empathisch» zuhören können. Nur jemand, der ihnen voller Wärme und Positivität entgegentritt, kann sie soweit bringen, daß sie bereit sind, «ihm zuliebe» etwas zu tun.

Zweiter Teil
13 Therapeutisches Denken in der anthroposophischen Psychotherapie

Wir können beim Menschen vier sog. «Organisationen» unterscheiden, deren jede ihr eigenes Wirkungsprinzip besitzt, die aber auch wechselseitig aufeinander einwirken. Es sind die vier «Hüllen» oder Wesensglieder. Wir haben sie im Laufe unserer Betrachtungen schon wiederholt erwähnt. Mit ihnen muß sich der Therapeut auseinandersetzen.

Es liegt in der Natur der *physischen Organisation* des Menschen, daß sie zerfallen muß, wenn sie sich selbst überlassen ist. Felsen verwittern, Pflanzen verwelken, der tierische und menschliche Leib fällt der Verwesung anheim, sobald er nicht mehr von der Lebenstätigkeit durchdrungen ist. Die physisch-leibliche Organisation verhält sich passiv hinsichtlich der Wirksamkeit des sie bestimmenden Raumes-Ordnungsprinzipes.

Unser Lebensorganismus, der *Ätherleib*, ist eine *Zeitorganisation*, die, selbst nicht-räumlich, im Räumlichen des physischen Leibes wirksam ist. Die ätherische Organisation entfaltet sich im Zusammenspiel und Zusammenwirken vieler Hunderter von Rhythmen, deren jeder einen bestimmten Prozeß auslöst und die in ihrer Gesamtheit den Organismus als Ganzes im Stand erhalten. Diese rhythmische Organisation arbeitet einwandfrei, solange sie nicht durch Einflüsse der höheren Wirkungsprinzipien aus dem Gleichgewicht gebracht wird. In Gewebekulturen, bei denen der Einfluß solcher höheren Prinzipien ausgeschaltet ist, herrscht eine ewige Kontinuität sich wiederholender Lebensformen.

Wenn die ätherischen Rhythmen, aus welchem Grunde auch immer, aus ihrem Gleichgewicht gebracht werden, so entstehen Krankheitserscheinungen, die anfänglich noch rein funktioneller Art und reversibel sind, bei weiterem Andauern der Ursachen jedoch zu Deformationen der physischen Organisation führen können. In der ätherischen Organisation als solcher kann man *vier verschiedene Ätherprinzipien* unterscheiden:
1. Der *Formäther*, oder auch Kristallisationsäther oder *Lebensäther* genannt. Die Rhythmen dieser Ätherqualität bewirken die geometrische Ordnung der Materie in ihren Kristallstrukturen. Der Formäther führt in die Erstarrung. Eine bildliche Darstellung dieser Kraft ist die Gestalt der

«Schneekönigin» im gleichnamigen Märchen von Andersen. Unter ihrer Berührung muß alles erstarren.
2. Der *chemische* oder *Klangäther* ordnet die Materie im flüssigen Element. Verbindung und Zerfall innerhalb endloser Reihen chemischer Vorgänge und Reaktionen charakterisieren die Wirkung dieser Ätherart im Stoffwechselgeschehen. Jegliche Störung des Gleichgewichts führt sofort nachweislich zum Auftreten normalerweise nicht vorkommender chemischer Substanzen im Flüssigkeitsorganismus. Die Biochemie versucht schon seit vielen Jahrzehnten durch den Einsatz aller Mittel die Wirkungsweise dieser Kräfte zu enträtseln.
3. Der *Lichtäther*; man könnte ihn auch den «Bewußtseinsäther» nennen, denn in seinen Rhythmen spielt sich das Bewußtsein ab. Diese Rhythmen bilden die Brücke zu dem nächsthöheren Organisationsprinzip im Menschen, der Ebene des Astralischen. Der zentrale Wirkungsbereich des Lichtäthers ist das Nerven-Sinnessystem. Die Rhythmen der Lichtäther-Organisation spiegeln sich im elektrischen Feld und können daher im EEG (Elektroencephalogramm) meßbar erfaßt werden.
4. Der Wärmeäther durchdringt den gesamten Organismus mit seinen Wirkungen. Sein zentrales «Organ» ist der Blutkreislauf – das Medium, welches es dem Ich, das geistiger Natur ist, ermöglicht, mit der Lebensleiblichkeit in Beziehung zu treten. Der Wärmeäther durchdringt alle anderen Ätherqualitäten. Dadurch stellt er das wichtigste Medium für die Therapie dar. Dies gilt in besonderem Maße für die anthroposophische Psychotherapie, die immer beim Ich ansetzt (und nicht beim «Dressieren» bzw. Konditionieren des Astralleibes).

Wenn in dieser rhythmisch-ätherischen Organisation Störungen auftreten, so ist dies in erster Linie auf die *astralische Organisation* des Menschen zurückzuführen, die der Träger unserer Triebe, Emotionen und Vorstellungen ist. Man kann diese astralische Organisation als ein gesetzmäßig arbeitendes System seelischer Qualitäten charakterisieren, das, obgleich es selbst außerhalb des Raumes und der Zeit steht, doch auf die rhythmische Organisation des Ätherleibes und, auf dem indirekten Wege über den Ätherleib, auf den physischen Leib einwirkt. Jede Emotion, jede Vorstellung oder Begierde beschleunigt oder verlangsamt bestimmte Rhythmen, und bei heftigeren seelischen Bewegungen kann es zu Störungen oder sogar zur völligen Vernichtung solcher Rhythmen kommen. Letzteres hat dann immer zugleich auch anatomisch nachweisbare Veränderungen der Leibesorgane zur Folge. Derartige anatomische Deformationen sind dann auch die letzte Konsequenz einer langen Entwicklung, gleichsam der «fünfte Akt» eines großen Dramas.

Es ist sehr wichtig, daß solche, von der astralischen Organisation ausgehenden, zerstörerischen Einflüsse bereits während des ersten oder zweiten «Aktes» diagnostiziert werden, denn in dieser Phase können sie noch psychotherapeutisch beeinflußt werden. Die astralische Organisation umfaßt unsere psychische Welt in ihrer Ganzheit. Wird diese astrale oder psychische Organisation nicht vom Ich aus gesteuert, so bleibt das Denken rein assoziativ und es kommt zum Tagträumen. Das Gefühlsleben schwingt dann hin und her zwischen Sympathie und Antipathie, während der Trieb- und Begierdenbereich zum wehrlosen Spielball dieser Kräfte wird.

Der *tierische* Organismus besteht aus physischem Leib, Ätherleib und Astralleib. In der astralischen Organisation sind die Reaktions- und Handlungsmuster verankert, die wir als die «Instinkte» der jeweiligen Tiergattung kennen. Der Instinkt ist ursprünglich eine astralische Struktur, die sich in den Formen des physischen Leibes ausdrückt. Instinkt und Leibesgestalt sind beim Tier eine Einheit. Das leiblich-räumliche Instrument ist beim Tier *vom Instinkt gebildet*, sein Verhalten in der Zeit ist *vom Instinkt bestimmt*.

Im Gegensatz dazu wird der *Mensch* in physiologischer Hinsicht «zu früh» und instinktarm geboren. Er muß seine wichtigsten Handlungsmuster wie Laufen, Sprechen und Denken erst noch erlernen, und zwar *nach* seiner Geburt, durch die Nachahmung seiner Umgebung. Der menschliche Astralleib wird sozusagen durch die Erziehung «dressiert» (konditioniert) und ist daher abhängig von der jeweiligen Kultur.

Der Astralleib trägt seinem Wesen nach sieben Grundstrukturen in sich, die wir als *Charakterstrukturen* bezeichnen. In meinem Buch «Lebenskrisen – Lebenschancen» habe ich sie ausführlich als sogenannte «Grundhaltungen» dargestellt. Diese Grundhaltungen bestimmen, wie wir auf bestimmte Eindrücke und Erfahrungen, die von außen her an uns herankommen, reagieren.

Beim jungen Menschen sind die Grundstrukturen, genauso wie die Temperamente, noch erblich bedingt. Beim Heranwachsenden kann sich dies noch ändern, weil sich die Individualität ihre eigene Temperamentsstruktur und Grundhaltung «mitbringt», die dann häufig im scharfen Kontrast zu den vererbungsgebundenen Strukturen stehen. Dieser Konflikt ist ein Hauptthema des Jugendalters.

Das vierte und höchste Prinzip ist das *Ich* des Menschen, sein geistiger Wesenskern. Charakteristisch für dieses geistige Wesen des Menschen ist die Tatsache, daß es sich in kontinuierlicher Entwicklung befindet. Im ersten Teil dieses Buches haben wir ein «erstes Ich» und ein «zweites Ich» unterschieden. Hier nun meinen wir das «zweite» Ich, daß seinem Wesen nach als das höhere Ich des Menschen charakterisiert werden kann und das seine Inkarnation von der geistigen Welt aus begleitet. Das höhere Ich ist der

Träger unseres biographischen Leitmotives, unserer eigentlichen Zielsetzungen.

Die Ich-Entwicklung während der Zeit zwischen der Geburt und dem Tode ist die Fortsetzung früherer und gleichzeitig die Vorbereitung künftiger Entwicklungen. Das Ich ist immer ein Werdendes, Strebendes, auf die Zukunft ausgerichtet. Wenn es in gesunder Weise mit den drei niedrigeren Organisationen verbunden ist, bestimmt es die Linie, den roten Faden des Lebens, wodurch dieses zu einer menschlichen Biographie wird und nicht zu einer zufälligen Abfolge von Schicksalsfällen.

Unser Ich reagiert auf äußere Geschehnisse, trifft seine Wahl und setzt Prioritäten, je nach dem Lebensziel, das uns mehr oder weniger deutlich vor Augen steht.

Das Ich ist für die Sinngebung unseres Lebens und Schicksals verantwortlich. Es knüpft an das «Karma» an, den positiven und negativen Resultaten früherer Entwicklungen.[75]

Im Bereich des *Denkens* äußert sich das Ich als Intelligenz, der Fähigkeit des sinnvollen Ordnens der Sinneseindrücke. Hier muß also auch der Bewußtwerdungsvorgang seinen Anfang nehmen, der zur Erkenntnis der persönlichen Lebensaufgabe, des Lebensziels führt.

Im Bereich des *Fühlens* mildert das Ich die heftigen Bewegungen des Astralleibes. Es entwickelt das Gefühlsleben, indem es Gefühle, die ausschließlich vom Leibe verursacht werden, allmählich durch andere Gefühle «ersetzt», die mit geistigen Werten verbunden sind, wie es z. B. in der Kunst und in der Religion der Fall ist. In den Bereich des *Wollens* greift das Ich ein, indem es rein triebmäßig bestimmte Handlungsmuster umwandelt in ein Handeln, das sich auf Ziele des Ich richtet. Das Ich greift verändernd ein, es hemmt, fördert oder steuert alle «natürlichen» Antriebe, die aus dem ätherisch-astralischen Menschen aufsteigen. *Es tritt dabei nicht als gegnerische Macht auf, sondern als liebender Erzieher.*

Viele der modernen Psychotherapien haben einen ausgesprochen Ich-feindlichen Charakter. Oft wird das Ich als der große Übeltäter angesehen, als Unterdrücker und Tyrann. Das hemmungslose Sich-Ausleben des Seelisch-Astralischen im Menschen soll dem gegenüber eine läuternde Wirkung haben und die vom Ich verursachten Komplexe wieder auflösen.

Was jedoch so oft als «Ich» angesprochen wird, ist *nicht* jenes geistige Ich, über welches wir im vorliegenden Zusammenhang sprechen, sondern ein Konglomerat verschiedener «Verhärtungen», d. h. fester Verhaltensmuster des Astralleibes, die tatsächlich tyrannisierend wirken. Diese können nicht durch ein astralisches Sich-Ausleben überwunden werden, sondern nur durch die Aktivierung des wirklichen, *geistigen* Ich, das festgefahrene

Strukturen wieder in Bewegung bringen und der sinnvollen Weiterentwicklung aufschließen kann. Dies meint auch C. G. Jung, wenn er vom Weg zum «Selbst» spricht.[76]

Das Ich übt eine ordnende Wirkung auf den Astralleib aus und gibt ihm seine Richtung. Der Astralleib beschleunigt oder verlangsamt die Vorgänge im Ätherleib. Dies kann Störungen im Gefüge der Lebensrhythmen verursachen. Der Ätherleib wirkt seinerseits auf den physischen Leib ein, wodurch dieser ständig in Bewegung bleibt und nicht in seine Bestandteile zerfallen kann. In diesen vier ineinandergreifenden Prinzipien offenbart sich der Mensch als ein sich seiner selbst bewußtes Lebewesen.

Es existieren jedoch auch astralisch-ätherische Strukturen, für die es kein unmittelbares physisches Korrelat gibt. Vorstellungen, Gedanken, Ideen sind vom Ich mehr oder weniger strukturierte «Gestalten» astralisch-ätherischer Natur.

Eine solche *Gestalt* ist immer ein *Wesenhaftes*. Derartige Wesen gehören zu der im zweiten Kapitel bereits erwähnten Gruppe der «Elementarwesen», Wesenheiten, die auch in den Naturprozessen, der Pflanzenwelt und den rhythmischen Prozessen des Kosmos wie Tag und Nacht, Sommer und Winter usw. wirksam sind. In dem Moment, wo der Mensch einen Gedanken denkt, erschafft er eine astralisch-ätherische Gestalt, ein Elementarwesen, dessen Leben so lange dauert wie der Gedanke existiert. Danach löst sich diese Gestalt wieder auf, doch es bleibt noch eine Art «Spiegelung» übrig, die sich auf dem Erinnerungsspiegel (das heißt im Grunde: auf der Oberfläche der inneren Organe) abzeichnet.[77] Wenn wir alte Gedanken oder Vorstellungen aus der Erinnerung «heraufholen», so tasten wir zwar die Struktur ihrer Gestalten auf dem Erinnerungsspiegel ab, müssen sie jedoch *aufs neue* denken, d. h. wir müssen jene astralisch-ätherischen Gestalten *neu erschaffen*; danach können wir sie, falls wir das wollen, wieder vergessen.

So spielt sich der Vorgang im Normalfall ab. Die Sache nimmt pathologische Züge an, wenn sich die Vorstellungsgestalten nun nicht mehr lediglich als Abdruck auf dem Erinnerungsspiegel erhalten, sondern als astralisch-ätherische Gestalten *weiterexistieren*.

Dies tritt auf, wenn ätherische Prozesse aus dem Gleichgewicht geraten und dadurch Formveränderungen der physischen Organe verursachen. Die Erinnerungsgestalten treten dann nicht als «ruhendes» Erinnerungsbild auf, sondern als Vorstellungen, die im unbewußten Bereich der Organe aktiv werden.

Solche Vorstellungsgestalten können uns «besessen» machen; auch C. G. Jung schildert dieses Phänomen. Sie sind dann echte Dämonen geworden, die uns vom Unterbewußten her störend beeinflussen.

Wir haben es dann mit Zwangsvorstellungen zu tun, die ständig in unser normales Vorstellungsleben heraufdrängen und es «durchkreuzen». Unter bestimmten Umständen können diese dämonischen Gestalten Ängste, Halluzinationen oder Zwangshandlungen hervorrufen.

Es ist wohl begreiflich, daß die Gesprächstherapie da, wo sich einmal solche dämonischen Wesen gebildet haben, nicht mehr viel ausrichten kann. Denn diese Gestalten entziehen sich eben gerade dem Zugriff des Ich und führen ein Eigenleben. Zuerst muß die medikamentöse Behandlung des deformierten Organes, das die Vorstellungen sozusagen «festhält», einsetzen. Das heißt, die ätherische Fehlfunktion bzw. Mißbildung muß auf dem Wege einer spezifischen Organtherapie reguliert werden, da sonst nur eine neue Zwangsvorstellung an die Stelle der alten tritt. Erst, wenn das betreffende Organ wieder normal funktioniert, können psychotherapeutische Maßnahmen einen bleibenden Effekt erzielen und dadurch das Ich dazu anregen, auf eine sinnvolle Zukunftsgestaltung hinzuarbeiten.

Doch solche dämonischen Gestalten entstehen nicht nur aus der Wechselwirkung zwischen Vorstellungen und Erinnerungsspiegel, sie können auch dadurch entstehen, daß bestimmte *Gefühle* sich absondern, um dann gleichsam selbständige «Inseln» zu bilden, die dämonenhaft-zwingend und störend im Seelenleben wirken. Freud hat diese Gefühle als «Komplexe» bezeichnet. Es handelt sich in Wirklichkeit aber um dämonische Elementarwesen, die wir in unserem träumenden Gefühlsleben irgendwann einmal selbst geschaffen haben. Auch hier muß die spezifische Organtherapie mit der psychotherapeutischen Behandlung Hand in Hand gehen.

Schließlich können sich auch aus dem Stoffwechsel- und Willensbereich gewisse Willensentschlüsse und Handlungen, die an sich durchaus sinnvoll sind, aus dem Strom des Handelns lösen, sich festsetzen und dadurch einen unbeweglichen Charakter annehmen. Etwas derartiges findet bei jeglicher Gewohnheitsbildung statt. Dieser an sich nützliche Tatbestand – durch solche «Handlungsgestalten» werden Gewohnheiten zu Automatismen – kann uns jedoch häufig auch störend im Wege stehen, denn diese Handlungen machen sich oft gerade dann geltend, wenn man vom Ich aus eben gerade anders reagieren bzw. handeln wollte. Jede Verhaltenstherapie hämmert unserem Stoffwechsel- und Willensleben bestimmte Handlungsgestalten ein; dadurch entzieht sie dem Ich ein Stück seiner Freiheit und seiner Entwicklungsmöglichkeiten. Es läßt sich eigentlich nicht von Therapie sprechen, wenn eine alte Gestalt durch eine neue, genauso dämonisch-zwingende Gestalt ersetzt wird, selbst wenn die letztere im Sozialen vielleicht als weniger problematisch erfahren wird.

Es ist wohl deutlich geworden, daß ein fließender Übergang besteht zwischen dem Denkprozeß, der bestimmte Denkvorgänge, Gefühlskomplexe und Handlungsmuster automatisiert (also zu fixierten Gestalten macht), und den durch Schockwirkungen hervorgerufenen Fixierungen in den drei beschriebenen Gebieten. Um einen Lernprozeß möglichst wenig fixiert verlaufen zu lassen, hat Rudolf Steiner bestimmte methodische und didaktische Prinzipien entworfen, mit denen die Waldorfschulen arbeiten.[78] Diese Prinzipien sind, auch im Hinblick auf eine anthroposophisch orientierte Psychotherapie sehr lehrreich, da der Schulunterricht prophylaktische Wirkung hat, während eine psychotherapeutische Behandlung (leider) nur im nachhinein therapeutisch wirksam werden kann.

Ein erster Grundsatz des Waldorfunterrichts kann wie folgt umschrieben werden: nicht *definieren*, sondern *charakterisieren*! Definitionen sind festumrissene Gestalten, die den Ätherleib von außen her festlegen. Charakterisiertes bleibt beweglich, ist mehrdimensional; es besitzt auch Gefühlsgehalt und regt den Willen an, selbst neue, eigene Vorstellungen zu bilden. Während der ersten acht Schuljahre arbeitet der Waldorfunterricht daher sehr stark mit bildhaften Beschreibungen, und (scheinbar) abstrakter Lehrstoff wird in künstlerischer Weise vorgebracht. Nach der achten Klasse ist der Schüler in der Lage, den charakterisierten Stoff, jetzt im *Rückblick*, in einer Definition zusammenzufassen. Begriffe, die in der ersten Phase entstanden sind, werden nun zu «icherfüllten» Begriffen, die vom Schüler in Freiheit gehandhabt werden können.

Auf die Psychotherapie angewendet, bedeutet das: Man wird einen Weg suchen müssen, auf dem «leere», abstrakte, nicht icherfüllte, sondern von außen her übernommene Begriffe, Gefühle und Handlungen mit den fehlenden Qualitäten des eigenen Denkens, Fühlens und Wollens gleichsam «erfüllt» werden. Rudolf Steiner nannte diese hohlen Vorstellungen, Gefühle und Handlungen die drei Geißeln unserer Kultur: die *Phrase*, die *Konvention* und die *Routine*.[79] In der Psychotherapie geht es darum, daß Phrase, Konvention und Routine wieder entwicklungsfähig werden, indem sie einen Bezug zum Ich erhalten. So wird schließlich ein freies, selbständiges Denken, ein wärmegetragenes Gefühlsleben und ein muterfülltes Willensleben möglich.

Neben den Menschen, die sich in ihre eigenen Organprozesse verstricken (auf dem «Weg ins Innere» oder, mit anderen Worten, dem «inkarnierenden Weg»), gibt es auch Menschen, die den – exkarnierenden – «Weg ins Äußere» dazu benutzen, um der tieferen Inkarnation des Ich auszuweichen. Dies kann bereits bei jungen Kindern auftreten. Die Ursachen können in der Konstitution, in Schockerfahrungen oder starker Verwahrlosung liegen.

Eine bestimmte Gruppe solcher Kinder können wir als «kosmische Kinder» bezeichnen, deren Inkarnation zu langsam verläuft. Zu dieser Kategorie gehören einerseits die «normalen» Spätentwickler, deren entwicklungsmäßige Reife weit hinter ihrem eigentlichen Lebensalter zurückbleibt, andererseits auch die «Träumer», die wirklich in ihrer Entwicklung zurückgeblieben sind. Eine besondere Kategorie stellen in diesem Zusammenhang die *autistischen* Kinder dar, deren Ich aus verschiedenen Gründen nicht richtig eingreifen kann; ihre Entwicklung wird daher vom Astralleib bestimmt, was zur Folge hat, daß sie alle nur denkbaren Extreme, wie z. B. Zwänge, Ängste und Halluzinationen, ausbilden. Das autistische Kind lebt uns vor, was geschähe, wenn der Mensch wirklich kein Ich hätte, wie das viele psychologische Richtungen behaupten.

Tritt der Autismus schon bei jungen Kindern auf, so äußert sich die Neigung zur Flucht vor dem Inkarnationsprozeß um das 19. Jahr herum noch in anderer Form. Wir sprechen dann von der *Krise des Jugendalters*, in welcher sich das *eigene* seelisch-geistige Wesen des Menschen – welches das alte Karma in sich trägt, aber auch die Vorsätze für den neuen Lebensweg – sich immer mehr der Tatsache bewußt wird, daß es in einem leiblichen Instrument leben muß, das zu großen Teilen von den kulturellen Normen der Erziehung geprägt oder vielleicht auch verbildet ist – dies alles auf der Basis erblicher Anlagen. Diese erblichen Anlagen und diese Erziehung sind – wie schon öfter dargestellt – nicht «zufällig» so, wie sie sind. Denn Entwicklung findet nur durch die Überwindung von Widerständen statt, und das höhere Ich hat sich im Vorgeburtlichen seine Widerstände, wie sie durch eine bestimmte Vererbungsstruktur und eine bestimmte Erziehung gegeben sind, selbst «ausgesucht».

Doch das jetzt, um das 18., 19. Jahr herum zu sich selbst erwachende Ich muß nun, in einer Situation, in der das eigene Ichbewußtsein, die Lebenserfahrung noch schwach sind, diesem Impuls, bestimmte Widerstände zu überwinden, konkret Inhalt und Form geben. Eine entscheidende Rolle spielen in diesem Zusammenhang oft die Fragen der Berufswahl oder die Auseinandersetzung mit den oft abweichenden Berufsvorstellungen der Eltern usw. Dies können bestürzende Erfahrungen sein. Eine in den fünfziger Jahren durchgeführte Untersuchung bei ehemaligen Gewerbeschülern hat aufgezeigt, daß fünf bis zehn Jahre nach Abschluß der Berufsausbildung nur noch 20 % von ihnen in dem Beruf tätig waren, für den sie ursprünglich ausgebildet worden waren.

In zunehmendem Maße verbreitet sich eine Aversion gegen das Treffen von Entscheidungen. Man versucht solche Entscheidungsmomente herauszuschieben, beispielsweise dadurch, daß man erst noch einen «Trip nach Indien oder Nepal» unternimmt, oder – eine näherliegende Lösung – man flüchtet sich in unregelmäßige Gelegenheitsarbeit. In den letzten Jahren ist noch das Problem der Jugendarbeitslosigkeit hinzugekommen, durch das die Aussichten auf eine sinnvolle Zukunft noch verdüstert werden.

Dieses Zurückschrecken vor den eigenen Entwicklungsmöglichkeiten und -aufgaben, der «Zukunftsschock», kann in jedem Moment der Biographie auftreten, besonders häufig jedoch dann, wenn eine bestimmte Lebensphase abgeschlossen und die Problematik der nächsten noch nicht sichtbar geworden ist. Solche Einschnitte sind beispielsweise das 29. und 30. Lebensjahr, das 42. Jahr und der Abschnitt nach dem 56. Jahr, wo die Pensionierung bei vielen einen desintegrierenden Zukunftsschock auslöst, nach dem dann ein rascher körperlicher Abbau einsetzt.

Wenn überhaupt, so ist hier eine zentrale Ich-Therapie notwendig, wenn das Krankheitsbild auch durch allerlei sekundäre depressive Zustände häufig in die Richtung der Neurosen, des Weges ins Innere zu weisen scheint. Die Ich-Therapie spielt sich in einem Milieu der Wärme ab, die in der Begegnung von Patient und Therapeut waltet. Letzterer muß sich bei der Ich-Therapie zu 50 % als Mitträger der therapeutischen Situation fühlen. Er muß sein eigenes Schicksal (vorübergehend) mit dem des Patienten verbinden. Gespräche auf Distanz sind in einer derartigen Situation sehr frustrierend für den Patienten, sogar dann, wenn der Therapeut die Kunst des empathischen Zuhörenkönnens versteht.

Wichtige Symptome sind in diesem Zusammenhang Müdigkeit (oft in verschleierter Form auftretend), Kopfschmerzen und Phasen allgemeiner Lustlosigkeit. Sie verschwinden wieder, ohne daß eine spezielle Behandlung notwendig gewesen wäre, sobald sich ein mit warmem Enthusiasmus bejahter Weg in die Zukunft auftut. Auf der Suche nach diesem Weg muß der Therapeut seine non-direktive Haltung aufgeben und zusammen mit dem Patienten kreativ werden, um die richtige, nicht selten ungewöhnliche Lösung zu finden. Er erreicht dies, indem er gut hinhorcht auf die, oft nie zuvor ausgesprochenen tiefen Sehnsüchte und Verlangen, die im anderen leben und die, indem sie ans Licht gehoben werden, vorschlagsartig («Warum nicht...?») zur Sprache gebracht werden können; das hat oft überraschende Folgen: Neue Aktivität – als Resultat einer verstärkten Ich-Inkarnation – wird frei, Aktivität, die sich auf eine persönlich als sinnvoll erfahrene Zukunft richtet.

Zur Gruppe der exkarnierenden Neurosen gehören u. a. die Anorexie der Pubertätszeit, die Pseudologia fantastica, die im Jugendalter beginnt und einen ein ganzes Hochstaplerleben lang begleiten kann, ferner die Hyperventilation und die Hysterie. Einige davon werden wir im 16. und 17. Kapitel noch gesondert behandeln.

Zum Schluß noch einige Bemerkungen zu zwei wichtigen Strömungen innerhalb der Psychotherapie, die mit diesen beiden «Fluchtwegen», dem inkarnierenden und dem exkarnierenden, in besonderer Weise zusammenhängen. Wir meinen hier die bereits erwähnten Psychologen *Freud* und *Adler*.

Der große Unterschied des therapeutischen Ansatzes bei Freud und Adler liegt unserer Meinung nach darin, daß Freud in die persönliche Vergangenheit einzudringen versucht (der «Weg ins Innere»), während Adler eine Bewußtwerdung des persönlichen Lebenszieles erstrebt, die zur Findung eines sinnvollen Zukunftsbildes führt. Der Begriff der «Ermutigung» spielt dabei eine zentrale Rolle. Wer Adler gekannt hat, weiß, welches sein Geheimnis war: ein warmes Interesse, das Mitempfinden des Ringens eines Patienten; Ermutigung nicht als therapeutische Technik, sondern als ein warmer Strom, der direkt aus dem Herzen hervorquoll. Im Gegensatz dazu Freud und seine professionelle Zurückhaltung des Therapeuten. Zwei verschiedene Menschen – zwei einander polar entgegengesetzte therapeutische Richtungen; vielleicht sogar zwei Arten von Patienten, deren jede in spezifischer Weise behandelt werden kann.

Die jüngsten Entwicklungen im Bereich der Psychoanalyse haben aber den distanzierten Zuschauerstandpunkt aufgegeben und dem Gespräch wieder einen Platz eingeräumt; dies drückt sich bereits in der äußeren Anordnung der Situation aus: die Vis-á-vis-Position hat die Couch verdrängt.

14 Einige Gesichtspunkte zur Diagnose und Therapie

Wir wollen im folgenden drei Gesichtspunkte näher betrachten:
- die Diagnose
- die Wahl der Therapie
- die Methode der Therapie

Die Diagnose

Die Grundlage jeglicher verantwortungsbewußt gewählten Therapie ist das Stellen einer *differenzierten Diagnose*. Für die anthroposophisch orientierte Psychotherapie bedeutet das, daß bei der Diagnose von der Frage ausgegangen werden muß, von welchen Funktionsstörungen innerhalb der beschriebenen Organisationen – Ich-Organisation, Astralleib, Ätherleib und physischer Leib – die wahrgenommenen Symptome herrühren.

Solange sich der Krankheitsprozeß in der Hauptsache zwischen der Ich-Organisation und dem Astralleib abspielt, oder, anders ausgedrückt: zwischen Geist und Seele – hat man die Wahl zwischen allgemein-seelenhygienischen Maßnahmen, der Gesprächstherapie und der künstlerischen Therapie.

Wenn die seelische Problematik zu bleibenden Störungen der Lebensprozesse, d. h. des Ätherleibes, geführt hat, ist außer diesen allgemeinen Therapieformen auch eine medikamentöse Behandlung erforderlich. Im vorliegenden Zusammenhang beinhaltet dies eine medikamentöse Behandlung nach anthroposophisch-medizinischen Gesichtspunkten.[80]

Die medikamentöse Behandlung ist von primärer Wichtigkeit, wenn die chronischen Störungen des Ätherleibes zu anatomischen Veränderungen der Organe geführt haben, wie z. B. Entzündungen und Degenerationen. Die Psychotherapie kommt erst dann zu ihrem Recht, wenn sich die organischen Prozesse auf dem Wege zur Normalisierung befinden.

Das Stellen einer solch differenzierten Diagnose erfordert eigentlich eine vollständige medizinische Ausbildung und *außerdem* eine ebenso vollständige Beherrschung der anthroposophischen Medizin. Bei Fällen leichterer

Neurosen kann auch der in der anthroposophischen Psychotherapie ausgebildete Psychologe die entsprechende Therapie ausarbeiten. Er wird jedoch gut daran tun, eine freundschaftliche Zusammenarbeit mit einem anthroposophischen Arzt aufzubauen, mit dem er sich in Zweifelsfällen beraten kann und der eventuell auch Patienten übernehmen kann. Die differenzierte Diagnose entsteht dann aus dem gemeinschaftlichen Dialog.

Die Wahl der Therapie

Verschiedenste Therapieformen sind möglich: eine individuelle Gesprächstherapie, die Teilnahme an einer Reihe von Gruppengesprächen, Wochenenden oder Kursen, deren Dauer zwischen ein paar Wochen bis zu drei Monaten schwanken kann. Daneben wird so gut wie immer eine Form der künstlerischen Therapie indiziert sein (Heileurythmie, Sprachgestaltung, Malen und Plastizieren)[81]. Bestimmte Maßnahmen, die vom Studium bis zur Tätigkeit in einem gärtnerischen oder landwirtschaftlichen Betrieb reichen können, werden in vielen Fällen eine notwendige Unterstützung darstellen.

Wenn die Entscheidung für eine bestimmte Therapie einmal getroffen und der vorläufige Therapieplan aufgestellt ist, folgt die Ausführung. In der Praxis gehen die beiden ersten Phasen ineinander über. Das Erstellen einer differenzierten Diagnose erfordert eine ausführliche Anamnese, durch welche notwendigerweise erste Spuren biographischer Bewußtwerdung im Patienten angeregt werden.

Diese ersten anamnetischen Gespräche verlangen im übrigen größte Offenheit vom Therapeuten sowie die Fähigkeit des empathischen Kontakts mit dem Patienten. Dabei unterscheidet der Therapeut zwischen denjenigen Symptomen, die mit der Lebenssituation des Patienten zusammenhängen, d. h. die etwas über dessen karmische Situation offenbaren, und solchen Symptomen bzw. Ereignissen, die in das Gebiet der eigenen Entscheidungen und Entschlüsse gehören und dadurch etwas aussagen über die ureigensten Ziele der betreffenden Persönlichkeit.

Wenn man auf den Sinn des Leidens eingehen will, so kann auf die Notwendigkeit hingewiesen werden, die karmische Vergangenheit zu akzeptieren, die den Ausgangspunkt des jetzigen Lebens darstellt. Dazu gehören die Vererbung, das Erziehungsklima des Elternhauses, aber auch die Schulkameraden und alle einschneidenden Ereignisse, die die Biographie bis über das 20. Lebensjahr hinaus bestimmen. Sie sind von unserem höheren Ich gewissermaßen so arrangiert. Ein dominanter Vater oder eine dominante Mutter «fallen» uns nicht von außen her «zu», sondern wir haben sie uns selbst ausgesucht, um durch die Überwindung der dadurch gegebenen Widerstände altes Karma auszugleichen und so Entwicklungsmöglichkeiten für die Zukunft zu schaffen. Leise beginnt dann die Erkenntnis aufzudämmern, daß *ich selbst* mein Schicksal *bin*. Das heißt: Mein Schicksal gehört so zu mir wie mein Leib und mein Bewußtsein; es ist völlig sinnlos, dagegen anzukämpfen, denn dies wäre ja nur ein Kampf gegen mich selbst. Ich kann jetzt die Tatsache, daß ich so bin, wie ich bin, akzeptieren und zum Ausgangspunkt eines Entwicklungsweges machen. – Dies läßt sich mit der Situation bei der Übernahme eines laufenden Betriebes vergleichen: Am Anfang, nach der Übernahme, gibt es bestimmte Aktiva und Passiva, und es wäre töricht, die Passiva nicht wahrhaben zu wollen. Die Tatsache, daß ich geboren bin, ist für mich der Beweis, daß mein höheres Ich sowohl die Aktiva als auch die Passiva mit übernommen hat; die einzig sinnvolle Frage wäre diese: Wie kann ich mit Hilfe der Aktiva so weiterkommen, daß ich «unterwegs» die wichtigsten Passiva abbezahlen kann?

Man wird dann bemerken, daß sich im Überwinden der alten Passiva häufig sogleich wieder neue bilden.

Diese Erkenntnis, daß wir uns in einem fortlaufenden Entwicklungsprozeß befinden, wobei die heutige Situation einer Durchgangsstation auf einem langen Wege mit einem fliehenden Horizont vergleichbar ist, sie kann ein erstes Resultat der anamnetischen Phase sein, die also gleichzeitig schon ein Stück Therapie beinhaltet.

Eine erste Anstrengung gilt der – ansatzweisen – Überwindung des *Selbstmitleids*. Gleichzeitig wird ein erster Blick auf die *Zukunft* geworfen; handelt es sich anfangs noch um die allernächste Zukunft – einige Tage oder Wochen –, so kann dieser Prozeß in seinem weiteren Verlauf zur allmählichen Entdeckung des persönlichen «Leitmotives» führen, das unsere bisherige Biographie bestimmt hat und uns bis zum letzten Atemzug begleiten wird. Und obgleich dieses Leitmotiv an sich keiner Veränderung unterliegt, so kann doch an der Tatsache, daß wir immer wieder auf einer neuen, höheren Ebene mit einer bestimmten Problematik konfrontiert werden, das Maß des Fortschrittes auf dem Entwicklungswege abgelesen werden. Ist dieses Leitmotiv beispielsweise die Überwindung des Hochmutes, so wird diese Charaktereigenschaft, sobald sie auf der sozialen Ebene einmal überwunden ist, aufs neue auch auf der Ebene des geistigen Strebens überwunden werden müssen. Manche dieser Eigenschaften werden uns auf unserem Lebensweg immer wieder einen Streich spielen. Das Maß, in dem es uns gelingt sie in positive Zielsetzungen umzuwandeln, ist mitbestimmend für den Ausgangspunkt unseres nächsten Lebens, den wir damit also selbst in der Hand haben!

Die Methode der Therapie

Bezüglich der Methode einer anthroposophisch orientierten Psychotherapie können im Idealfall drei Phasen unterschieden werden: erstens die *diagnostische Phase,* oder kurz ausgedrückt: die Vergangenheit. Zweitens die *Entwicklungsphase,* die die Gegenwart betrifft. Drittens die *Konsolidierungsphase*: sie richtet sich auf die Zukunft.

Die *erste, diagnostische* Phase ist oben bereits beschrieben worden. Hier wäre dem noch hinzuzufügen, daß eine differenzierte Diagnose – die mehr ist als eine allgemeine Benennung des Krankheitsbildes, also z. B. «Zwangsneurose» o. ä. – verschiedene, deutlich unterscheidbare Elemente umfaßt:
- die ganze bisherige Biographie wird zuerst einmal chronologisch betrachtet;
- die Biographie wird auf ihre Knotenpunkte hin untersucht. Die vorher rein chronologische Betrachtung wird dadurch zu einer die innere Dramatik der Biographie wahrnehmenden Betrachtungsweise.
- im Anschluß daran werden die Konfliktbereiche zum Bewußtsein gebracht und benannt.
- eine erste Erkundung der Konfliktqualitäten kann in Angriff genommen werden (vergl. hierzu Kapitel 8 über «Aspekte der menschlichen Doppelgänger»). Dabei wird die «Tiefe» des Konflikts sichtbar bzw. erlebbar, was dann Schlußfolgerungen in Richtung einer Prognose ermöglicht.
- während dieser ersten Phase ist es möglich, durch das einfühlsame Stellen bestimmter Fragen gewisse biographische Episoden oder Problembereiche entweder tiefer auszuloten oder sie bewußt vorläufig ruhen zu lassen.

Der Therapeut wird sich während dieses ganzen Prozesses bemühen, eine Antwort auf folgende Frage zu finden: Wo spielen sich die Konflikte und Ängste etc. genau ab?
- auf der Ebene des Ich. Damit ist die Ebene des bewußt strebenden Menschen angesprochen.
- auf dem astralischen Niveau, der Ebene des «animalischen Menschen» mit seinen Begierden, Eifersuchtsgefühlen, Macht- und Schutzbedürfnissen.
- auf der Ebene der Lebensprozesse und der mannigfaltigen Organrhythmen wie z. B. Zuckerstoffwechsel, Blutdruck- und Temperaturkurve usw.; des weiteren in den vegetativen Prozessen der Leber, Nieren, Lungen, Milz, Herz und dergleichen. Störungen dieser vegetativen Rhythmen spiegeln sich im Bewußtsein als Stimmungen, wie z. B. Ängste, Zwänge, Depressionen und Halluzinationen.
- auf der Ebene des physischen Leibes, wo anhaltende Störungen schließlich

zu anatomischen Deformationen führen, die nur schwer wieder in Bewegung gebracht werden können. Es handelt sich hier entweder um partielle, sehr hartnäckige Störungen, die von einzelnen Organen ausgehen, oder um psychiatrische Restzustände bei erschöpften Schizophrenen, Fällen schwerer multipler Sklerose oder Parkinsonismen; aber auch um Patienten, wie wir sie früher nach einer behandelten Lues cerebri antrafen.

Anatomische Veränderungen stellen immer den letzten Akt eines längeren Dramas dar. Da das Gehirn zu den zentralen Organen zählt, gehören auch die Gehirnverletzungen in diese Kategorie, wobei der anthroposophische Psychotherapeut sich allerdings vor der nur allzu naheliegenden Verführung hüten sollte, psychische Abweichungen ins zentrale Nervensystem zu projizieren.

Wir kommen nun zur *zweiten* Phase, der sogenannten *Entwicklungsphase*. Kennzeichnend für die hier zur Anwendung kommende Methode ist, wie leicht begreiflich, die große Differenzierung der Möglichkeiten. Bei der Festlegung des Behandlungsablaufes kann uns folgende Faustregel helfen: «Nimm zuerst die lösbaren Probleme in Angriff». – Die Entwicklungsphase soll ja blockierte, gehemmte oder entgleiste Entwicklungsvorgänge wieder in Gang bringen. In der diagnostischen Phase sind viele Probleme sichtbar geworden. Manche von ihnen sind oft lästig, haben ihre Wurzeln aber doch mehr an der Oberfläche. Andere, wesentlichere Probleme wurzeln dagegen viel tiefer; die Auseinandersetzung mit ihnen wird dann wahrscheinlich einen sich über Jahre erstreckenden Entwicklungsweg erfordern. Solchen Kernproblemen nun sollte man nicht im direkten Frontalangriff zu Leibe rücken. Es ist besser, sie gleichsam einzukreisen und dann diejenige Problematik ins Auge zu fassen, bei der mit einer gewissen Wahrscheinlichkeit Resultate erzielt werden können, die der Patient auch selbst wahrnehmen kann. Dadurch entsteht ein Vertrauen in die Möglichkeiten der Therapie und der Mut, die weiteren Vorschläge hinsichtlich einer künstlerischen Therapie und anderer Behandlungsarten zu akzeptieren.

Die richtige Wahl des ersten Ansatzes entscheidet oft über den weiteren Verlauf des therapeutischen Entwicklungsprozesses. Man hüte sich dabei vor oberflächlichen Erfolgsmethoden. Schon der erste therapeutische Schritt muß der bewußten Ich-Entwicklung des Patienten dienen, statt ihn zum «Roboter» zu machen, wie das z. B. durch erfolgreiche Verhaltenstherapien oder suggestive Behandlungsweisen geschehen kann.

Die spezifische Therapie der Organneurosen und -psychosen ist bereits im 11. Kapitel dargestellt worden.

Je nach Möglichkeit sollten während der Entwicklungsphase vor allem auch *künstlerische Therapien* eingesetzt werden. Die künstlerischen Therapeuten müssen, im Hinblick auf ihre Zusammenarbeit mit den Therapeuten, während ihrer Ausbildung ein deutliches Bewußtsein der spezifischen Wirkungen ihrer Kunst entwickelt haben. Sie müssen in der Lage sein, die Diagnosen des Psychiaters oder Psychologen in die Bedingungen ihres jeweiligen Kunstgebietes zu übersetzen. Die Erfahrungen, die der Kunsttherapeut dabei macht (z. B. beim Malen, bei der Eurythmie, in der Sprachgestaltung), können andererseits dem Therapeuten wesentliche Anregungen hinsichtlich seines eigenen Vorgehens vermitteln.

Zum Arsenal der Psychotherapie gehören ferner auch spezielle *Willensübungen*. Dabei kann es sich um ganz einfache Aufträge handeln, wie z. B. daß man zweimal täglich zu bestimmten Zeiten eine Blume gießt; aber auch kompliziertere Aufgaben, die der Therapeut zusammen mit dem Patienten ausarbeitet, können in Betracht kommen. Solche Übungen helfen dem Patienten, sein eigenes Leben besser in den Griff zu bekommen.

Auch *Wahrnehmungsübungen* sind fruchtbar. Der Patient kann mit ihrer Hilfe eine neue Beziehung zu seiner Umwelt aufbauen. Man kann mit ganz einfachen Aufträgen beginnen: darauf zu achten, welche Bäume an beiden Seiten des Weges stehen, den man täglich zum Bahnhof geht ... – Später kann die Übung dann in abgewandelter Form gemacht werden; der Auftrag ist dann beispielsweise die Wahrnehmung des charakteristischen Unterschiedes zwischen einer Birke, einer Linde und einer Eiche. Einen sehr guten, bewußtseinsweckenden Effekt können auch bestimmte Fragen haben. Ein Beispiel: «Können Sie den Strauch beschreiben, der im Vorgarten dieses oder jenes Hauses steht, an dem Sie schon jahrelang zweimal täglich vorbeikommen? Bitte schauen Sie ihn sich jetzt einmal wirklich gut an, und beschreiben Sie ihn mir bei Ihrem nächsten Besuch!» Auch auf dieser Ebene sind unendlich viele Variationen möglich, je nach Maßgabe des Lebenshorizonts des Patienten, aber auch des Therapeuten.

Es gibt in der anthroposophischen Psychotherapie keine festgelegte Technik, die übertragbar wäre. Jeder Therapeut wird sich seinen eigenen Weg durch die Therapieformen suchen müssen, um sie sich anzueignen. Was der eine durch seine Naturbegeisterung erreicht, erreicht ein anderer vielleicht durch die gemeinsame Arbeit an Märchen oder durch das Ausspielen bestimmter Situationen. Der Therapeut geht von seinem eigenen Interessengebiet, seinem eigenen «Instrument» aus und paßt sich dabei an die jeweiligen Möglichkeiten seines Patienten an.

Ein weiteres Aufgabengebiet ist die Übung der *Positivität*. Um dies zu erreichen, kann dem Patienten beispielsweise aufgetragen werden, ein ganz gewöhnliches Schulheft zu kaufen und darin jeden Abend auf höchstens einer halben Seite ein positives Ereignis, das an diesem Tag stattgefunden hat, zu beschreiben. Der Patient darf nicht zu Bett gehen, bevor er nicht etwas, und sei es auch noch so Unscheinbares, aufgeschrieben hat. Dieses Heft muß zu jeder Sitzung mitgebracht werden, und der Inhalt wird gemeinsam durchgenommen.

Neben derartigen Aufgaben ermutigt man den Patienten dazu, selbst *neue* Aufgaben nach eigener Wahl zu übernehmen, die *durchgehalten werden müssen*, und seien sie auch noch so einfach. Vom Ich selbst gesetzte Aufgaben wirken – unabhängig von eventuell noch vorhandenen Depressionen, Ängsten und Zwängen – auf den Ätherleib, bringen ihn in Bewegung. Dadurch werden über einen Umweg «Verhärtungen», die zu Zwängen führen können, wieder aufgeweicht.

Es kann unter Umständen äußerst sinnvoll sein, mit dem Patienten an *Bildern* (aus Märchen, Erzählungen oder Legenden, z. B. dem Parzival-Epos) zu arbeiten, die eine für ihn erkennbare und gleichzeitig relevante Problematik in sich bergen. Die Erlebnisse, die durch solche «wirksamen» Bilder entstehen, können ebenfalls eine lösende Wirkung auf den Ätherleib ausüben.

Die *dritte* Phase, die *Konsolidierungsphase*, resultiert in der Findung eines neuen Lebensstils.

Wenn der Patient auf dem Weg zur Besserung ist und an künstlerischen Kursen teilnimmt, den roten Faden seines Lebens wieder aufgegriffen oder eine neue Richtung gefunden hat und dabei sich selbst, bei wachsender Selbsterkenntnis, stets mehr akzeptieren gelernt hat – so ist die letzte Phase der Therapie angebrochen. Der Patient muß jetzt darauf vorbereitet werden, den weiteren Weg selbständig zu meistern. Eine neue Lebensweise, ein anderer Lebensstil muß entwickelt werden.

Es kann in diesem Stadium sinnvoll sein, je nach den Möglichkeiten des Patienten, nun z. B. die Beschäftigung mit dem Wesen des menschlichen Lebenslaufes, religiöser oder historischer Literatur, der goetheanistischen Naturbetrachtung in ihrer Anwendung auf die Pflanzen- und Tierwelt anzuregen.[82] So können dann ganz neue Interessengebiete entstehen.

Die Ausbildung eines neuen Lebensstils wird notwendigerweise auch die Forderung nach einem neuen *Lebensrhythmus* mit einschließen. Die Auseinandersetzung mit dem Tages-, Wochen-, Monats- und Jahresrhythmus wirkt ordnend auf die eigenen Lebensrhythmen. Ein gleichmäßiger Arbeitsablauf, regelmäßige Abwechslung von Freizeit, Essenszeiten und Zeiten, in denen der soziale Umgang zu seinem Recht kommt – dies alles wirkt wie ein beruhigender Atemvorgang.

Schließlich ist es von großer Wichtigkeit, daß neue, dauerhafte Aufgaben gefunden werden können, u. U. sogar ganz neue Lebensziele. Dies kann gelegentlich dazu führen, daß ein anderer, als sinnvoller erfahrener Beruf ergriffen wird.

Die Konsolidierungsphase steht vor allem am Anfang im Zeichen bestimmter, vom Therapeuten ausgearbeiteter Maßnahmen, die später von selbstgewählten Aufgabenstellungen abgelöst werden können. In bestimmten Fällen kann nach einiger Zeit ein Anfang gemacht werden mit einer meditativen Tätigkeit, das heißt mit der regelmäßigen, intensiven Vertiefung in Form und Inhalt eines Textes oder Spruches. Die unterschiedlichsten Arten von Meditationen können hier in Frage kommen. Besonders stark wirken vor allem Meditationen, die beim Einschlafen oder Aufwachen gemacht werden.

15 Die Therapie seelischer Entwicklungsstörungen

Im 10. Kapitel haben wir die drei Seelenqualitäten der Empfindungs-, Verstandes/Gemüts- und Bewußtseinsseele behandelt. Im Anschluß daran wollen wir hier nun noch einige pädagogische und therapeutische Gesichtspunkte zur Sprache bringen.

Die Umbildung des leibgebundenen Astral*leibes* zur Empfindungs*seele* hat sich, gesamtmenschheitlich gesehen, während der ägyptisch-chaldäischen Kulturepoche (zwischen ca. 3000 und 700 v. Chr.) unter der Führung hoher hierarchischer Wesenheiten der Venussphäre vollzogen. Ihre Aufgabe bestand darin, den Astralleib (mittels der sakralen Kunst) mit Bildern und (durch die Tempelritualien) Entwicklungsprozessen zu durchsetzen, die eine veredelnde und «vermenschlichende» Wirkung auf ihn ausübten, während die Marskräfte in ihm eine Orientierung zur äußeren Welt hin bewirkten. Dadurch wurden Sinneseindrücke zu Empfindungen, die als gefühlsgesättigte Erlebnisse bleibend in der Seele weiterbestanden, selbst wenn der ursprüngliche Sinneseindruck nicht mehr vorhanden war. Anders ausgedrückt: Die äußere Sinneswelt wurde verinnerlicht und mit Gefühls- und Erlebnisqualitäten durchsetzt.

Zum erstenmal in der Menschheitsgeschichte wurde nun ein kontinuierliches Innen-Erleben möglich. Diese Kontinuität fehlte den älteren Kulturen, der urpersischen und urindischen noch; sie lebten noch rein in der Anschauung. Erlebnisinhalte waren abhängig von der Anwesenheit des wahrgenommenen Objekts. Hierin liegt der Grund der so häufigen Wiederholung bestimmter Geschehnisse und Personenbeschreibungen in den alten kultischen Texten und mythologischen Erzählungen.

Der heutige Mensch muß seine *individuelle* Empfindungsseele inmitten einer Kulturumgebung ausbilden, die bereits zwei weitere Entwicklungsstadien hinter sich hat. So kommt es, daß das kleine Kind heute die Formen und Inhalte der Empfindungsseele durch die Nachahmung von Formen in sich aufnimmt, die bereits mit Elementen der Verstandes- und Bewußtseinsseele durchzogen sind.

Ab dem dritten Jahr beginnt das Kind eine kontinuierliche Innenwelt zu entwickeln. Es ist daher von großer Bedeutung für die Richtung des Unterrichts im Kindergartenalter, daß dem Kinde ab dem dritten Lebensjahr solche Inhalte und Formen vermittelt werden, die noch reine Empfindungsseelenqualität besitzen. Durch Märchen, Puppenspiel, Erzählen und Spiele werden sie dann innerer Besitz des kleinen Kindes. Alle Aktivitäten – Malen, Zeichnen, Schauspielen, Musizieren und Musikhören sowie das eigene kreative Spiel des Kindes –, sie müssen sich zunächst ganz in der Sphäre des *reinen Erlebnisses*, d. h. noch ohne die erklärend-deutenden Elemente der Verstandesseele bzw. die moralisch-wertenden der Bewußtseinsseele, abspielen. (Daß das moralische Element eng mit der Bewußtseinsseele zusammenhängt, ist weiter oben bereits aufgezeigt worden.)

Diese Grundtatsache des Unterrichts im Vorschulalter ist nun gleichzeitig auch ein Ausgangspunkt für die Therapie in Fällen, bei denen die Empfindungsseele – sei es anlagebedingt, sei es durch die Erziehung – unterentwickelt ist. Der Patient klagt dann über ein inneres Leeregefühl, Mangel an innerer Wärme und Enthusiasmus sowie Kontaktarmut gegenüber der Umwelt und den Mitmenschen. Das therapeutische Gespräch darf keine intellektuell-erklärenwollenden Züge annehmen; die moralische Wertung bestimmter Situationen muß möglichst vermieden werden. Man sage nicht allzuviel, sondern lese ein Märchen vor, eine einfache Erzählung oder vielleicht auch ein biblisches Gleichnis. Man läßt die Bilder dann ohne Deutungsversuche einfach stehen und regt den Patienten eventuell an, sie malend oder zeichnerisch frei wiederzugeben.

Die Patienten können einfach an der Gruppen- und Heileurythmie teilnehmen. Man gebe ihnen den Auftrag, die aufgenommenen Bilder und künstlerischen Aktivitäten abends vor dem Einschlafen noch einmal deutlich Revue passieren zu lassen. Man kann, zur Bereicherung des Innenlebens, bestimmte Leseaufträge erteilen oder Naturwahrnehmungsübungen ausführen lassen, doch nie mit einer interpretierenden Haltung, sondern immer so, daß man versucht, einfach beschreiben zu lassen, was man wahrgenommen und schön gefunden hat.

Man versuche, emotionale Entladungen und heftige Zusammenstöße bei Gruppengesprächen zu vermeiden, denn *sie verstärken* nur *die Leibesgebundenheit des Astralleibes*, eine Tatsache, die sich häufig bei Encountergruppen und ähnlichem wahrnehmen läßt. Man versuche auch, keine Urteile über andere und sich selbst auszusprechen, denn das kann rasch zu einer pervertierten Entwicklung der Bewußtseinsseele führen, der die echte moralische Tiefe fehlt, die ja nur auf dem Wege des Opfers und des Liebens erreicht werden kann.

Die unterentwickelte Empfindungsseele ist eine typische Erscheinung unserer intellektuell-materialistischen Kultur. Bei den Neurosen tritt sie nur verstärkt auf. So ist es erklärlich, daß sich jegliche sozialhygienische Aktivität in erster Linie auf das Nachholen derjenigen Entwicklungsprozesse zu konzentrieren hat, die während des Vorschulalters zu kurz gekommen sind. Wir *alle* brauchen eine Stärkung des *Sonnenselbstes*.

Wir müssen uns nun mit den Entwicklungsproblemen der *Verstandesseele* befassen. Sie wurde im alten Griechenland – im Zeichen der Jupiter-Zeus-Kultur dieses Volkes – veranlagt. Die Entwicklung der Gefühlskräfte der Gemütsseele spielte im Vergleich dazu noch keine große Rolle, denn es lebte ja noch die ganze farbenreiche Fülle der noch jungen Empfindungsseele, die ihre Nahrung in der Mythologie fand, im mittleren Gebiet, dem Sonnenselbst. Die erwachende Gemütsseele wurde noch im Bilde der merkurialen Hermeskräfte erlebt, die von unten her ihre dionysisch-chaotisierenden Wirkungen geltend machten. In dem Gegensatz zwischen dem apollinischen und dem dionysischen Element gewahren wir ein Bild der beginnenden Verstandes- und Gemütsseelenentwicklung.

Der Grieche mußte diese chaotischen Organ-Ätherkräfte erst noch beherrschen lernen. Eine wichtige Rolle spielte in diesem Zusammenhang das griechische Drama mit seinem Prinzip der Katharsis.

Auch in der bildenden Kunst finden wir ein solches Bild, das die damalige seelische Entwicklungssituation widerspiegelt: Der Grieche erkannte sich selbst im Bilde des die Rosse zügelnden Wagenlenkers.

Wie bereits erwähnt, waren diese Entwicklungsvorgänge noch aus der Jupitersphäre heraus inspiriert. Erst in der römischen Zeit verbreiteten sich die Merkurmysterien über Europa und die Überwindung der Stoffwechselkräfte durch den Sonnenmensch wurde in den Mithrasmysterien gefeiert.

In der *individuellen* Entwicklung des Menschen werden die Verstandes- und Gemütskräfte zwischen dem 7. und dem 14. Jahr veranlagt. Die Pädagogik muß diese Tatsache berücksichtigen. Der Übergang vom «erlebten Bild» zum «begriffenen Bild» muß behutsam vor sich gehen; gleichzeitig müssen ätherische Sonnenkräfte die Gefühlskräfte durchstrahlen. Sonst besteht die Gefahr, daß die Gemütsseele unterentwickelt bleibt. Auch die *unterentwickelte Gemütsseele* ist, genauso wie die «leere» Empfindungsseele, symptomatisch für unsere Kultur. Die Gemütsseele, die nicht von den Sonnenkräften durchstrahlt ist, manifestiert sich u. a. in gesellschaftlicher Konvention und bürgerlicher Gemütlichkeit.

Die Jahrgänge nach 1950 lehnten sich gegen diese Gemütskultur auf, doch dabei zeigt sich nun die andere Seite der merkurhaften Lebenskräfte: Der Protest ist häufig chaotisch, möglichst schnelle «Lösungen» werden gesucht, die dann rasch wieder verworfen werden.

Die Therapie bei Problemen der Verstandesseelenebene muß sich vor allem auf die Aktivierung des *eigenen*, selbstgesteuerten Denkens richten, welches das spiegelnde «Erinnerungsdenken» ersetzen soll, zu dem die Schüler und Studenten z. B. durch den programmierten Lehrstoff und multiple choice-Examina heute immer stärker erzogen werden.

Wir kennen die Klagen der Eltern in diesem Zusammenhang: Mangel an Originalität im Gespräch oder bei der Arbeit; Handlungen, die sozusagen ohne seelische Anteilnahme aus reiner Routine vollzogen werden; Passivität in der Freizeitgestaltung; das Gefühl, daß man ein Versager ist und nichts zustandebringt usw.

Auch hier muß die Therapie in der Mitte ansetzen: So kann beispielsweise durch die denkerische Beschäftigung mit einem neuen Wissensgebiet, an welches keine Schulerinnerungen bestehen (z. B. am Anfang einer therapeutischen Gruppenarbeit in Form eines Kurses über phänomenologische Naturwahrnehmung oder Astronomie auf der Basis eigener Wahrnehmungen), die Denkfaulheit überwunden werden; der Patient entdeckt im Laufe der Arbeit, daß er ein eigenständiges Denken selbst entwickeln kann.

Ein weiterer Schritt kann in der Teilnahme an einer Patienten-Studiengruppe im Rahmen eines Therapeutikums bestehen.

Die Gemütsseele bildet die Basis des sozialen Lebens, und sie kann auch nur in diesem vollständig ausgebildet werden. Ein gestörter Umgang mit anderen Menschen, Vereinsamung, das Gefühl, ausgestoßen zu werden oder die Neigung, sich zu stark in soziale Aktivitäten zu verlieren – dies alles sind Probleme, die nur durch praxisgerichtete Übungen überwunden werden können. Hier liegt ein Arbeitsfeld für die Gruppentherapie, ganz besonders aber auch für die Eurythmie. Soziodrama und Agodrama, mit deutlich umschriebenen Aufgaben und anschließender Evaluierung des Ablaufs, bieten schier unbegrenzte Übungsmöglichkeiten; doch sollte dabei die unstrukturierte, sich in der Atmosphäre der Emotionalität abspielende Begegnung tunlichst vermieden werden.

Die *Bewußtseinsseele* ist die erste Seelenkraft, die der Mensch *selbst*, d. h. ohne die Hilfe der Welt der Hierarchien, ausbilden muß. Ja, die Menschheit wird diese Kraft den Hierarchien gleichsam übergeben als einen Beitrag zur Evolution, die in ihrer nächsten Phase zum Jupiterzustand[83] fortschreiten muß.

Dies bedeutet, daß die Bewußtseinsseele die gewaltige Spannweite zwischen der fernen saturnischen Geistwelt und der so nahen Wirkung der Mondenwelt zu überbrücken hat. Die Mitte, das Sonnenselbst, wird dies nur durch Aufbietung zusätzlicher Kräfte leisten können. Doch wo uns in früheren Entwicklungsphasen noch die Welt der Hierarchien zu Hilfe kam, indem sie mithalf, die Extreme immer mit der Mitte zu verbinden, da muß nun der Mensch selbst die notwendigen Maßnahmen ergreifen. Zu diesen Maßnahmen gehört die Schaffung sozialer Einrichtungen, die in der Lage sind, die drei Kräftewirkungen von Saturn, Sonne und Mond auf sinnvolle Weise im Gleichgewicht zu erhalten. Wir haben schon früher auf diese Tatsache, die den Hintergrund der «Dreigliederung des sozialen Organismus» bildet, hingewiesen: Die sozialen Einrichtungen müssen so gestaltet sein, daß sie dem Geistesleben, dem sozialen Miteinander oder dem Rechtsleben und dem Arbeits- bzw. Wirtschaftsleben eine ihrer Natur gemäße Entfaltung ermöglichen, so daß jedes dieser Gebiete seinen eigenen Beitrag zum Ganzen liefern kann.

Die große Gefahr bei der Entwicklung der Bewußtseinsseele liegt im *Auseinanderfallen* der Seelenkräfte, die sich einerseits in dem weltfremden Hang zu luziferischen geistigen Gebieten äußert – wie sie der modernen Menschheit von vielen Sekten in Form alter Spiritualität angeboten wird –, andererseits darin, daß der Mensch sich in die Mondenprozesse des physischen Leibes verstrickt. Man kann dann dem Drang zügelloser Sexualität verfallen; einem anderen Aspekt derselben Sache begegnen wir in der Glorifizierung körperlicher Höchstleistungen im Leistungssport.

Die «vertikal» von einer Weltenmitternacht zur anderen wirksamen Saturnprozesse können ein einseitig egoistisches Persönlichkeitserleben erzeugen, in dessen Gefolge starkes Machtstreben auftreten kann.

Die «horizontal» im Strom der Generationen wirksamen Mondenprozesse binden den Menschen an sein irdisches, vererbungsgebundenes Instrument; sie begünstigen eine materialistische Lebenshaltung und im weiteren Sinne all dasjenige im Leben, was sich vom Strom der Vererbungskräfte tragen läßt.

Die Mitte, das Sonnenselbst, muß in der Begegnung mit anderen Menschen die Selbstlosigkeit, Toleranz und Positivität üben, die man braucht, um das Gleichgewicht halten zu können. Andernfalls verhärten die Zirkulationsprozesse, was zu den vielerlei Formen von Herzinfarkten und Arteriosklerosen führen kann. Auch wenn es nicht soweit kommt, ist doch in der Psyche schon eine gewisse «Versteifung» der Gefühlswelt konstatierbar, die sich in einem ängstlichen Unvermögen zu wahrem Enthusiasmus oder echtem Einsatz für andere Menschen äußert. Es ist wie ein starres Korsett, das das Aus-sich-Heraussetzen von Gefühlen vereitelt. Bei den Problemen zwischenmenschlicher Beziehungen (Ehe, Freundschaft, Zusammenarbeit usw.) tritt dies häufig auf. Gerade hier erweisen sich das therapeutische Gespräch und das Gruppengespräch (unter Leitung) als wertvolle therapeutische Formen. Daneben kann die künstlerische Therapie mit ihren verschiedenen Formen und Möglichkeiten ein gutes Fundament für alle Therapien auf diesem Gebiet abgeben, da sie das Sonnenselbst kräftigt.

Das Sonnenselbst ist diejenige Kraft, die durch ihre zusammenfassende Wirkung dafür sorgt, daß die ferne Spiritualität des Saturn den Menschen nicht weltfremd werden läßt, sondern ihr eine Richtung gibt, in deren Licht er seine Erdenpflichten als sinnvoll erfährt; sie hebt die Mondenkräfte über den Bereich des Fortpflanzungswesens heraus, wodurch dieses Gebiet soweit «vermenschlicht» wird, daß Beziehungen auf seelischer und geistiger Ebene möglich werden.

Im Hinblick auf die Menschheitsentwicklung stehen wir erst noch am Anfang der Bewußtseinsseelenentwicklung. Die Menschheit hat völliges Neuland betreten – ein Gebiet, das nicht ohne Gefahren und Risiken ist. Die tragende Kraft der Verstandesseele, die Frömmigkeit, hat bereits ihre Tragfähigkeit verloren, und die neue, im Aufgang begriffene Kraft, die *moralische Urteilskraft des Herzens*, ist noch schwach.

Die Entwicklung dieser moralischen Urteilskraft ist das Ziel des modernen Schulungsweges. Eine moderne, spirituelle Psychotherapie wird ihre Aufgabe in der Entwicklung dieser Kraft sehen müssen.

16 Die hysterische Konstitution

Am Beispiel der Hysterie kann aufgezeigt werden, wie eng der Weg ins Äußere (während der Nacht) und der Weg ins Innere des eigenen Organismus (während des Tages) miteinander zusammenhängen. Sie sind wie die zwei Schalen einer Waage, die sich um einen stabilen, selbst unbeweglichen Mittelpunkt bewegen.

Der Mensch ist ein Wesen der Mitte. Sein normales Tagesbewußtsein ist nur dann stabil, wenn ein Gleichgewicht besteht zwischen dem Bewußtseinsverlust durch das Einschlafen einerseits und der «Bewußtseinsfesselung» durch das Erwachen in den unbewußten Prozessen des eigenen Organismus andererseits. In beide Richtungen kann der Mensch zwar sein Bewußtsein durch Übung erweitern, doch er überschreitet dann gewisse Grenzen, die unser gegenwärtiges gewöhnliches Tagesbewußtsein nicht überwinden kann. Dies ist bereits von verschiedenen Gesichtspunkten aus beschrieben worden.

Der heutige Mensch könnte im Grunde durchaus in seinem normalen Tagesbewußtsein und dem damit gegebenen sinnengebundenen Weltbild verharren, wenn die Schwellen, die es nach «unten» und «oben» hin begrenzen, inzwischen nicht Erlebnisse durchlassen würden, angesichts derer sich das gegenwärtige Tagesbewußtsein keinen Rat mehr weiß.

Bei der Hysterie nun wird die stabile Mitte von Bewußtseinsveränderungen bedroht, die mit einer unregelmäßigen Exkarnation bzw. Inkarnation beim Einschlafen und Aufwachen zusammenhängen. Die Ursache der Hysterie ist *konstitutionell bedingt;*[*] die funktionellen, ätherisch-astralischen Begrenzungen der Organe – sie bilden gleichsam deren «Haut» – sind hier nach zwei Seiten hin durchlässig: Erstens dringen innere Organqualitäten – auf der ätherischen Ebene also die Organfunktionen – durch den Bewußtseinsspiegel hindurch bis in das Tagesbewußtsein, wo sie «abnormale» Erlebnisse verursachen, und zweitens «fließt» der Astralleib, der die Quali-

---

[*] Der Begriff der «Konstitution» wird hier anders verwendet als in den vorangegangenen Kapiteln. Handelte es sich dort ausschließlich um die rein *physische* Konstitution, so ist hier die Art und Weise, wie *alle* Wesensglieder ineinandergreifen und miteinander verbunden sind, gemeint («Wesensgliederkonstitution»).

tät eines Organs bestimmt, in die Umgebung «aus», wo er, unbewußt, zu Wahrnehmungen kommt.

Das *normale* Wahrnehmen geschieht vermittels der jeweils auf ein bestimmtes Gebiet spezialisierten *Sinne*. Wir haben gelernt, die uns auf diese Weise vermittelten Informationen über die Welt zu erkennen, sie einzuordnen und als Vorstellungen zu verinnerlichen. Durch unsere Erziehung haben wir gelernt, mit solchen Vorstellungen und Begriffen umzugehen. Sie beruhen jedoch allesamt auf Informationen, die wir erhalten, indem wir die Welt, also auch unseren eigenen physischen Leib, «von außen her» anschauen. Bei der Hysterie nun handelt es sich darum, daß *abnormale Sinneswahrnehmungen* durch dafür ungeeignete Organe auftreten. Diese Wahrnehmungen werden dann für das Bewußtsein in die «Organsprache» des betreffenden Organs «übersetzt».

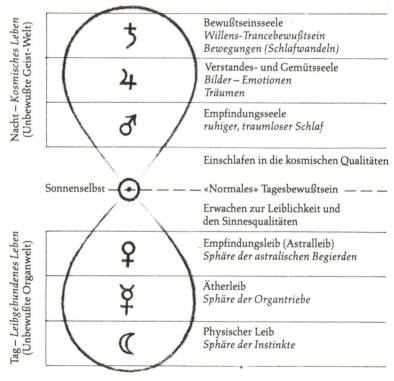

Der Gang des geistig-seelischen Wesens des Menschen durch Tag und Nacht.

Beim Einschlafen schwindet zuerst das Bewegungsvermögen, dann hört die Möglichkeit des Kontaktes zur Welt, wie sie durch die verschiedenen Sinne gegeben ist, auf, und schließlich setzt das Tagesbewußtsein aus. Danach setzt der Schlaf ein, bei dem drei verschiedene Qualitäten unterschieden werden können:
1. der ruhige, traumlose Schlaf
2. das Träumen
3. Bewegungen während des Schlafes (von Bewegungen der Augäpfel, lautem Sprechen bis hin zum Nachtwandeln) in einer Art von Trancebewußtsein.

Daß diese drei Zustände im Schema auf S. 188 als drei räumlich getrennte Ebenen, die während des Schlafes durchschritten werden, dargestellt werden, entspricht im Grunde nicht der geistigen Wirklichkeit; dort gibt es keinerlei räumliche Trennungen, sondern lediglich unterschiedliche Qualitäten. Das geistig-seelische Wesen des Menschen verbindet sich mit kosmisch geistig-seelischen Qualitäten und schöpft daraus die Kräfte, die es für den neuen Tag braucht.

Das geistig-seelische Wesen des Menschen lebt während der Nacht in den Qualitäten der obersonnigen Planetenkräfte, die die Urbilder der Seelenkräfte in sich bergen: Empfindungs-, Verstandes- und Bewußtseinsseele in ihrer *kosmischen* Erscheinungsform.

Aus diesem Gang, der sich in Form einer Lemniskate darstellen läßt, schöpft das geistig-seelische Wesen des Menschen jede Nacht die kosmischen Kräfte, die das bewußte Tagesleben der Empfindungs-, Verstandes- und Bewußtseinsseele ernähren. Die Marsqualitäten verleihen ihm die Stoßkraft, die es benötigt, um mittels der Empfindungsseele die Welt wahrzunehmen und auf das Wahrgenommene zu reagieren. Die Jupiterkräfte verleihen ihm die Denkkräfte, die es ihm ermöglichen, die Welt gedanklich zu erfassen und sich im Gemüt damit zu verbinden. Die Kräfte des fernen Saturn schenken ihm schließlich die Kraft, durch welche es den Willen in der Bewußtseinsseele entwickeln kann, der es zur restlosen Verbindung mit der Erde im Zeichen von Tod und Auferstehung führt – dies alles unter dem Aspekt der Überwindung des Bösen durch moralische Kräfte.

Der Durchgang durch diese Bereiche spiegelt sich in den drei Qualitäten des Schlafes: dem *ruhigen, unbewußten Schlaf*, der in der Qualität der Empfindungsseele webt; dem *Traum-Schlaf*, mit seiner Welt der emotionsreichen Bilder der Gemüts- und Verstandesseele; und schließlich in den tief-unbewußten *Bewegungen* während des Schlafes, in denen sich die Begegnung mit der saturnischen Qualität des Bewußtseinsseelenbereiches spiegelt.[84]

Der Gang durch diese drei Qualitäts-Regionen ist nichts einmaliges, sondern wiederholt sich während einer Nacht mehrere Male. Perioden des ruhigen Schlafes wechseln ab mit solchen des Träumens oder Perioden mit Bewegungsimpulsen, die sich vor allem an den Augenbewegungen ablesen lassen. Ein letzter Rest des Traumbewußtseins kann eventuell – wenn wir uns an unsere Träume zu erinnern versuchen – über die Schwelle des Erwachens in das Tagesbewußtsein herübergerettet werden. Je wacher wir sind, desto schwieriger wird das. Dennoch, mit einer gewissen Übung wird es einem immer besser gelingen, auch größere Stücke seiner Träume festzuhalten.

Beim Erwachen taucht das bewußte Ich zusammen mit den beschriebenen Seelenqualitäten in die Leiblichkeit und die Welt der Organe ein. Würde es mit seinem Wachbewußtsein diese Welt so ohne weiteres erleben können, so würde es dort den Qualitäten des Astral-, Äther- und physischen Leibes in ihrem Zusammenhang mit den Organprozessen begegnen. Diese Prozesse sind, wie bereits dargestellt, keineswegs freilassender Natur, sondern von zwingender Gewalt. Sie sind imstande, Substanzen abzubauen und wieder aufzubauen. Mit der gleichen zwingenden Kraft würden sie die Seelenwelt von Empfindungs-, Verstandes- und Bewußtseinsseele ergreifen und überwältigen. Diese Seelenqualitäten kämen dann außerdem mit der unbewußt-astralischen Welt in Berührung, der Welt der Erinnerungen (Komplexe), Emotionen und Invasionen, die C. G. Jung auf dem phänomenologischen Wege beschrieben hat.[85]

Diejenige schützende Macht in uns, die wir bereits als den «kleinen Hüter der Schwelle» kennengelernt haben (vergl. hierzu die Ausführungen im 8. Kapitel), richtet unsere Seelenkräfte beim Aufwachen sofort auf die Außenwelt. Doch im Laufe des 20. Jahrhunderts ist die «innere Schwelle» immer niedriger geworden – Stücke dieser unteren Welt können in unser Bewußtsein eindringen, ohne daß wir darauf vorbereitet sind; die Folgen, die verschiedensten beunruhigenden inneren Erfahrungen, sind im Verlauf der Darstellung ja beschrieben worden.

Als erste Qualität macht sich der Bereich der unbewußten astralischen *Begierden* geltend, die als Venus-Qualitäten ihre positiven organischen Wirkungen entfalten. Als zweite Qualität werden sodann die ätherischen *Triebe* (Hunger, Durst, Überlebenstrieb usw.) wirksam, die in der Seele gespiegelt werden und diese in den Bann ihrer Abbauprozesse, Umsetzungen, Aufbau- und abermaligen Abbauprozesse ziehen (Merkur-Qualitäten). Schließlich kommt das geistig-seelische Wesen mit den *Instinkten* in Berührung, die an den physischen Organismus gebunden sind und die in der Tierwelt nahezu alle Verhaltensmuster bestimmen. Hierhin gehört alles, was mit der Fortpflanzung usw. zusammenhängt (Mond-Qualitäten).

Für die hysterische Konstitution gilt nun, daß beim allmorgendlichen Erwachen die höheren Seelenkräfte der Empfindung, des Verstandes, Gefühls und des Willens in den Organismus eindringen. Bei der normalen Konstitution werden sie durch die Haut des Körpers und die inneren Begrenzungen der Organe abgewehrt und konserviert, bei der hysterischen Konstitution dagegen schießen sie sozusagen durch die Haut hinaus in die Außenwelt. Wo dieses partiell, je nach den Organen, die dabei im Spiel sind, der Fall ist, tritt auch ein partieller Bewußtseinsverlust und eine partielle, halbbewußte Wahrnehmung der Qualitäten der Sinneswelt auf, bei der etwas ganz Ungewöhnliches geschieht: Die Welt wird nun nicht von außen her angeschaut, sondern sie wird von innen her in ihren Wirkungen wahrgenommen!

Daraus kann ein sensibles, künstlerisches Einfühlungsvermögen in Naturstimmungen entstehen oder ein intuitives Miterleben der Nöte und Bedürfnisse eines anderen Menschen – z. B. eines Kranken, dem man hilft – bis hin zu einer Wahrnehmungsfähigkeit für alles, was Emotionen erregen kann –, Folgen der Tatsache, daß sich die unbewußten Begierden, Triebe und Instinkte der Organe teilweise frei ausleben können. Normalerweise ist es so, daß nur eine schwache, gefilterte Wirkung dieser Begierden, Triebe und Instinkte bis in unser Tagesbewußtsein durchdringt, und wir haben gelernt, damit umzugehen. Bei der hysterischen Konstitution werden sie, unter Umgehung des Tagesbewußtseins, direkt im Handeln wirksam.

Zur hysterischen Konstitution gehören einige charakteristische Erscheinungen. Eine davon hat ihre Ursache in der Beziehung der Tages- zur Nachtwelt.

Da der Nacht- und Tagesanteil des Weges, den die Seele zurücklegt, in der beschriebenen Weise zusammenhängen – die Skizze mit der Lemniskate auf S. 188 möge das verdeutlichen – muß eine Störung des Tagesbewußtseins auch zu einer Störung des Nachtbewußtseins führen. Der zu starke, direkte Kontakt mit der Welt während des Tages hat eine Schwächung des Kontaktes mit den kosmischen Seelenqualitäten während der Nacht zur Folge. So ist es zu erklären, daß ein Mensch mit einer hysterischen Konstitution mit geschwächten Seelenkräften in den Tag hineingeht.

Weiterhin läßt sich bei der hysterischen Konstitution folgendes feststellen: Vor allem die Empfindungsseele, aber auch die Verstandes- und Bewußtseinsseele hängen zusammen mit dem animalischen Astralleib; dieser wird anfangs, im Jugendalter, durch die Kultur und später durch das Ich aus der animalischen Sphäre in die vermenschlichte Seelenwelt heraufgehoben. Beim Tier wirken sich die Organinstinkte, Triebe und Begierden direkt aus.

Beim Menschen sind sie gleichermaßen wirksam, doch sie sind zumindest teilweise aus dem animalischen Bereich herausgelöst und zu humanen Seelenkräften metamorphosiert. Bei der hysterischen Konstitution wird dieser Vorgang jedoch ständig unterbrochen und mit ihm die Herausbildung der humanen Seelenqualitäten: Die hysterische Konstitution reagiert *partiell* (!) instinktiv, trieb- und begierdenhaft auf bestimmte Situationen, während es beim gesunden Menschen so ist, daß diese «primitiven» Reaktionen zu inneren Seelenqualitäten vermenschlicht werden können.

In früheren Kapiteln wurde bereits dargestellt, daß der «Weg ins Innere» den Menschen immer rückwärts führt im individuellen Zeitenstrom, d. h. in die eigene Vergangenheit. Auch bei der Hysterie – obgleich man hier nur von einem teilweise zurückgelegten Weg ins Innere sprechen kann, der dann umschlägt in ein «Ausfließen» in die Umgebung – handelt es sich um ein Rückwärtsschreiten in der Zeit. Das erklärt die regressiven Reaktionen, die bei der Hysterie auftreten. Diese regressiven, infantilen Tendenzen stehen häufig neben intelligentem, sozialem Handeln im täglichen Leben – was mit dazu beiträgt, daß die Umgebung die hysterische Konstitution negativ beurteilt.

Wir wollen nun ein paar hysteriebedingte Symptombereiche behandeln, die in einem bestimmten Zusammenhang mit der Ebene, auf der jenes «Ausfließen» in die Umgebung stattfindet, stehen. Dazu nehmen wir uns noch einmal das Schema auf S. 188 vor.

Wenn die Symptome hauptsächlich auf der ersten Ebene unterhalb der Mitte anzusiedeln sind, so spielt der Astralleib, als Spiegel der Empfindungsseele (obere Schleife) die entscheidende Rolle. Bei den hier in Betracht kommenden Symptomen handelt es sich in erster Linie um pathologische *Bewußtseinsveränderungen*. Es kommt in bestimmten Bereichen zur Bewußtseinsverminderung oder sogar zum völligen Verlust des persönlichen Bewußtseins. Ersteres manifestiert sich im spezifischen Gedächtnisschwund oder in der Unfähigkeit, die Auswirkung der eigenen Handlungen auf bestimmten Gebieten zu überblicken, letzteres in Ohnmachtsanfällen. Da diese Bewußtseinsveränderung immer mit einem unbewußten Erleben astraler Konfigurationen in unserer Umgebung einhergeht, zeigt der Astralleib, was seine Begierden anlangt, eine innere Affinität zu emotionsträchtigen Situationen. Die Ohnmacht stellt sich daher immer da ein, wo sie Emotionen auslösen kann, in Gesellschaft also, oder an einem belebten Punkt, mitten auf der Straße – und das, obwohl dieselbe Person ohne Probleme Fahrrad fahren kann. Die hysterische Person nimmt negative Reaktionen der Umgebung gerne mit in Kauf, wenn nur Emotionen entstehen! Hierbei muß beachtet werden, daß es sich bei Emotionen in Wirklichkeit um von uns selbst hervorgebrachte astralisch-ätherische Gestalten handelt. Jung spricht in diesem Zusammenhang von «Dämonen», und das scheint uns der angebrachte Begriff dafür zu sein. Diese Dämonen «fressen sich», bildhaft ausgedrückt, «voll» mit den Emotionen, die sie in ihrer Umgebung antreffen. Je mehr sie auf diese Weise aufnehmen, desto stärker und anspruchsvoller werden sie.

Auf der zweiten Ebene treffen wir die Wirkungen des Ätherleibes im merkuriellen Bereich an, das Gegenbild der Verstandes-Gemütsseele, die sich im Jupiterbereich entwickelt.

Der Ätherleib spricht sich immer in Bildern aus, die in der Verstandesseele in der Form von Vorstellungen auftreten, im Ätherleib selbst aber, je nach den beteiligten Organen, als «Organbilder». Hier wirkt sich das sogenannte «Leibesschema» aus, das Bild von uns selbst, das wir unbewußt in uns tragen. In diesem Bereich spielen immer die Emotionen des astralischen Bereiches mit hinein. Die Organempfindungen werden in die Sprache der «inneren Sinne» übersetzt – Tastsinn, Lebenssinn, Bewegungssinn und Gleichgewichtssinn –, wobei auch Geruchs- und Geschmackssinn eine gewisse Rolle spielen.

Das bedeutet, daß bei der hysterischen Konstitution allerlei Organempfindungen auftreten, wie z. B. Fühllosigkeit der Finger oder Hände oder des Gaumens und dergleichen; oder es tritt der genau entgegengesetzte Effekt ein mit einer Überempfindlichkeit bestimmter Stellen. Durch den Lebenssinn entstehen Empfindungen wie Übelkeit, Bauchschmerzen oder unangenehme Reizungen bestimmter Körperstellen. Der Bewegungssinn vermittelt Ohnmachts- und Schwächeempfindungen oder deren Gegenteil, wo man nicht mehr empfindet, wie müde man eigentlich ist. Der Bewegungssinn ist außerdem verantwortlich für Schwindelgefühle und Unsicherheit beim Stehen oder Laufen.

Auch die Vorstellungstätigkeit spielt sich im merkuriellen Bereich ab. Hier wuchert die Phantasie, die sich bis zur Lügenhaftigkeit steigern kann, oder dazu führt, daß jemand sich aus dem unmittelbaren Moment heraus alles mögliche «aus den Fingern saugen» kann – jeder gute Verkäufer muß letzten Endes ein wenig hysterisch sein!

Die dritte Ebene schließlich ist die der instinktiven, an den physischen Leib gebundenen Reaktionen. Sie stellen das Gegenbild der Entwicklung der Bewußtseinsseele im saturnhaften Bereich dar, wo die moralischen Willenskräfte ausgebildet werden. Statt dessen kommt es nun – unter Umgehung des gewöhnlichen Bewußtseins – zu einem elementar-instinktiven Verhalten, ein Prozeß, der sich im Bereich der Mondenkräfte abspielt, wobei die Fortpflanzungskräfte eine wesentliche Rolle spielen. Wenn die Problematik sich bis auf diese Ebene ausgebreitet hat, treten immer auch sexuelle Probleme wie Frigidität und Gefühllosigkeit oder aber Hypersexualität in Verbindung mit unersättlichem Begehren (letztere spielt sich dann auf der rein animalischen Ebene, d. h. ohne seelische Komponente, ab) auf. Da bei der schweren Hysterie immer auch solche sexuellen Probleme im Spiel sind, hat der Volksmund die Hysterie mit der Sexualität, und zwar im besonderen mit der weiblichen, in Verbindung gebracht. Wir werden weiter unten zeigen, wie einseitig diese Anschauung ist, indem wir einen Fall von männlicher Hysterie besprechen.

Die *Therapie* der Hysterie umfaßt verschiedene Ebenen:
Die erste Ebene ist die *soziale Ebene*. Hysteriker sorgen dafür, daß sie zum sozialen Problem für ihre Umgebung werden. Die nicht allzu schwere Hysterie hat jedoch auch ihre positiven Seiten. Die hysterische Konstitution eignet sich besonders gut für die pflegerischen, betreuenden Berufe wie z. B. Kranken-, Kinder- und Altenpflege, aber auch für die kommunikativen wie z. B. Empfangsdame, Empfangschef u. a. In all diesen Situationen kann der Hysteriker segensreich wirken aufgrund seines Einfühlungsvermögens. Vor allem Männer bringen es häufig zu guten Erfolgen in den kommerziellen Berufen.

Es ist von großer Wichtigkeit, daß gleich von Anfang an versucht wird, die soziale Situation des Patienten in solchem Sinne zu verändern, daß die Hysterie sich positiv auswirken kann. Gelingt dies, so zeigt sich, daß die hysterische Persönlichkeit zu großen Opfern imstande ist.

Die zweite Ebene ist die der *allgemeinen Konstitution*; hier ist eine medikamentöse Behandlung angebracht. In der anthroposophisch orientierten Heilkunde wird davon ausgegangen, daß die Ich-Organisation durch mineralische Heilmittel, und hier vor allem die Metalle, beeinflußt werden kann, die astralische Organisation durch pflanzliche Mittel, die ätherische durch Heilmittel tierischen Ursprungs, während in die physische Organisation durch Substanzen menschlichen Ursprungs eingegriffen werden kann; die Bluttransfusion ist das bekannteste Beispiel einer solchen Transplantationstherapie.

Bei der Hysterie wird im allgemeinen die Therapie durch pflanzliche Heilmittel die Basis bilden, in den meisten Fällen Bryophyllum in niedrigen Potenzen. Daneben muß außerdem eine spezifische Organtherapie eingesetzt werden. Für jede astralische Organqualität gibt es die entsprechenden (pflanzlichen) Heilmittel. Es ist auch möglich, ein bestimmtes Mineral als allgemeine Grundlage der medikamentösen Therapie zu wählen. In diesem Fall wird dann auf dem Wege über die Ich-Organisation auf den Astralleib eingewirkt. Antimon (Stibium) in verschiedenen Potenzen wird in diesem

Fall gerne angewendet, weil es die Wirkungs-Eigenschaft hat, daß es die Qualitäten der untersonnigen Planeten zusammenfaßt, und eine Regulierung dieser drei Qualitäten ist immer notwendig.[86]

Die hysterische Person «fließt aus», hat eine feuchte Haut und meistens kalte, klamme oder aber warme, feuchte Hände; häufig Schweißfüße und (bei Kindern) Bettnässen. Dieses Ausfließen kann von der Wärme-Organisation aus beeinflußt werden. Hydrotherapie,[87] vor allem aber Heileurythmie sowie gesunde körperliche Bewegung sind hier angebracht.

Eine dritte Ebene ist die der Psychotherapie. Sie wird hier bewußt an die dritte und letzte Stelle gesetzt. Der hysterische Patient wird es immer darauf anlegen, den Psychotherapeuten in seine regressiv-egozentrische Welt hineinzuziehen, und, wenn er dessen Widerstand spürt, alle verfügbaren Register ziehen, um sein Ziel dennoch zu erreichen, wie z. B. durch nächtliche dramatische Selbstmordversuche mit eingebautem Sicherheitsfaktor.

Rudolf Steiner hat in seinem Heilpädagogischen Kurs[88] anläßlich der Behandlung der Hysterie auf das unglaubliche Raffinement des Astralleibes hingewiesen, verglichen mit dem das Ich noch ein Baby ist. Der hysterischen Person ist so leicht nicht beizukommen. Wenn ein bestimmtes Symptom nicht die erwünschte Begierdenbefriedigung gewährt, so stehen ihr sofort zehn andere als Ersatz zur Verfügung. So äußerte einmal ein Mädchen mit einer hysterisch bedingten Lähmung eines Armes: «Wenn mein Arm wieder in Ordnung ist, dann krieg ich sicher Migräne!»

Bei der Psychotherapie handelt es sich darum, alle Ich-Funktionen und somit auch die Kräfte der Empfindungs-, Verstandes- und Bewußtseinsseele zu stärken. Dies kann z. B. durch Wahrnehmungsübungen erreicht werden (= Stärkung der Empfindungsseele), unterstützt durch künstlerische Therapie (Malen, Zeichnen, Plastizieren). Die Erweckung neuer Interessengebiete durch Kurse oder gezielte Lektüreangaben kann die Verstandesseele bereichern, während die Gemütsseele sich durch die Erfüllung von Aufgaben innerhalb eines sozialen Milieus entwickeln kann.

Die Stärkung der Bewußtseinsseele gehört zum Allerschwierigsten. Sie kann durch die Entwicklung moralischer Urteilsbildung am eigenen Handeln erreicht werden. Dabei zeigt sich, wie mühsam es für die hysterische Person ist, sich selbst und der Umwelt gegenüber wirklich ehrlich zu sein.

Unsere Betrachtung der Ich-Funktionen möge durch einen Fall von männlicher Hysterie illustriert werden. Es war im Jahre 1939, der Zeit der beginnenden Mobilisierung. Ein Unteroffizier wurde mit einem schweren hysterischen Stuporzustand eingeliefert. Er lag in der Haltung eines Embryos im Bett, lutschte am Daumen, sprach nicht und stieß lediglich Babylaute aus. Es war keinerlei Kontakt mit ihm möglich. Als dies nach einiger

Zeit doch möglich wurde, enthüllte sich folgende Lebenssituation: Der Patient, ein Lehrer in einem abgelegenen kleinen Dorf, war ungefähr 30 Jahre alt und ledig. Er galt in seinem Dorf als ein verkanntes Genie; er war eigentlich Bildhauer, fand jedoch keine Anerkennung und mußte sich daher seinen Lebensunterhalt als Schulmeister verdienen, was er als tief unter seiner geistigen und künstlerischen Würde stehend empfand. In seiner Freizeit arbeitete er an einem mysteriösen, großen Kunstwerk, das noch niemand je zu Gesicht bekommen hatte. Während verschiedener Gespräche drang man bis zum wahren Sachverhalt vor: Es zeigte sich, daß das ganze Kunstwerk überhaupt nicht existierte und auch nie existiert hatte. Schließlich mußte er zugeben, daß er ein einziges Mal in seinem Leben einen Versuch gemacht hatte, einen Hasen zu modellieren! Bei seiner plötzlichen Einberufung in den Militärdienst fiel diese Scheinwelt völlig in sich zusammen, und er flüchtete sich in die Regression, in den Säuglingszustand. Die später einsetzende Therapie hatte das Ziel, in ihm allmählich den nötigen Mut zu wecken, vom Ich aus eine *echte* Lebenshaltung aufzubauen.

Diese Findung einer echten Lebenshaltung bedeutet für die hysterische Person einen nie endenden Kampf mit der eigenen Konstitution; jeder auch noch so kleine Fortschritt ist jedoch ein wesentlicher Gewinn, wenngleich der hysterische Patient den Therapeuten zur Verzweiflung bringen kann.

Zum Schluß noch ein Hinweis: Eine ausschließlich analytisch-psychotherapeutische Behandlung wird beim Hysteriker nur wenig Erfolg haben. Die Symptome werden häufig nur verschoben. Primär ist die Hysterie eine konstitutionell bedingte Erscheinung und muß als solche angegangen werden.

Die Hysterie als Zeiterscheinung

Bei der Betrachtung der Hysterie muß deutlich zwischen Astral*leib* (Steiner bezeichnet ihn auch als *Empfindungsleib*) und Empfindungs*seele* unterschieden werden. Dies ist schon weiter oben zur Sprache gekommen. Noch einmal zur Verdeutlichung ein Beispiel: Der Empfindungsleib läßt uns eine Farbe, z. B. gelb, *wahrnehmen*, die Empfindungsseele ist dafür verantwortlich, daß wir daran etwas *empfinden* bzw. erleben (Schönheit, Freude, Wohlbehagen usw.).

Beim Erwachen am Morgen verbindet sich die Empfindungs*seele* mit dem Astral*leib*, d. h. mit den Eindrücken, die dieser aus der äußeren Welt empfängt. Dieselben Seelenkräfte, die nachts in der Marssphäre ihre Erneuerung erfahren, richten sich am Tage mittels des Empfindungsleibes (Astralleib) auf die Außenwelt und *erleben* an dieser Lust und Leid, Freude und

Schmerz, Schönheit und Häßlichkeit. Es ist die im Astralleib wirksame Venuskraft, die die Sinneseindrücke ermöglicht und sie der Empfindungsseele «anbietet».

Dieses Geschehen ist bei der hysterischen Konstitution gestört; der Astralleib bietet hier nämlich auch Eindrücke an, die unbewußten Organwahrnehmungen entstammen, auf die die Empfindungsseele nicht vorbereitet ist. Die Bewußtmachung dieses Prozesses wie überhaupt das *allmähliche Umgehenlernen mit unbewußten Organprozessen* durch einen inneren Schulungsweg ist eigentlich die einzige langfristig wirksame Therapie für das hysterische Verhalten und die Abhängigkeit von den unbewußten Organprozessen. Die Konstitution als solche hat ihre Wurzeln in solchen Tiefen, daß sie nur sehr geringfügig verändert werden kann. Die hysterische Konstitution muß von einem Mittelpunkt aus mit sich selbst umgehen lernen und die Vorteile ihrer besonderen Situation zur Schaffung einer sinnvollen Biographie mit ebenso besonderen Möglichkeiten benutzen.

Die Hysterie liefert uns dadurch ein Bild des in unserer Zeit so aktuellen Kampfes um die Erhaltung der menschlichen Mitte. Diese Mitte droht heute in die Organprozesse hinunterzugleiten. Ein wirksames Gegenmittel ist die Spiritualisierung der Empfindungsseele – ein erster Schritt nach außen also. Normalerweise ist die Empfindungsseele der Träger der Sinneswahrnehmung und der sich daran anschließenden Empfindung (Sinneseindruck: rot, Rose etc.; seelische Empfindung bzw. Erlebnis: angenehm, schön usw.)

Die Erhaltung der Mitte macht jedoch noch einen weiteren Schritt notwendig: die Wahrnehmung muß intensiviert werden, bis in ihr das Urbild der Pflanze oder des Steines «sichtbar» wird. Diesen Weg hat Goethe in seiner Phänomenologie beschritten. Die Therapie für die Zeiterscheinungen, die mit dem zu tiefen Eindringen in die Organkräfte zusammenhängen, liegt im Vorstoß hinter die Oberfläche der sinnenfälligen Welt und im bewußten Erleben der geistigen Wirklichkeit, die sich hinter dieser Oberfläche verbirgt. Man tritt dann in den Bereich der kosmischen Empfindungsseele ein, das heißt im Grunde aber in die Welt *des Geistselbst als kosmischer Sphäre*, aus der wir jede Nacht aufs neue die Kräfte empfangen, die es uns ermöglichen, Tag für Tag in unserer individuellen Sinneswelt zu leben. Die persönliche Empfindungsseele muß zum individuellen Geistselbst umgewandelt werden. Dies geschieht durch das Ich, das an der Spiritualisierung der Empfindungsseele arbeitet. Die hysterische Konstitution ist dabei einerseits ein ungeheures Hindernis, da die abnormen Wahrnehmungen im Bereich der Organe und des Astralischen in der Umgebung Verwirrung stiften. Andererseits bietet die hysterische Konstitution – bei starker Ichkraft – gerade durch ihre «Offenheit» besonders gute Voraussetzungen für ein intensives Erleben der geistigen Realität hinter dem Sinnesschleier. *Die hysterische Konstitution lebt bereits in der Realität, doch sie kann diese nicht deuten.* Die Entwicklung eines Bewußtseins für diese bereits existenten Realitäten ist ein erster Schritt in Richtung der Ausbildung des *Geistselbst* mittels der imaginativen Seelenfähigkeiten.

In derselben Weise müssen auch die halluzinatorischen Bilder der Psychosen, die dem merkuriellen Bereich des Ätherleibes entstammen, zum *Lebensgeist* verwandelt werden. Auf dem Wege, der zur Verwandlung des Ätherleibes zur Verstandes- und Gemütsseele und schließlich zur Ausbildung des Lebensgeistes führt, muß die Welt der emotionentragenden Bilder durchschritten werden, die unsere Triebe in unser Bewußtsein projizieren. Diese Bilder besitzen dieselbe Dramatik wie die Bilder unserer Träume, doch jetzt müssen sie vom Ich ergriffen und beherrscht werden. Sie nehmen dadurch einen inspirativen Charakter an und erschließen uns so den Weg zum Lebensgeist.

Die tiefsten Psychosen schließlich setzen sich im Bereich der Instinkte des physischen Leibes fest. Das wird z. B. am hysterischen Stupor mit der dazugehörigen Regression bis ins Säuglingsstadium deutlich. Das Ich muß die Instinkte, die wir den höchsten Hierarchien verdanken, im Laufe der Zeit in individuelle Intuitionen verwandeln, die dann in immer stärkerem Maße an die Stelle der Instinkthandlungen treten und so dereinst, in ferner Zukunft, den *Geistesmenschen*[89] Wirklichkeit werden lassen.

Bei diesem Menschheits-Entwicklungsweg dreht sich alles darum, daß die menschliche Mitte erhalten bleibt. Diese Mitte ist eine Welt der rhythmischen Einatmung und Ausatmung, Zusammenziehung und Entspannung, des Pendelschlages von Tag und Nacht – ein Weg des atmenden, stets Gleichgewicht erstrebenden Wechselspiels zwischen je einem Schritt ins Äußere und einem Schritt ins Innere.

17 Fluchtwege

Im 12. Kapitel ist die Neigung des Ich zur Flucht vor dem Weg der Inkarnation bereits beschrieben worden. Wir wollen im folgenden nun drei häufig vorkommende «Fluchtwege» ausführlicher darstellen, denen gemeinsam ist, daß sie alle mit einer unbewußten Auflehnung gegen das Eintreten der «Erdenreife», wie Rudolf Steiner die Pubertät genannt hat, zusammenhängen:
– Der Rückzug durch das Tor der Geburt, wie er sich manifestiert in der *Anorexia Nervosa*.
– Die Flucht in die Scheinerwachsenheit – sie äußert sich als Aggression im Zusammenhang mit *psychopathischem Verhalten* oder als extreme Schwererziehbarkeit.
– Die Flucht in die Ekstase, in die Exkarnation unter Zuhilfenahme von *Rauschmitteln*, die zur *Sucht* führen und im Endstadium zur absoluten Gleichgültigkeit gegenüber der Tatsache, daß man auf dieser Erde – mit allen Widerständen, die dazugehören – inkarniert ist.

Alle diese Erscheinungen führen letzten Endes zur Selbstzerstörung. Im Grunde handelt es sich hier um Aspekte des geistigen Nihilismus, der die Kultur der Bewußtseinsseele durchzieht.

Bei der Entwicklung der Bewußtseinsseele geht es darum, daß das Gute, in der Konfrontation mit dem Bösen, getan wird. In dieser Hinsicht haben wir es hier mit für unsere Zeit äußerst typischen Krankheitsbildern zu tun. Alle diejenigen, die – aus welchen Ursachen auch immer – dies durchmachen müssen, sind die ersten Opfer, die Vorhut gleichsam, im Kampf um die Entwicklung der Bewußtseinsseele.

In diesem Lichte mögen die folgenden Darstellungen gelesen werden.

Allgemeine Gesichtspunkte

Wir gehen noch einmal von den im 9. Kapitel bereits angedeuteten Gesichtspunkten aus, die Rudolf Steiner (vor allem in den im Haag anläßlich der Gründung der «Anthroposofische Vereniging in Nederland» am 18. November 1923 gehaltenen Vorträgen) zum *Weg der Inkarnation* des Menschen entwickelt hat. Rudolf Steiner beschreibt dort den Weg des geistigen

Wesens des Menschen in dem Abschnitt zwischen Tod und neuer Geburt. Nach dem Tode durchschreitet der Mensch die Planetensphären vom Mond bis zum Saturn. Auf dem «Rückweg» durchwandert er sie wieder, nun in umgekehrter Reihenfolge.[90]

Zum Gang durch die Planetensphären soll hier nun noch einiges bemerkt werden:

1) Der Eintritt in eine jeweils nächste Planetensphäre bringt jedesmal eine «Ausweitung» des menschlichen Wesenskernes, des Ich mit sich. Gleichzeitig kommt dieses Ich mit neuen Qualitäten in Berührung, die es völlig durchdringen. Jede Ausweitung beinhaltet aber auch eine zunehmende «Verdünnung» des Ich, eine immer schwächere Konzentration des Ichbewußtseins. Nur wer während des Erdenlebens spirituelle Vorstellungen aufgenommen hat, kann nach dem Tode sein Ichbewußtsein mehr oder weniger stark aufrechterhalten – andere gehen schlafend durch diese Sphären hindurch.

2) Die Planetensphären, die oft als räumliche, konzentrische Schalen vor- bzw. dargestellt werden, sind im Grunde nicht räumlich zu trennen, sondern durchdringen sich. Jede neue Sphäre trägt alle vorigen in sich. Es handelt sich vielmehr um die qualitative Unterscheidung verschiedener Prinzipien, für deren Erleben das Ich in einem bestimmten Moment reif geworden ist. In der geistigen Wirklichkeit steht man den Planetenqualitäten – die ihrem wahren Wesen nach hohe hierarchische Wesen sind – nicht *gegenüber*, sondern man steht mitten *in* ihnen und erfährt ihre Wirkungen *in* sich, etwa so, wie wir hier auf der Erde Gefühle wie Freude und Leid u. ä. *in* uns erleben und als bestimmte Qualitäten voneinander unterscheiden können.

Wenn wir nach dem Moment des Todes noch drei Tage im Ätherleib, dem Träger der Erinnerungsbilder, gelebt und diese Bilder als «Lebenspanorama» um uns herum erlebt haben, so ziehen wir uns auch aus diesem Ätherleib zurück. Und genauso, wie sich der physische Leib, nachdem wir ihn abgelegt haben, allmählich in die irdischen Elemente auflöst, so löst sich der verlassene Ätherleib in der Ätherwelt auf. Nur diejenigen Äthergebilde (Gedanken, Gefühle und Willensimpulse), die stark von abstrakten, materialistischen Vorstellungen, Gefühlen oder Willensregungen geprägt sind und daher Fremdkörper in der kosmischen Ätherwelt darstellen, lösen sich *nicht* auf. Wie die Erde synthetische Stoffe wie z. B. Plastik abweist, so werden hier die dem Kosmos fremden Gedankenformen abgelehnt; sie bleiben «unverdaut» in der Ätherwelt zurück.

Gedanken, Gefühle und Willensimpulse sind aber, wie schon beschrieben, im Grunde menschengeschaffene Wesen ätherisch-astralischer Natur. Sie bleiben mit ihrem Hervorbringer auch nach dem Tode noch verbunden. Diesen Elementarwesen, die wir selbst hervorgebracht haben, begegnen wir, falls sie sich nicht auflösen, wieder in dem Moment, da wir uns zu einer neuen Inkarnation anschicken. Sie heften sich sozusagen an unsere Fersen und werden zu störenden Faktoren in unserer Erlebniswelt – ein Aspekt unserer «Doppelgänger», den wir bereits im 8. Kapitel zur Sprache gebracht haben.

Nachdem der Mensch seinen Ätherleib abgelegt hat, durchlebt er in der Astralwelt unterhalb des Mondes noch einmal rückwärts sein ganzes vergangenes Leben unter dem Aspekt der Wirkungen seiner Worte und Taten auf andere Menschen. Nach dieser sogenannten «Kamaloka»-Zeit nimmt die weitere Loslösung von der irdischen Inkarnation ihren Anfang. Es werden jetzt jeweils diejenigen Fähigkeiten und Eigenschaften abgelegt, die wir beim Antritt unserer Verkörperung, dem beginnenden Erdenabstieg, mit auf den Weg bekommen haben. Doch wir bringen nicht genausoviel mit zurück, wie wir erhalten haben. Hier gilt das schon früher erwähnte Gleichnis vom Herren, der jedem seiner Knechte ein Talent gab, mit welchem sie während der Zeit seiner Abwesenheit arbeiten mußten. Nur derjenige, der sein Talent mit Zinsen, vervielfacht also, zurückgab, fand Gnade vor den Augen des Herrn. Unsere moralischen Taten, warme, edle Gefühle und spirituelle Gedanken – das sind die Zinsen, die wir den höheren Hierarchien wiederschenken als Früchte unseres Erdenstrebens.

Auf dem Weg durch die Sphären vom Mond, Merkur, Venus, Sonne, Mars, Jupiter und Saturn legen wir Seelenqualitäten ab. Dieses Ablegen wird aber auch schon während unseres Erdenlebens wirksam. Wir beginnen schon vom Moment der Geburt an zu sterben, und in der zweiten Lebenshälfte nehmen diese Sterbeprozesse immer mehr zu. In der ersten Lebenshälfte überwiegen noch die Lebenskräfte, die wir uns von der absteigenden, aufs neue in die Verdichtung der Inkarnation führenden Wegstrecke her mitbringen. Sie manifestieren sich in erster Linie im *Leiblichen*; die *absterbenden* Prozesse dagegen führen uns durch die Lösung vom Leiblichen zur geistigen Seite des Lebens.

Es sei hier noch einmal darauf hingewiesen, daß der Weg durch die Planetensphären kein Weg durch im räumlichen Sinne getrennte Gebiete ist, sondern eine Art Expansion und Verdünnung des geistig-seelischen Wesens des Menschen, auf welche, wenn sich eine neue Inkarnation nähert, eine Zusammenziehung folgt – ein Vorgang, der wie ein großer kosmischer Herzschlag ist. Der Diastole in der Ausdehnung bis hin zur Saturnsphäre, die zugleich die Grenze der Welt der Seelenqualitäten markiert, folgt die Systole, die erneute Zusammenziehung bis in den irdischen Leib.

Wir können versuchen, das Wesen der inkarnierenden und exkarnierenden Planetenqualitäten mit irdischen Begriffen zu umschreiben. Diese Begriffe sind nicht im Sinne von Definitionen zu verstehen, sondern als «Durchgangspforten» zu qualitativen Begriffen, die wir uns durch das Studium, künstlerisches Einfühlungsvermögen sowie durch gezieltes Tun (z. B. in der Eurythmie) aneignen können. Sie gewinnen dann immer mehr Inhalt und fangen an lebendig zu werden. Eine ausführliche Charakterisierung der sieben Planetenqualitäten findet der Leser im 9. Kapitel im ersten Teil dieses Buches.

Wenn wir hier doch eine schematische Übersicht dieser Qualitäten unter dem Aspekt von Inkarnation und Exkarnation geben, so geschieht das, um dem Leser einen ersten Eindruck dieser in uns wirksamen Qualitäten zu vermitteln. Wir sind uns ihrer nicht bewußt, solange sie in gesunder Weise wirksam, d. h. im Gleichgewicht sind. Sobald sie aber aus dem Gleichgewicht geraten und einseitig, d. h. zu stark oder zu schwach, wirken, werden sie zur Ursache ganz bestimmter Krankheitserscheinungen.

Wenn das Ich an dem fernsten Punkt des Weges zwischen Tod und neuer Geburt angekommen ist – Rudolf Steiner spricht von der «Weltenmitternacht» – d. h. die Grenze der Saturnsphäre erreicht hat, dann hat es alle irdischen Seelenqualitäten abgelegt. Sie werden auf dem Weg zur Inkarnation durch die Hilfe der Hierarchien in Fähigkeiten eines neuen Lebens umgesetzt. So wie die Pflanze ihren Jahreszyklus mit der Samenbildung abschließt, die den Ausgangspunkt eines neuen Jahrzyklus' bildet, so trägt das Ich während der Weltenmitternacht die Samenkörner eines kommenden Lebens in sich.

Während der Verdichtung auf dem Weg in die neue Inkarnation verleiht dieser Keim, der gleichzeitig der Träger des individuellen Karma ist, dem Ich die Möglichkeit, eine spezifische astralische Seelenleiblichkeit für das kommende Leben auszubilden. Die Weltenmitternacht ist in gewissem Sinne das Gegenbild der Mitte des Erdenlebens. Große Dichter haben diesen Moment, der ungefähr um das 35. Jahr herum liegt, als einen Wendepunkt erlebt. Sowohl bei Dantes Divina Comedia als bei Goethes Faust setzten die dramatischen Entwicklungen in dem Moment ein, da die Kräfte der ersten Lebenshälfte mit ihrer inkarnierenden Dynamik zu Ende gehen und ein neuer Impuls gefunden werden muß für die zweite, exkarnierende Lebenshälfte. Dante hat das Empfinden, sich in einem großen Wald verirrt zu haben; Faust weiß weder ein noch aus und will seinem Leben ein Ende machen. Ein neuer Entschluß muß gefaßt werden, wenn die zweite Lebenshälfte als sinnvoll erlebt werden soll. So ist auch in der Weltenmitternacht ein neuer Entschluß notwendig, um eine neue Inkarnation einzugehen.

Dabei spielt sich folgendes ab: In dem Moment, da das Ich ganz alleine steht als geistiges Wesen, tritt Lucifer an es heran und weist es auf die Möglichkeit, als Geistwesen auf der bisher erreichten Entwicklungsstufe in seinem Reich zu bleiben und nicht zur Erde zurückzukehren. Niemand wäre gefeit gegen diese Versuchung, wenn nicht die höheren Hierarchien dem Menschen-Ich in diesem entscheidenden Moment sein eigenes Zukunfts-Idealbild vor Augen führten.

Der Mensch trägt von diesem Moment ab einen «Geistkeim» wie eine Erinnerung an dieses kosmische Menschenbild in sich. Aus der Diskrepanz zwischen diesem «kosmischen Menschen» und der vom Ich bisher erreichten Entwicklungsstufe wird der Entschluß des Ich zu einer neuen Verkörperung geboren, um auf diesem Wege, in mühsamem Ringen, jenem Ideal einen Schritt näher zu kommen.

In dem Weg, der in den nordischen Mysterien gegangen wurde, in dessen Verlauf es zur Begegnung mit dem «großen Hüter der Schwelle» kam, spiegelt sich die Begegnung mit diesem kosmischen Menschheitsideal, und auch bei Friedrich Schiller blitzt etwas wie eine Erinnerung an diesen Moment auf, wenn er ausspricht, daß in jedem Menschen ein idealischer Mensch lebt, «mit dessen unveränderlicher Einheit ... übereinzustimmen die große Aufgabe seines Daseins ist».

Diesen «Geistkeim», man könnte ihn auch den schöpferischen Erinnerungskeim nennen, trägt das Ich auf seinem Weg in die Inkarnation weiter in sich. Dieser schöpferische Keim ist, außer der Rolle, die die Vererbung spielt, mitbeteiligt an der Bildung des Embryos und beeinflußt die Entwicklung unserer Biographie als einer «Zeitgestalt». Er ist als die schöpferische Kraft unseres Lebensweges in unserem *Willen* wirksam; bis zum 28. Jahr können wir an diese Kraft anknüpfen.

Wenn jener in die neue Inkarnation führende Entschluß der Weltenmitternacht aus karmischen Gründen nicht aus «vollem Herzen» bejaht wird, so bleibt eine gewisse «Zurückhaltung» gegenüber dem dann einsetzenden Verkörperungsprozeß bestehen, es kommt zu Störungen auf dem Weg in die Erwachsenheit.

In den nachfolgenden Betrachtungen sollen einige dieser Störungen näher beschrieben werden.

Im unten stehenden Schema werden die Planetenqualitäten, die der Mensch in der Zeit zwischen dem Tode und einer neuen Geburt durchläuft – einer großen Ein- und Ausatmung vergleichbar – noch einmal mit wenigen Worten charakterisiert. Eine ausführlichere Darstellung findet sich im 9. Kapitel.

Aus diesem Schema wird deutlich, daß die absteigende Linie ihrer Wirksamkeit nach aus dem Vorgeburtlichen kommt und noch eine Zeitlang während des Lebens auf der Erde weiterwirkt, während die aufsteigende Linie erst nach dem Tode wirksam wird, jedoch schon bei der Geburt einsetzt und in der zweiten Lebenshälfte immer mehr dominiert.

♄	Saturn: *Erinnerung* Geistkeim, bis ins *tote* Abbild des *Skeletts* wirksam	Saturn: *Opferfähigkeit* Auferstehung in der geistigen Entwicklung
♃	Jupiter: *Denken* Plastisches, schönheitsgetragenes Bilden der Organe	Jupiter: *Durchseelung* Ausdruckskraft der Gebärde
♂	Mars: *Sprache* Tatendrang	Mars: *Ordnung* musikalische Gesetzmäßigkeit; Harmonie – Disharmonie
☉	Sonne: *Herzlichkeit* Förderung der Inkarnation	Sonne: *Streben* Verstärkung der Exkarnation Streben nach Spirituellem
♀	Venus: *Fürsorge* Umhüllung Innere Zellernährung	Venus: *Unterscheidung* Selektive Freundschaften (Selektive Ausscheidung)
☿	Merkur: *Beweglichkeit* Strömende Aktivität ohne feste Richtung	Merkur: *persönliche Begegnung* (Spezifische Hormonfunktionen)
☾	Mond: *Konservierende Wirkung* Zellteilung – Sexualität	Mond: *Intelligenz* (Differenzierung des ZNS)

Bei der Geburt einsetzend

Erde: *Widerstand* führt zu *Erfahrung*

Bis zum 28. Jahr wirksam

Unsere heutige materialistische Kultur leistet beim Durchlaufen dieses Inkarnations- und Exkarnations-Weges besonders großen Widerstand. Der Materialismus will lediglich das unterste Stadium, das Erdenleben, anerkennen, wodurch es immer mehr Seelen an Kraft fehlt, diesen zusätzlichen Widerstand zu durchbrechen, um so zu einer vollständigen *Inkarnation* zu kommen und die *Exkarnation* in einem spirituellen Sinne zu verwirklichen.

Anorexia Nervosa

Seit dem Durchbruch des Materialismus in der Mitte des letzten Jahrhunderts tritt in steigendem Maße das Krankheitsbild der *Anorexia Nervosa* (Magersucht) auf. Sie wird unter die psychosomatischen Krankheiten eingeordnet. Vor 1850 sind nur einige wenige Fälle beschrieben worden, danach ist die Anorexie zunehmend und besonders in den letzten Jahrzehnten ein allgemein bekanntes Krankheitsbild geworden. Jeder kennt wohl einen Fall in seinem Bekanntenkreis oder hat zumindest davon gehört.

Die Krankheit tritt am häufigsten bei Mädchen auf; sie ist typisch für die *weibliche* Pubertät.

Meistens entwickeln die betreffenden Mädchen sich bis zum 12. Jahr unauffällig. Bei den ersten Anzeichen der Pubertät tritt dann eine psychische Veränderung ein, die sich in wahnartigen Erlebnissen äußert, die mit dem eigenen Leibe zu tun haben. Er wird als zu dick und schwer empfunden – Empfindungen, die den Impuls für Abmagerungskuren geben.

Die ersten Krankheitssymptome sind meist leiblicher Art. Nachdem die ersten Menstruationen eingesetzt haben, hören sie plötzlich auf. Eine innere Unruhe tritt auf, die sich in richtungslosem Tätigkeitsdrang und der Weigerung, Nahrung zu sich zu nehmen, äußert. Der Bewegungsdrang und die Weigerung der Nahrungsaufnahme führen in der Folge zu starker Abmagerung und bewirken eine Rückkehr zur kindlichen Körpergestalt. Bald dreht sich alles nur noch ums Essen. Die Nahrung wird entweder zurückgewiesen oder in bestimmten Momenten, vor allem nachts, naschenderweise hinuntergewürgt und danach wieder ausgebrochen. Die Literatur besteht hauptsächlich aus Kochbüchern. Oft werden mit großem Aufwand leckere Speisen für andere zubereitet, der Patient selbst will aber nicht davon mitessen.

Bei zunehmender Magerheit wird die Haut trocken und kalt, die Hände und Füße sehen blau aus und fühlen sich hölzern an. Man würde eigentlich erwarten, daß sich diese Patienten krank fühlen, doch das Gegenteil ist der Fall: ihnen fehlt jegliches Krankheitsgefühl. Sie können häufig größere Abstände laufend oder rennend zurücklegen, um eventuell zu sich genommene Nahrung auf diese Weise wieder loszuwerden. Auch nehmen sie heimlich Laxantia ein. Im Falle, daß ihnen dies verboten wird, wissen sie sich ihrer genauso schlau zu bemächtigen wie der Heroinsüchtige seiner Spritze.

Der Hormonhaushalt gerät aus dem Gleichgewicht; Salzmangelerscheinungen als Folge des übermäßigen Gebrauchs von Laxantia und häufigen Erbrechens können auftreten. Im übrigen haben diese Patienten kaum unter akuten Infektionskrankheiten zu leiden. Der Höhepunkt der Krankheit liegt zwischen dem 13. und 18. Jahr, doch sie besteht auch danach noch in partieller Form häufig weiter. Wenn die Patienten trotz aller aufmerksamen Fürsorge dennoch die unterste Gewichtsgrenze passieren, so müssen sie sich einer stationären Behandlung unterziehen, da sie sich sonst zu Tode hungern würden.

Die heutige Psychologie sieht die Ursachen dieser Krankheit in bestimmten Familienverhältnissen (dominante Mutter, zu schwacher Vater oder umgekehrt; übermäßiger Leistungszwang im Jugendalter usw.), doch das bietet wenig Anhaltspunkte für eine Therapie – im Gegenteil, häufig werden dadurch bei den Eltern Schuldgefühle erzeugt und das dann oft zu Unrecht, ganz davon abgesehen, daß diese Schuldgefühle eine negative Wirkung haben. Außerdem spielt der Aspekt des Zurückschreckens vor der eigenen Existenz eine entscheidende Rolle, und so wird die Anorexie denn auch als eine Reifungskrise betrachtet. Dieser Gesichtspunkt bietet Ansatzpunkte für eine mehr individuelle Therapie.

Wer dieses zeitgenössische Krankheitsbild im Lichte der obigen Betrachtungen sieht, wird die eigentliche Ursache doch noch viel tiefer suchen wollen: im Inkarnations-Willen des Patienten selber.

Betrachten wir noch einmal die Zeichnung auf S. 204. In dem Moment, da die Inkarnation zu einer tieferen Verbindung mit der irdischen Realität gekommen ist, tritt eine Art Zurückschrecken auf, und wir sehen, wie ein allmählicher, schrittweiser Rückzug in entgegengesetzter Richtung einsetzt.

Rudolf Steiner hat in seinen pädagogischen Vorträgen über die Pubertät immer als «Erdenreife» gesprochen, d. h. der Moment, in dem das Seelenwesen des Menschen mittels des Astralleibes zu einer realen Konfrontation mit der Erde kommt. In dem Moment, da diese Erdenreife einsetzt, zieht sich der Anorexiepatient zurück, und zwar schrittweise, wobei jeder weitere Schritt neue Symptome zum Krankheitsbild hinzufügt.

Wie können wir dies verstehen?

In den ersten 14 Lebensjahren sind bestimmte Funktionen der Anlage nach zwar vorhanden, jedoch noch nicht am Widerstand des (Erwachsenen-)Lebens erprobt. Die Inkarnation ist um das 12. Jahr herum so weit fortgeschritten, daß die Kräfte der Mondensphäre im Leiblichen aktiv wirksam werden können – die Menstruation setzt ein.

In diesem Moment beginnt der Rückzug. Die Menstruation setzt wieder aus (Rückzug aus dem Bereich der *Monden*wirkungen); die innere seelische Beweglichkeit des Kindes verschwindet, an deren Stelle treten starre, fixe Ideen oder oft auch sinnlose, destruktive Handlungen (*Merkur*). Nur mit Widerwillen wird die Nahrung aufgenommen, die dann wie ein Stein im Magen liegt; vor allem die innere Zellernährung läuft zurück. Die Gewebe werden steif und hart, die Haut schuppig (*Venus*).

Die «sonnige Herzlichkeit» des Kindes macht steifem, ablehnendem Verhalten Platz, was durch vieles und schnelles Reden, ohne dabei auf andere einzugehen, überdeckt wird. Der Kreislauf verschlechtert sich, die Haut der Extremitäten wird blau und kalt (*Sonne*). Sprache und Tatendrang verlieren ihre Ichhaftigkeit, werden richtungs- und ziellos, umschweifig, es kommt zur manierierten Wiederholung einiger weniger Handlungs- und Bewegungsmuster (*Mars*). Die Plastizität des Körpers geht zurück, die Kinder sind im wahrsten Sinne des Wortes nur noch «Haut und Knochen», das Gesicht wird zur skelettartigen Maske, die Mimik wird starr (*Jupiter*), und schließlich dreht sich alles Handeln um den Tod, ohne daß die Patienten sich dessen bewußt sind. Bis zuletzt wollen sie nicht wahrhaben, daß irgend etwas nicht stimmt (*Saturn*).

Wer diese Zusammenhänge einmal erkannt hat, kennt die Gefährlichkeit dieser Krankheit und weiß, daß die einzig wirksame Therapie in der Ermutigung liegt, die dann zum Akzeptieren des Erwachsenwerdens führt. Das heißt, der Patient muß *lernen, mit den Widerständen des Irdischen zu leben.* Die Therapie wird darum auf eine Stärkung des Inkarnationswillens hinarbeiten und versuchen, schrittweise die *inkarnierenden* Qualitäten wiederzuerobern. Dies kann vor allem durch Heileurythmie und eine spezifische Metalltherapie verstärkt werden.

Der Patient wird die inkarnierenden Qualitäten jedoch nur dann bleibend akzeptieren, wenn er gleichzeitig auch ein Verhältnis zu den exkarnierenden Qualitäten (rechte Seite des Schemas) finden kann. Der Intellekt muß wieder Interesse für Literatur, z. B. Biographien, entwickeln. Der so aufgenommene Stoff wird dann später mit dem Patienten besprochen. Ist dies nicht möglich, so muß der Therapeut selbst etwas erzählen, anfänglich nur kurz, denn die Aufmerksamkeit erlahmt schnell. Auch Gespräche über die Natur, die Umgebung und die Mitmenschen tragen dazu bei, daß wieder echtes Interesse entsteht (*Mond*).

Zweitens werden vorsichtig die Qualitäten der Begegnung erübt: in Gesprächen, Spaziergängen, gemeinsamem Musizieren usw. (*Merkur*).

Ein weiterer Schritt führt zur Gestaltung von echten Freundschaften, wobei es für die Patientin darauf ankommt, zu selektieren und jeder Freundschaft ihren eigenen Charakter zu geben. Dabei spielen vor allem die echten, warmen Freundschaften eine wesentliche Rolle. Wenn sich eine Patientin dabei richtig verliebt, so ist viel gewonnen. Meistens wird sie jedoch nicht echt verliebt sein in dem Sinne, daß sie die ganze Welt plötzlich mit anderen Augen sieht, sondern es entsteht eher eine zwanghafte Anhänglichkeit, der es noch an Wärme fehlt (*Venus*).

Dann folgt die Entwicklung der spirituellen *Sonnen*qualitäten, die begeisterte Hingabe an ein nicht egoistisches, nicht egozentrisches Ziel. Das gehört zu den allerschwierigsten Aufgaben, denn die Anorexiepatienten sind ihrer Natur nach extrem egozentrisch. Dennoch handelt es sich hier um den Kern der gesamten Therapie!

Die *Mars*qualität muß im Ordnen der gefundenen Zielsetzungen erobert werden. Immer wieder wird die ziellose Aktivität durchbrechen wollen. Wichtig ist hier das Üben auf einem Musikinstrument und sorgfältiges Zeichnen und Malen, wobei durchaus auf das Erreichen von künstlerischen Resultaten geachtet werden kann. Sind dann einige der beschriebenen Qualitäten verwirklicht worden, so verändert sich von selbst auch die eigene Lebenshaltung.

Für das Erüben der durchseelten Gebärde sind die Eurythmie und die Heileurythmie die angemessensten Wege. Von Anfang an wird daher die Heileurythmie und in der Folge auch Gruppeneurythmie – wo die Gestaltung durchseelter Bewegungen zusammen mit anderen geübt wird – notwendig dazugehören (*Jupiter*).

Schließlich wird der die Anorexie unbewußt durchziehende Todestrieb in einen gesunden Lebenswillen umgewandelt werden müssen, in die Sehnsucht nach Taten, die ein *Opfer* erfordern (*Saturn*). Wenn der Anorexiepatient soweit ist, daß er ein echtes Opfer – und nicht ein zwanghaftes Tätigsein für andere, was im Grunde nur dazu dient, die eigene Inaktivität zu verhüllen – zu bringen vermag, so ist das ein deutliches Zeichen der Besserung, und es ist eine reale Chance vorhanden, daß er sein *Leben* wieder *akzeptiert*. Diese Lebensbejahung ist das eigentliche Ziel der Therapie.

Weil diese Lebensbejahung aber aus tiefsten karmischen Ursachen zunächst abgelehnt wird, kann die Anorexie die Eltern und Therapeuten zur Verzweiflung bringen. Welches Karma dazu geführt hat, kann man nur vermuten, wenn man dem Ich-Wesen des Patienten begegnet ist. Man hüte sich vor jeglicher Spekulation; nur echtes, tiefes Mitgefühl und wahrhaftige Liebe zum Menschen im Patienten helfen da weiter. Anorexiepatienten fordern einen ungeheuren Einsatz, die Bereitschaft, einige Lebensjahre der Begleitung eines Menschenkindes zu opfern, das vor der Erwachsenheit in der Epoche der Bewußtseinsseele zurückschreckt. Jene höchste saturnhafte Qualität, die positive Lebensbejahung im Opfer für andere Menschen – sie muß dem Patienten *vorgelebt* werden, soll sie in ihm erwachen. Man muß in seinem Opfer für solch ein Kind selbst glaubwürdig sein!

Die Therapie der Anorexie erfordert, daß permanent ein anderer Mensch anwesend ist, der bereit ist, seine eigenen Lebensziele einige Jahre zurückzustellen. Da dies nur selten möglich ist, finden oft nur partielle Heilungen statt, und es kommt in späteren Lebensjahren immer wieder zu Rückfällen in zwanghafte Tätigkeiten und zu schwierigen menschlichen Situationen.

Viele junge Menschen klagen wegen der Arbeitslosigkeit mit Recht über die schlechten Zukunftschancen; das Finden einer sinnvollen Lebensaufgabe wird heute immer schwieriger. Eine sinnvolle Aufgabe wäre z. B., mit einem solchen Patienten in Liebe und Leid zusammenzuhalten und so ein Beispiel für die Lebensbejahung zu geben!

In Fällen von Anorexie bei Knaben gilt das oben Gesagte im Prinzip genauso.

Psychopathisches Verhalten

Wir kommen jetzt zum Spiegelbild der Anorexie als typischer «Mädchenkrankheit»: dem *psychopathischen Verhalten* bei Jungen.

Rudolf Steiner hat einmal geäußert, daß bei Betrachtung des durchschnittlichen Inkarnationsgrades der Menschheit die Frauen oberhalb, die Männer dagegen unterhalb des Mittels lägen. Mit anderen Worten: Die Frau inkarniert sich nicht völlig, der Mann dagegen zu tief. Die Folge dieser Tatsache wird in der Pubertät beim Stimmbruch hörbar: Die Knabenstimme rutscht eine Oktave tiefer.

Tritt die Inkarnationsstörung bei Mädchen in der Form eines Zurückschreckens vor der Erdenreife auf (das heißt: ein Rückzug ins Vorgeburtliche, ein «Sterben durch das Tor der Geburt»), so schießen die Jungen gleichsam über ihr Ziel hinaus im Akzeptieren des Widerstandes, den die Erdenreife mit sich bringt, und vollziehen so *zu früh* den Durchbruch in die Erwachsenheit, wobei die Zwischenphase der Adoleszenz und die Korrektur durch die Erfahrungen des Berufslebens fehlen bzw. übersprungen werden.

Auch hier wollen wir wieder systematisch den Verlauf der Exkarnation, die zu früh eintritt, betrachten und untersuchen, wie die beschriebenen Planetenqualitäten in Karikatur erscheinen, sobald der Widerstand der

Erdenerfahrung übersprungen wird. Denn die exkarnierenden Kräfte sind die Metamorphose der inkarnierenden, die durch den sinngebenden Prozeß des Lebens und seiner Widerstände hindurchgegangen sind und sich bereits auf dem Weg der Umwandlung in Kräfte eines künftigen Lebens befinden. Im Moment der Geburt fängt man also bereits zu sterben an. Je älter man wird, desto stärker wird dieser Sterbeprozeß. Die Tragik, die im Falle der hier zu besprechenden Jugendlichen auftritt, liegt darin, *daß sie diese Metamorphose nicht durchmachen*, wodurch die inkarnierenden Qualitäten in negativer Weise wirksam werden.

Wie sieht das äußere Erscheinungsbild des als psychopathisch auftretenden Verhaltens aus?

Jugendliche ab ungefähr 16 Jahre – oft noch Schüler, meistens jedoch von der Schule abgegangen – ohne regelmäßige Arbeit (aus welchen Gründen auch immer), suchen einen Ausweg aus der *Langeweile*. Situationen, wo es etwas Aufregendes zu erleben gibt, werden gesucht oder eigens herbeigeführt. Gruppen werden gebildet, Banden, die mit Motorrädern oder Mofas Lärm machen oder Orte aufsuchen, wo es zu körperlichen Auseinandersetzungen und Herausforderungen kommt, die notfalls auch provoziert werden. Diese Gruppen zeichnen sich aus durch robustes Auftreten, ausgesprochen männlich sein wollen in Kleidung und Verhalten, ungezügeltes Leben mit Sex, Alkohol, Drogen oder Musik und Protest gegen alles, was sich nur anbietet. Die «Angry Young Men» der 50er Jahre, die «Hells Angels» der Gegenwart – es ist immer dasselbe Bild. Lediglich die Ziele und die Heftigkeit der Reaktionen haben sich verschoben. In körperlicher Hinsicht hat man es hier mit einer Gruppe zu tun, die besonders gut inkarniert ist: gesund, kräftig, unglaublich geschickt in technischen Dingen wie Motoren oder elektronischen Apparaten, wach, intelligent, doch andererseits labil und abwechselnd entweder apathisch oder hyperaktiv, idealistisch oder tief enttäuscht, überall auf der Suche nach dem für ihre Misere verantwortlichen Sündenbock (der dann auch gefunden wird), beim Reden übermütig und großspurig, im vertraulichen Gespräch ein einziges Häuflein Elend.

Man erhält den Eindruck, daß man es hier mit Individualitäten zu tun hat, die mit einer gewissen Ungeduld ins Leben eintreten, doch einer gewissen Zurückhaltung entbehren, mit einer Angst vor dem Widerstand, der den *Sinn* dieser Inkarnation auf der Erde ausmacht. Daher tauchen in den Gesprächen immer wieder Worte wie «sinnlos» oder «wertlos» auf. An ihnen zeigen sich die Folgen der vergeblichen Suche nach Werten und dem Sinn des Lebens, auch wenn sie das niemals offen zugeben würden.

Von den Banden in den großen Städten, die überall dort aktiv werden, wo es gilt, gegen die gesetzliche Autorität anzugehen, bis hin zu den rücksichtslosen Terroristen, die auch vor systematischem Mord nicht zurückschrecken, kennen wir heute diese Erscheinung. Die Verbindung mit politischen Zielen verleiht dieser Lebenshaltung eine scheinbare Berechtigung. Viele politische Terroristen waren früher intelligente Studenten; man denke nur an die Mitglieder der Baader-Meinhoff-Gruppe. Auch die Roten Brigaden Italiens und die IRA-Kämpfer in Nord-Irland müssen in diesem Licht gesehen werden.

Der Unterschied zwischen den echten, mutigen Freiheitskämpfern und diesen Gruppen ist subtil. Im einen Falle handelt es sich um die echte Aufopferung für ein ideelles Ziel, im anderen Fall um den besessenen Fanatismus von im Grunde ich-schwachen Menschen, die ihrem Fanatismus zum Opfer gefallen sind. Es müssen, vor allem innerhalb der größeren Gruppierungen, z. B. der Studentenbewegung, natürlich die verschiedensten Schattierungen unterschieden werden. Oft werden dabei die echten Idealisten von den «krankhaften» Fanatikern überstimmt, so daß schließlich nur noch letztere übrigbleiben.

Wer die Studentenunruhen im Jahre 1968 aus nächster Nähe miterlebt hat, der konnte wahrnehmen, wie beide Gruppen zusammen operierten. In den siebziger Jahren haben sie sich dann getrennt.

Wenn wir uns nun wieder unserem Schema zuwenden, so fällt uns folgendes auf:

Die *Monden*kräfte setzen bei diesen Menschen verfrüht ein; neben einer frühen Geschlechtsreife tritt bei Jungen auch eine verfrühte Intelligenzentwicklung auf, die sich in Sophisterei und pseudophilosophischen Gedankengängen äußert; dazu kommt ein Wortgebrauch im marxistischen oder neomarxistischen Jargon. Es bleibt jedoch beim Wortgebrauch, zu mehr reicht es meistens nicht.

Wir werden sehen, daß alle Qualitäten der inkarnierenden Entwicklungslinie in pervertierter Form auftreten und daß die Qualitäten der exkarnierenden Linie in verfrühter bzw. vergröberter Form auftreten. So ist beispielsweise die Mondenfunktion im Leiblichen früh ausgebildet, wobei die Sexualität oft übermäßig stark betont wird. Die Intelligenz ist zwar stark entwickelt, doch richtet sie sich nicht auf selbständiges Denken, sondern auf das einfache, bequeme, spiegelnde Übernehmen dessen, was die Umgebung oder die Medien als momentane Mode vermitteln.

Die inkarnierende *Merkur*funktion ist in der Form eines wechselnden Aktivitätsdranges vorhanden: Perioden der Apathie gehen unvermittelt in plötzliche Aktivitätsentladungen über. Zwischenmenschlich verläuft die Entwicklung ähnlich, wobei aber keine echten Begegnungen zustande kommen. Es bleibt bei Schein-Begegnungen in der Form von Bandenbildung.

Die *Venus*kräfte sind im allgemeinen schwach entwickelt und treten in infantiler Form auf: Maskottchen werden gehätschelt oder Attribute wie Motorräder mit besonderer Sorgfalt gepflegt. Der Ernährungstrieb ist außergewöhnlich stark entwickelt. Die exkarnierenden Venuskräfte des seelischen Bereiches, wie sie sich u. a. in der Wahl der Freundschaften auswirken, sind in die übermäßige Anhänglichkeit an die Gruppe pervertiert, häufig mit der Intensität eines Ertrinkenden, der sich an einem Strohhalm festklammert.

Die inkarnierende *Sonnen*qualität tritt im leiblichen Bereich in Form übermäßiger Lebenskräfte auf. Die exkarnierende Seite, der Wille zum spirituellen Streben, ist unterentwickelt und kommt, wie bereits erwähnt, lediglich in modegebundenen Protestaktionen zum Ausdruck. Diese wechseln ebenso schnell wie die Mode, und obgleich jeder Protest im Grunde irgendwo berechtigt ist, geht es bei derartigen Massen-Aktionen doch eher um eine emotionelle Bedürfnisbefriedigung, die das innere Unbehagen, das durch die zu schwachen Sonnenwirkungen verursacht ist, überdecken soll.

Die *Mars*funktion ist im inkarnierenden Bereich besonders gut entwickelt. Der exkarnierenden Seite fehlt jedoch die Steuerung durch das Ich. Die Ordnung der eigenen Lebensverhältnisse, der direkten Umgebung und der eigenen Zukunftspläne wird nur mangelhaft geleistet. An deren Stelle tritt eine Ordnung, die den wechselnden Verhältnissen der Sympathie- und Antipathiesphäre entstammt.

Die körperlich wirksamen *Jupiter*kräfte sind besonders stark in der Gestaltbildung wirksam, was sich im ausgeglichenen Wuchs und der starken Muskelausbildung bemerkbar macht. Die exkarnierenden Qualitäten, wie sie sich in der durchseelten Gebärde und der Individualisierung der Stimme äußern, sind auch hier wieder karikaturhaft im Bewegungsmuster der Gruppe sichtbar. Man läuft oder bewegt seine Arme in einer bestimmten Weise, sitzt in einer bestimmten Position auf seinem Motorrad usw.

Die *Saturn*funktion ist durch einen beschleunigten Inkarnationsdrang einerseits und durch die Unfähigkeit bewußt Opfer zu bringen andererseits charakterisiert. An die Stelle des individuellen Opfers tritt der Todestrieb der Gruppe – ein «Todestrieb ohne Auferstehung» –, das ständige Spiel mit Gefahren, wo häufig bis an die äußersten Grenzen des Möglichen gegangen wird.

Dies sind die Tatsachen, die in der Entwicklung bei Jungen auftreten können. Genauso, wie es einen kleinen Prozentsatz von Jungen gibt, die der Anorexie verfallen, so gibt es auch einzelne Mädchen, bei denen es zu psychopathischem Verhalten kommt. Dies äußert sich in hyperindividuellem Verhalten, was dann kein Zeichen von innerer Stärke, sondern von äußerster Verletzlichkeit und innerer Unsicherheit ist. Sie verbergen sich unter der Maske äußerer Gleichgültigkeit und Eigensinnigkeit oder von provozierendem, frechem Auftreten (einer pervertierten Mondenfunktion). Man muß jedoch einen deutlichen Unterschied machen zwischen diesen Ausnahmefällen und jenen Mädchen, die in einer Jungengruppe «mitmachen» dürfen, und zwar als Lust- oder Showobjekt, nicht als Individuen. Das in diesen Gruppen übliche «Herumreichen» solcher Mädchen ist ein Symptom unpersönlicher Beziehungen.

Psychopathisches Verhalten auf dem Wege zur Erwachsenheit kann auch in *partieller* Form auftreten. Dann kommt es zu Symptomen, die sich vor allem im Bereich einer bestimmten Planetenqualität abspielen. So beruht das Erscheinungsbild des Playboys (oder des Playgirls) zum Beispiel auf einer nicht eingetretenen Metamorphose der *Monden*kräfte.

Ist dies der Fall bei der *Merkur*qualität, so tritt der unverbesserliche Hochstapler in Erscheinung. Hier ist die Merkurwirkung nicht von einer moralischen Ich-Entwicklung gesteuert.

Im Falle einer nicht richtig einsetzenden *Venus*wirkung erscheint der Typ des Don Juan, des tragischen Menschen, der keine echte Verbindung aufbauen kann. In schwächerem Maße sehen wir dasselbe oft bei geschiedenen Männern und Frauen oder aber beim einsamen Landstreicher, der nirgends eine Heimat finden kann.

Bei nicht richtig wirkenden *Mars*kräften ergibt sich ein Bild, das von weitem an ein cholerisches Temperament erinnert, in Wirklichkeit aber auf der Unfähigkeit beruht, Ordnung in sein Leben hineinzubringen, wodurch diese Personen immer eine chaotische Atmosphäre um sich verbreiten, die gelegentlich durch wütende Versuche, Ordnung zu schaffen, durchbrochen wird.

Unausgereifte *Jupiter*kräfte ergeben Chaos und Schwäche des selbständigen Denkens. Dies kann zur Folge haben, daß eine Neigung entsteht, sich irgendwelchen Autoritäten – etwa Sekten oder autoritären politischen Bewegungen – anzuschließen. Man wechselt diese dabei häufig und schwört auf die jeweils neueste Entdeckung.

Die unausgereiften *Saturn*qualitäten schließlich führen zu einem extremen Egoismus – einem Egoismus, der eher ungewollt, aus Angst, entsteht. Die Unfähigkeit Opfer zu bringen, das Nicht-akzeptieren-Können von Neuerungen, eine aufs Materielle orientierte Lebenshaltung in Verbindung mit einem engen Lebenskreis – das sind die Erscheinungen, die hier auftreten.

In allen diesen Fällen handelt es sich um einen Mangel an Sonnenkräften,

d. h. an freudiger, seelenwarmer Lebensbejahung vor allem im zwischenmenschlichen Bereich.

Im vorangehenden ist das psychopathische Verhalten vom Gesichtspunkt der individuellen Entwicklung aus beschrieben worden. Im allgemeinen geschieht dies eher von pädagogischen oder soziologischen Gesichtspunkten aus, wobei darauf hingewiesen wird, daß die Ursachen des abartigen Verhaltens in emotioneller oder materieller Verwahrlosung, zerrütteten Familien, Arbeitslosigkeit usw. gesucht werden müssen.

In den meisten Fällen stößt man tatsächlich auf solche Faktoren – doch sind diese auch die eigentlichen *Ursachen*?

Wie ist es zu erklären, daß gegenüber jedem Jugendlichen mit extrem abweichendem Verhalten sich hundert andere finden lassen, in deren Anamnese dieselben negativen Faktoren erscheinen, ohne daß sie in psychopathisches Verhalten verfallen? Außerdem trifft man extreme Verhaltensstörungen auch bei solchen Jugendlichen an, die, soziologisch und pädagogisch gesehen, in den «besten» Verhältnissen aufgewachsen sind.

Es muß doch immer auch einen «internen Faktor» geben, der zu den externen Faktoren hinzutritt und letztendlich die Reaktion bestimmt. Auf diese internen Faktoren weisen auch alle diejenigen hin, die solche Jugendlichen, sowohl Jungen als auch Mädchen, in den «Endstationen» der Jugendfürsorge zu erziehen haben.

Zunächst muß festgestellt werden, daß unter den Nenner der Schwersterziehbarkeit Kinder der verschiedensten Art fallen. Ein Teil von ihnen hat leichte neurologische Abweichungen und gehört zu den sogenannten MBD (minimal brain damage-)Kindern. Sie können ihre Umgebung nicht richtig wahrnehmen und deshalb jeden Augenblick in Panik geraten, da ihr leibliches Instrument, das Zentralnervensystem, geschädigt ist.

Zweitens unterscheiden sich die extrem schwererziehbaren Kinder von den oben beschriebenen bandenbildenden Gruppen dadurch, daß sie sich im Leben nicht behaupten konnten und so in die Mühle der Jugendfürsorge geraten sind, wo sie dann oft als «unerziehbar» ausgesondert werden, während die erste Gruppe doch mindestens die Grundschule und meistens auch ein Stück sekundäre Schulbildung absolviert hat. Ihre Probleme fangen in der Nach-Pubertät, im Zusammenhang mit der Herausforderung des Erwachsenseins, an. Sie verkraften gerade diesen Entwicklungsschritt nicht, wie er sich heute, im 20. Jahrhundert innerhalb einer Gesellschaft, die mit dem Übergang von der Verstandesseelenkultur zu einer Kultur der Bewußtseinsseele zu ringen hat, gestaltet. Sie sind zu schwach und müssen daher das Erwachsensein, die Erdenreife, gleichsam überspringen; sie flüchten in eine Art von Scheinerwachsenheit, wie oben bereits dargestellt.

Vor allem für die Jungen ist das ein Problem, wohingegen für manche Mädchen die Flucht in die Prostitution einen Ausweg bedeutet, der ihre unterschwellige Angst vor dem Akzeptieren des mühsamen Weges zum Erwachsensein überdeckt.

Seit einigen Jahrzehnten hängen diese Phänomene obendrein eng mit der ganzen Drogen- und Suchtproblematik zusammen. Diese wird Gegenstand des letzten Abschnittes dieses Kapitels sein.

Das Stellen einer differenzierten Diagnose ist bei den oben dargestellten Entwicklungsstörungen von Wichtigkeit für die medikamentöse Therapie und auch die Heileurythmie. Beide müssen die Grundlage für weitere sozialtherapeutische Maßnahmen bilden.

Sucht

Eine dritte Art von Störungen während der Adoleszenz und der unmittelbar anschließenden Jahre manifestiert sich in derjenigen Gruppe von Jugendlichen, die der *Sucht* verfällt.

Im 5. Kapitel wurde dargestellt, daß das höhere Ich des Menschen sich nicht mitinkarniert, sondern im Sonnenbereich zurückbleibt. Was wir hier auf der Erde als unser Ich bezeichnen, ist nur dessen aktives Spiegelbild innerhalb des Wärmeorganismus' unseres Leibes oder der sogenannten Ich-Organisation. Dieser Wärmeorganismus ist, wie die Wärme an sich, ein Grenzphänomen. Die Wärme ist geistig und physisch zugleich. Jeglicher Eingriff des Geistes in die Materie vollzieht sich auf dem Wege über die Wärme. Das gilt auch für die menschliche Organisation.

Unser individuelles höheres Ich, der «zweite Mensch in uns», der die Intentionen unserer jeweiligen Inkarnation in sich trägt, kann vor allem in den Momenten stärker hineinwirken, in denen der sogenannte «Mondknoten» wieder an dem Punkt des Tierkreises angekommen ist, wo er im Moment unserer Geburt gestanden hat, das heißt jeweils nach 18 Jahren und 7 Monaten. Wir haben im 5. Kapitel dargestellt, wie immer dann für einen Augenblick das «Tor der Geburt» wieder offensteht. Diese Konstellation darf jedoch nicht im Sinne eines kurzen Momentes aufgefaßt werden, sondern eher als eine längere Phase, während derer unser höheres Ich zuerst immer stärker, dann wieder mit abnehmender Kraft seine besonderen Wirkungen geltend macht; dadurch kann aufs neue ein Zukunftsimpuls in uns wirksam werden. Der erste Mondknoten liegt also um das 19. Jahr herum, die weiteren in der Nähe des 38. und 56. Jahres. Im Alter, um das 74. Jahr, haben wir noch einen Mondknoten. Es sind kritische Punkte der Biographie; vor allem der erste, aber auch der zweite Mondknoten (kurz nach der Lebensmitte) sind von entscheidender Wichtigkeit hinsichtlich der Verwirklichung des persönlichen Zukunftskarmas.

Genau wie bei der Anorexie und dem psychopathischen Verhalten besteht hier die Gefahr, daß die Inkarnation «mißlingt»; wo dies eintritt, kann nur die allergrößte Opferkraft der Mitmenschen weiterhelfen.

Es gibt eine Gruppe von Jugendlichen, die die Pubertät anfänglich ganz normal durchlaufen, sogar zur frühreifen Seite neigen, zwischen dem 17. und 23. Jahr jedoch die eigene Zukunft nicht richtig zu ergreifen vermögen. Der Eintritt des Ich-Bewußtseins im Kindesalter und das Ich-Erleben des 10. Lebensjahres sind ohne nennenswerte Probleme verlaufen. Beide wurden noch von dem Ich-Impuls getragen, der bei der Geburt durch das «Tor des Mondes» eingetreten ist. Beim dritten Ich-Impuls, dem Augenblick der eigentlichen Ich-Entfaltung, versagt dieser Impuls jedoch. Er muß dann durch die Geburt des zweiten Menschen in uns erneuert werden, sonst sind nur die abnehmenden Kräfte des «alten Karma» wirksam. Rudolf Steiner hat diesen Prozeß in einem Spruch beschrieben, mit dem er den Inhalt eines Vortrages (London, 2. September 1923) zusammenfaßte:[91]

> Ich schaue in die Finsternis;
> In ihr ersteht Licht,
> Lebendes Licht.
> Wer ist dies Licht in der Finsternis?
> Ich bin es selbst in meiner Wirklichkeit.
> Diese Wirklichkeit des Ich
> Tritt nicht ein in mein Erdendasein.
> Ich bin nur Bild davon.
> Ich werde es aber wieder finden,
> Wenn ich,
> Guten Willens für den Geist,
> Durch des Todes Pforte gegangen.

Wichtig sind hier vor allem die Worte «guten Willens für den Geist». Man kann den Eindruck erhalten, daß dieser gute Wille für den Geist zugleich die Kernvoraussetzung für den Durchbruch des «zweiten Menschen» im Zusammenhang mit den Mondknoten ist. Wird hier gezögert angesichts der Notwendigkeit, dem «zweiten Menschen» zu begegnen, ihn zu aktivieren, so wird das Leben sinnlos und verliert seine Zukunftskraft.

Der Geburts-Impuls wirkt noch bis zum 28. Jahr, in seinen Nachwirkungen in gewissem Sinn sogar noch bis zum 35. Jahr. Doch dann ist das mitgebrachte «Kapital» endgültig aufgebraucht; der Mensch fällt ohne neuen Ich-Impuls in die Banalität und den Trott des Alltags.

Es ist jedoch möglich, daß das mitgebrachte «Kapital» an sich schon nicht ausreicht, die Entwicklung durch die Pubertät hindurchzutragen. Dann kann es dazu kommen, daß ein äußerer Halt z. B. im Alkoholgenuß, Haschisch, Aufputschmitteln und schließlich im Griff zur Heroinspritze gesucht wird. Vor allem in solchen Fällen, wo sich zusätzliche äußere Widerstände einstellen – zerbrochenes Familienleben, Verwahrlosung durch ein Milieu des Alkoholismus, das Fehlen eines tieferen Vertrauensverhältnisses zu Altersgenossen bzw. Eltern – erweist sich die eigene Inkarnationskraft häufig als unzureichend. In der Adoleszenz unterbleibt dann auch oft die Begegnung mit dem eigenen, höheren Ich. Die innere Leere, die hierdurch entsteht, ähnelt stark den Erscheinungen, die diejenigen durchmachen, die, aufgrund ihrer zu schwachen Inkarnation, bereits vor der Pubertät den Anschluß an ihren Ich-Impuls verloren haben.

Denjenigen, die – aus welchen Gründen auch immer – ihren «zweiten Menschen» nicht finden, bietet das Leben immer weniger Interessantes; übrig bleibt dann oft nur noch, dem Erdenwiderstand auszuweichen und das Bewußtsein in einem Schattenreich herumirren zu lassen. Alle Zielsetzungen und Aufgabenstellungen, alle schmerzhaften Erlebnisse sind verschwunden und einem vagen Gefühl der Befriedigung gewichen. Diese Situation wird durch den Alkohol und die Vielzahl der betäubenden Mittel herbeigeführt. Ihr gemeinsames Kennzeichen liegt darin, daß sie einen scheinbaren Glückszustand herstellen, der jedoch von beschränkter Dauer ist. Sie bewirken Veränderungen im Zusammenhang des Astralleibes mit dem Ätherleib, was dann zu den beschriebenen Erscheinungen führt.

Der Astralleib tritt in eine luziferische Welt des Größenwahns, der Schein-Ruhe und des Glücksgefühls ein. Der nicht mehr vom Astralleib impulsierte Ätherleib bindet sich dadurch stärker an den physischen Leib, was funktionelle Abweichungen zur Folge hat. Bei der Rückkehr des Astralleibes, der ja der Träger des Bewußtseins ist, werden diese als «Kater» erlebt. Dieser Katerzustand wird zum Anlaß, aufs neue die Exkarnation des Astralleibes zu suchen, was wiederum noch ernstere Störungen im Ätherleib bewirkt. Dieser Mechanismus ist die Ursache der *Suchterscheinungen*.

Jede süchtigmachende Substanz führt zu einem schleichenden, das Heroin sogar zu einem ziemlichen raschen Selbstmord. Manchen «mäßigen» Trinkern oder «blowern» mag das übertrieben in den Ohren klingen; sie meinen, sich völlig unter Kontrolle zu haben und jederzeit aufhören zu können. Doch selbst wenn es ihnen gelingt aufzuhören, sind die Schäden viel größer, als allgemein angenommen wird.

Diese Schäden liegen einerseits im physisch-ätherischen Bereich, andererseits darin, daß es dem höheren Ich nicht mehr möglich ist, seine schicksalweisende Tätigkeit zu entfalten. Wenn sich der Astralleib aus dem Physisch-Ätherischen zurückzieht, so hat das Ich keine Möglichkeit mehr, sich in der Empfindungs-, Verstandes- und Bewußtseins*seele* zu manifestieren. Das höhere Ich wird gleichsam «zurückgestoßen» und verliert dadurch die Möglichkeit des Impulsierens einer sinnvollen individuellen Zukunft. Durch jede süchtigmachende Substanz verliert der Mensch ein Stück Sinngebung seiner Inkarnation!

Die Sucht nach betäubenden Mitteln hat es immer gegeben. Man kann jedoch nicht die Augen vor der Tatsache schließen, daß der weltweite Drogenhandel, durch den Millionen umgesetzt werden, ein Ausdruck der Internationalisierung und Verschärfung der Problematik ist.

Wir können die gebräuchlichen Rauschmittel in vier Kategorien einteilen:
- Opium und Opiumderivate
- Alkohol und Hanfprodukte
- LSD (Mutterkorn), Psilocybin (Pilze) und Meskalin (Kaktus)
- Kokain und Weckamine (Aufputschmittel)

Das *Opium* und die Opiumderivate kommen aus dem Osten. Es schenkt dem Gebraucher eine Welt von Träumen, die in Einsamkeit durchlebt werden. Der Opiumraucher magert ab und wird langsam ausgezehrt; die Ätheroder Lebenskräfte erschöpfen sich, der Astralleib wird aus dem physisch-ätherischen herausgezogen und erlebt dann sein eigenes, ichloses Traumbewußtsein.

Es gibt eine Reihe von Opiumderivaten mit spezifischen Wirkungen, wie z. B. *Morphium* (schmerzstillend), *Kodein* (hustenreizstillend) und *Heroin*, der gefährlichste aller Opiumabkömmlinge, eine Droge, die wegen ihrer nahezu unmittelbar süchtigmachenden Wirkung berüchtigt ist.

Wir kennen den *Alkohol* als Rauschmittel aus der Geschichte unserer europäischen Kultur. Im Altertum, bei den Juden und Griechen, hatte er noch eine sakrale Funktion. Im Rausch war das Göttliche noch erlebbar, in einer Zeit, in der sich Geistiges der Seele nicht mehr unmittelbar offenbarte. Durch den danach einsetzenden Kater wurde eine stärkere Bindung an den physischen Leib erlebt. Es ging den spät-griechischen Mysterien (z. B. Eleusis) vor allem um diese «Katerwirkung». Die Menschheit war noch auf dem Wege der immer tieferen Inkarnation, der stärkeren Bindung des Ätherleibes an den physischen Leib, und der Alkoholgenuß unterstützte dies.

In unserer heutigen Zeit ist dies anders. Wir sind eher zu tief inkarniert und müssen die Grenzen, die uns vom Geistigen trennen, wieder überschreiten lernen. Auf diesem Weg ist der Alkohol geradezu ein Feind. Wir haben schon früher auf diese Tatsache hingewiesen. Dennoch ist es begreiflich, daß viele Menschen, die sich angesichts des Durchbruchs durch die Grenze des Inneren unbehaglich fühlen, zum Alkohol greifen, um diesem Unbehagen, ihren Selbstvorwürfen und Depressionen, durch den leichten Rausch zu entfliehen.

Bei den *Hanfprodukten* liegt das ähnlich. Wenn man sie als *Haschisch* oder *Marihuana* raucht, lösen sie einen Rauschzustand aus, in welchem die Sinneseindrücke verstärkt erlebt werden. Auch hier wird der Astralleib aus dem physisch-ätherischen herausgehoben und erlebt halbbewußt die Grenzgebiete der elementarischen Welt.

Auf die Frage nach der Schädlichkeit bzw. Unschädlichkeit solcher Mittel werden wir später noch zurückkommen.

LSD (ein synthetischer Stoff, ursprünglich ein Bestandteil des Mutterkorns), *Meskalin* (aus einer mexikanischen Kaktusart gewonnen) und *Psilocybin* (aus Pilzen) gehören zur Gruppe der halluzinogenen Drogen. Sie verursachen einen Ekstasezustand, in dem Halluzinationen auftreten, die in einem scheinbar wachen Bewußtsein erlebt werden und später genau beschrieben werden können. Vor allem das LSD war vor einigen Jahrzehnten sehr in der Mode bei der Erforschung verborgener psychischer Phänomene. Meskalin und Psilocybin kennen wir aus Beschreibungen westlicher Wissenschaftler. Es sind «bewußtseinserweiternde» Mittel der mexikanischen Indianer. Auch sie hatten eine sakrale Funktion.

Am meisten wissen wir über das LSD, allein schon deshalb, weil dieses Mittel eine Zeitlang bei der Behandlung von Neurosen benutzt wurde, in der Hoffnung, die Halluzinationen, die es hervorruft, würden tiefere Aufschlüsse über das Unterbewußtsein vermitteln, als dies durch die Traumanalyse möglich ist. Heute wird diese Behandlung so gut wie nicht mehr angewendet.

Die durch das LSD hervorgerufenen Erlebnisse zeigen, was geschieht, wenn die äußere Schwelle ohne die notwendige Vorbereitung überschritten wird. Wer solche Erlebnisse durchmacht, muß notgedrungen abwarten, in welche Region der elementarischen Welt es ihn verschlägt. Gute Trips und «bad trips» wechseln sich ab, ohne daß die betreffende Person darauf viel Einfluß ausüben könnte. Hier trifft alles zu, was im dritten Kapitel hinsichtlich des Weges durch die elementarische Welt dargestellt worden ist. Der Eintritt in diese Welt wird *innerhalb* der eigenen Psyche erlebt: Farben, Formen und Bilder wechseln sich ab, bezaubernd oder abscheulich, hundertmal intensiver als die gewöhnlichen Sinneseindrücke. Letzteres ist ein typisches Merkmal für den Eintritt in die elementarische Welt.

Das *Kokain* nimmt eine besondere Stelle ein. Es führt zu einer abnormalen Erweiterung des Bewußtseins sowie einer Intensivierung aller Wahrnehmungen.

Zur Frage der Schädlichkeit des Alkohols bzw. von Drogen existieren die widersprüchlichsten «wissenschaftlichen» Urteile. Unsere eigene Praxiserfahrung ist folgende: Am Anfang der echten primären Sucht (einer Sucht also, die aus einer Problematik der eigenen Biographie entstanden ist) steht *zuerst* der Verlust einer vom höheren Ich her gesuchten sinnvollen Zukunftsperspektive bzw. des Vertrauens in die Zukunft, *dann* erst kommt es zur Flucht in die Betäubung. Der Genuß von LSD, Haschisch, Marihuana usw. kann dabei den Prozeß des Nicht-eingreifen-Könnens des Ich eventuell noch verstärken. Ich kenne zwei Fälle von Jugendlichen, die nach dem Genuß von LSD in eine akute, längere Psychose verfielen.

Außerdem treten immer Funktionsstörungen im Ätherleib auf, die auf Dauer bis zu Beschädigungen der physischen Organe führen; so z. B. in der Leber (durch den Alkohol) und im Gehirn (durch den LSD-Genuß).

Normalerweise wird der Ätherleib während der Nacht von Astralleib und Ich verlassen, und die kosmische Astralität der Planetenwelt tritt an deren Stelle, um die schädigenden Wirkungen des Tages wieder ins Gleichgewicht zu bringen.

Betäubende Mittel sind allesamt Gifte, die den Astralleib «austreiben» und den Ätherleib quasi ungeschützt sich selbst überlassen. Doch ein solcher ungeschützter Ätherleib hat eine Saugwirkung auf gewisse Elementarwesen; es ist nicht voraussagbar, welche Arten sich dabei jeweils einstellen, doch man kann den Eindruck haben, daß dies beim Opium mehr luziferische Wesen, beim LSD und den mexikanischen Drogen eher ahrimanische Wesen sind. Was diese Wesen im Ätherleib anrichten, das wird bei der Rückkehr des eigenen geistig-seelischen Wesens als «Kater» erlebt, der seinerseits wieder zum Anlaß eines neuerlichen Wunsches nach der Betäubung werden kann.

Das Kokain ist ein ausgesprochen ahrimanisches Mittel, das – wie auch die *Wekamine*, die sogenannten «Aufputschmittel» – rasch zu schweren Schäden führt. Nicht nur Stoffe können zur Sucht führen. Es gibt auch süchtigmachende *Handlungen*. So ist beispielsweise das Rauchen von Zigaretten als bloße Handlung genauso wichtig wie der Genuß des Nikotins. Eine süchtigmachende Handlung wie z. B. der Diskothekbesuch ruft eine Exkarnation durch grelles Flackerlicht, dröhnende Rhythmen und wilde Bewegungen hervor. Untersuchungen haben ergeben, daß sowohl Flackerlicht als auch dröhnende Rhythmen zu Veränderungen der Gehirnrhythmen, wie sie im EEG sichtbar werden, führen. Die Gehirnrhythmen sind eine Abspiegelung der Wirkung des Ätherleibes im Zentralnervensystem. Bei einer leichten

Gehirnbeschädigung können dadurch epileptische Anfälle forciert werden. Man braucht nicht viel Phantasie, um sich angesichts der ekstatischen Exkarnation und der Leibesverrenkungen darüber klar zu werden, daß das höhere Ich in solchen Situationen keinen Zugang zum Menschen mehr findet.

Bei der Besprechung der Sucht bei Jugendlichen muß deutlich unterschieden werden zwischen der echten oder *primären* Sucht und der infolge verbrecherischerMotive von außen her künstlich hervorgerufenen, *sekundären* Sucht.

Das echte Suchtverlangen, aus den Bedingungen des individuellen Schicksals heraus, nimmt im allgemeinen um das 18. Jahr herum seinen Anfang, wenn das höhere Ich keinen Zugang zum Seelenleben des Adoleszenten finden kann. Das Leben wird dann aussichtslos, leer und kalt. Die Lebensfreude verschwindet, und der Mensch lebt nur noch «im Leerlauf» weiter, ohne neue Impulse für sein Leben finden zu können. Der Ekel vor sich selbst und der Gesellschaft, in welcher man leben muß, führt zu einer unwiderstehlichen Neigung zur Flucht in die Betäubung bzw. in eine Scheinwelt.

Wie bereits erwähnt, kann die echte oder primäre Sucht schon früher auftreten bei denjenigen Jugendlichen, deren höherer Ich-Impuls schon bei der Geburt schwach war. Oft spielt dabei die Tatsache eine Rolle, daß ein Kind während der Grundschulphase keinen Anschluß an eine Gruppe (die Klasse) finden konnte und das Ich-Erleben des zehnten Jahres[92] gestört ist. In diesem Fall ist schon die Pubertät in ungewöhnlichem Maße von Unsicherheit und Freudlosigkeit geprägt.

Solche Kinder sind häufig ein wehrloses Opfer all der Begierden, die aus dem erwachenden Astralleib aufsteigen und die sich dann in allzu frühen, selbstgesuchten sexuellen Erfahrungen, Stehlen oder Drogengenuß manifestieren.

Die jungen Süchtigen, von denen hier die Rede ist, unterscheiden sich von den weiter oben besprochenen aggressiven, zu früh erwachsenen Jugendlichen. Sie sind vielmehr freundlich, passiv, ohne irgendeinen Hang zu einer gezielten Aktivität. Sie können einen äußerst freundlich anschauen; Fragen nach einem eventuellen Zukunftsbild finden sie völlig sinnlos. Das einzige, was noch möglich ist, ist halbe Nächte lang «rauchend» herumsitzen, am liebsten in Gesellschaft Gleichgesinnter, wobei dann jeder in seiner eigenen Welt isoliert bleibt. «Und wenn ich dann kein Geld mehr habe, nun, dann sterbe ich halt einfach ... Na und? Macht doch nicht viel aus ...»

Beim Heroin kommt jedoch durch die Sucht die Notwendigkeit dazu, aktiv zu werden, um den nächsten «shot» finanzieren zu können. Dabei weichen alle moralischen Hemmungen.

Da der Heroinhandel ein Millionengeschäft ist und der Kundenkreis immer weiter vergrößert werden muß, werden heute bereits viele Jugendliche unter 18 Jahren auf *verbrecherische Weise* zur Sucht *verführt*. Dies ist etwas ganz anderes als die primäre Sucht, denn man kann letzten Endes sogar einen Säugling durch Verabreichung bestimmter Substanzen süchtig machen! Auch bei dieser künstlich hervorgerufenen Sucht kommt es natürlich zur Vernichtung der physisch-ätherischen Organisation, vor allem dann, wenn die Sucht schon während der Pubertätsjahre anfängt.

Eine neuartige Form von Sucht ist die nach *Psychopharmaka*. Sie ist durch die moderne Medizin ausgelöst worden. Es handelt sich um eine Reaktion auf die inneren Symptome, die als Folge des unbewußten Überschreitens der Schwelle (man vergleiche hierzu die Darstellungen im ersten Teil dieses Buches) auftreten. Die allgemein auftretenden Ängste und Depressionen machen die Erfindung immer neuer wirksamer chemischer Verbindungen notwendig, mit denen der Markt dann vollgepumpt wird; hinzu kommt die allgemeine Hilflosigkeit der medizinischen Welt, wenn es darum geht, wirklich sinnvolle Therapien zu verwirklichen.

An der Neigung zur Sucht – ob es nun um Rauchen, Schlaftabletten, schmerzstillende Mittel oder Psychopharmaka, um Sex oder um fanatisches Karrierestreben geht – läßt sich immer wie an einem Gradmesser ablesen, in welchem Maß das individuelle höhere Ich den Weg der Inkarnation führt. Reißt die Verbindung von höherem Ich und irdischer Inkarnation ab, so muß die entstehende innere Leere durch die Betäubung mit harter Arbeit oder durch chemische Mittel gefüllt werden.

Ausgangspunkt der Therapie ist die Passage aus dem oben angeführten Spruch: das Wecken des «guten Willens für den Geist». Ohne diesen Willen, der sich zum höheren Wesen des Menschen wendet, wird keine Entwöhnungskur länger als bis in die Aufsichtsphase Erfolg haben; dann kommt es unweigerlich zum Rückfall.

Da gleichzeitig immer auch Schäden im physisch-ätherischen Bereich eintreten, ist auch eine medizinische und allgemein hygienische Therapie notwendig. Außerdem ist es wichtig, geistiges Interesse – immer auf dem Niveau bzw. innerhalb des Horizonts der betreffenden Person – zu wecken. Der Therapeut muß hier viel Phantasie entwickeln, um zusammen mit dem Patienten die jeweils richtigen, individuellen Wege zu finden.

Karma ist niemals eine Angelegenheit des einzelnen, sondern immer ein Prozeß, der sich im *Zwischenmenschlichen* abspielt, die Frucht der Interaktion mit anderen Menschen. Dasselbe gilt auch für unser Zukunfts-orientiertes Karma, welches sich in unserem Lebens-Leitmotiv ausdrückt. Nur im Zusammenwirken mit anderen Menschen, am besten mit solchen, die die eigene Problematik selber kennen, kann eine stabile Zukunft aufgebaut werden. Das ist das Erfolgsgeheimnis der «Anonymen Alkoholiker», dem Club der Ex-Alkoholiker, die sich gegenseitig helfen. Darin liegt auch die Kraft, z. B. einer Arbeitsgemeinschaft ehemaliger Süchtiger, die miteinander etwa einen Laden oder ein Restaurant unterhalten.

Die verschiedenartigen Rehabilitationszentren für Süchtige spiegeln die unterschiedlichen Auffassungen in der Psychiatrie wider: von der rigorosen Verhaltenstherapie, oder besser gesagt, Verhaltensindoktrinierung, bis hin zur alternativen gegenseitigen Hilfeleistung. Die anthroposophischen Therapie-Zentren beziehen die Hilfe der anthroposophischen Medizin und die heilsame Wirkung der Lebensrhythmen und der Kunst mit ein.

Es ist wohl deutlich, daß alles von der Frage abhängt, ob man schließlich imstande ist, jenen «guten Willen für den Geist» zu erwecken. Wenn dies gelingt, ist eine bleibende Heilung möglich. Es wird jedoch nur dann gelingen, wenn die Patienten in eine Gemeinschaft aufgenommen sind, die diesen guten Willen für den Geist wirklich vorlebt und die anderen darin aufnimmt.

Die Arbeit mit Süchtigen gehört zu den allerschwersten psychotherapeutischen Aufgaben, die es gibt. Die ätherischen Schäden haben das Willensvermögen des Patienten untergraben. Die unsichere Inkarnation des höheren Ich hat zur Folge, daß man es immer wieder mit dem Astralleib, dem «animalischen Menschen» zu tun bekommt, der hundertmal schlauer ist als der Ich-Mensch, wenn es darum geht, seine Ziele zu erreichen.

Diese ätherischen Schäden können auch zu extrem kriminellem Verhalten führen, bei welchem jegliche Hemmung, die sonst vom Ich ausgeübt wird, wegfällt. Die Behandlung ist hier ein noch ungelöstes Problem, da dem therapeutischen Handeln hier die Notwendigkeit entgegensteht, andere vor dem kriminellen Verhalten zu schützen.

Wie auch immer – Enttäuschungen, Rückfälle, Betrug gehören zu den täglichen Erfahrungen des auf diesem Gebiet tätigen Therapeuten. Wer dies durchhält, der hat zugleich einen wesentlichen Schritt auf dem Wege der eigenen Entwicklung vollzogen und kann dann seinem gefährdeten Mitmenschen vorangehen. Wie immer in der therapeutischen Tätigkeit im Rahmen einer Gruppe – ob das nun die Heilpädagogik oder die Therapie Süchtiger ist –, muß man sich stets die Frage stellen: Für wen hat diese Arbeit eigentlich Bedeutung, nur für die Patienten oder vielleicht im gleichen Maß auch für die Therapeuten?

18 Der Schulungsweg des Therapeuten

Es ist heutzutage eine Selbstverständlichkeit, daß Psycho-Therapeuten eine lange Lernphase durchmachen müssen, während derer sie sich die Fähigkeiten aneignen, die sie brauchen, um den therapeutischen Prozeß begleiten zu können. Psychoanalytische Lehranalysen dauern viele Jahre, und auch andere Richtungen unterhalten spezielle Ausbildungen. So wird sich auch der anthroposophische Psycho-Therapeut (Psychiater oder klinische Psychologe) und Sozialarbeiter, der auf dieser Basis arbeiten will, einer speziellen Lernphase unterziehen müssen, in welcher die innere Erlebniswelt aufgebaut wird, die er braucht, wenn er die Erlebnisse seiner Patienten verstehen, ja miterleben können will. Erst dann kann er den Patienten begleiten bis hin zu einer Situation, in der dieser jene Erlebnisse in eine in sozialer und persönlicher Hinsicht akzeptable Lebensform integrieren kann. Anders ausgedrückt: Der Therapeut als Helfer wird den Weg ins Äußere und den Weg ins Innere aus *eigener Erfahrung* kennen müssen, zumindest die Anfangsstadien. Das impliziert einen inneren Schulungsweg meditativer Art sowie wechselseitigen Kontakt und Erfahrungsaustausch mit allen, die sich in der Therapie und in der Begleitung der Patienten üben.

Wir können hier nur einen allgemeinen Eindruck von diesem Entwicklungsweg vermitteln. Die Wirklichkeit dieses Weges vollzieht sich individuell und in den persönlichen Kontakten in diversen Ausbildungsstätten.

Zuerst wollen wir einige Übungen besprechen, die mit dem Weg *ins Äußere* zusammenhängen.

Es ist in erster Linie wichtig, daß der Übende versucht, sich täglich während kürzerer oder längerer Augenblicke von allen Sorgen, Gedanken, Pflichten oder Überlegungen zu lösen, die sein Bewußtsein normalerweise erfüllen. In dieser Situation der Offenheit wird der Blick dann auf eine Reihe kontinuierlich zusammenhängender Prozesse im Menschen selbst gelenkt.

Zuerst lenkt der Übende den Blick und sein Erleben auf seine *physische Leiblichkeit* in ihrer festen Konsistenz und Form. Das Erden-Element in uns tritt ins Zentrum unseres Bewußtseins.

Wir erleben intensiv die Schwere, die in uns wirksam ist, die Schwere der Gliedmaßen bei Bewegungen, die der Schwerkraft entgegengesetzt sind. Wir erinnern uns vielleicht wieder an das Gefühl, daß unsere Beine wie schwere Säulen waren, als wir nach längerer Krankheit zum erstenmal wieder einige Schritte außerhalb des Bettes wagten. Oder an die Erfahrung des mühsamen Nachhauseschleppens unseres schweren Leibes, als wir mit letzter Kraft von einer ermüdenden Bergtour zurückkamen. Es handelt sich also darum, daß wir bestimmte Situationen aufs neue durchleben, in denen wir unsere eigene Schwere, unser Verhältnis zur Schwerkraft intensiv erfahren haben.

Danach konzentrieren wir uns auf die Formen, in denen die festen Teile unseres Körpers erlebbar werden: Wir können die harten Formen unseres Skeletts, besonders gut beim Kopf, tastend erfahren. Jetzt wird der ganze Verhärtungsprozeß vom noch knorpeligen Schädel des Embryos bis hin zum auskristallisierten Schädel des Erwachsenen erlebt. Dieser Verhärtungs- und Kristallisationsprozeß kann einerseits als schmerzhaft und scharf, andererseits als kristallhaft, hell und klar erlebt werden.

Was wir hier als *kontrollierbare Erlebnisse* hervorzurufen versuchen, das nimmt bei denjenigen, die unfreiwillig, z. B. infolge der Wirkung chemischer Mittel, über die Schwelle gehen, einen überwältigenden, oft bedrohlichen oder lähmenden Charakter an. Wenn z. B. ein Patient, ein Gelegenheitstrinker, einem schildert, daß sich ihm die Welt in unerwarteten Augenblicken plötzlich in Glas verwandelt, die Stimmen wie aus weiter Ferne herüberklingen, während er das Gefühl hat, als liefe er auf zerbrechlichem, kristallartigen Boden, woraus sich dann gleichzeitig der unbezähmbare Drang nach enormen Alkoholmengen einstellt, durch deren Konsum er dieser gläsernen Welt zu entrinnen hofft – so muß der Therapeut imstande sein, diese Erlebnisse einzuordnen und dem Patienten, bei voller Anerkennung seines Menschseins, helfen, den Weg zu einer sinnvollen Therapie zu finden. Der Patient wird weiter beschreiben, daß dieser Zustand, der ein paarmal pro Jahr auftreten kann, gewöhnlich einige Wochen anhält und dann mit einem Schlag, genauso plötzlich, wie er begonnen hatte, wieder aufhört. In der Zwischenzeit hat der Patient keinerlei Bedürfnis nach Alkohol und kann völlig normal seiner Arbeit nachgehen. Nur die regelmäßig wiederkehrenden Krankheitsperioden mit anschließender wochenlanger Erholungszeit gefährden seine Anstellung.

Die Erlebnisse, die der Therapeut auf *dieser* Seite der Schwelle bewußt hervorgerufen hat, werden vom Patienten unfreiwillig durchgemacht. Er erlebt den Schwellenübergang, erlebt sich als ausgeliefert an die Elementarkräfte des Kristallisations- oder Lebensäthers. In den «gesunden» Perioden wird der Therapeut mit dem Patienten zusammen die Erlebnisse, die bisher unfreiwillig eintraten, jetzt bewußt hervorzurufen suchen, mit dem Ziel, sie in den Griff zu bekommen, so daß der Patient bei einem nächsten unfreiwilligen Schwellenübergang sein Ich-Bewußtsein und seine Ich-Kontrolle immer besser behaupten kann und dadurch den Rückweg über die Schwelle selbst vollziehen kann. Er verliert dadurch seine Angst vor dem unbegreiflichen Geschehen, denn er weiß nun, was sich hier abspielt und daß er den Rückweg aus eigener Kraft schafft.

In einem weiteren Schritt richtet der Therapeut die innere Aufmerksamkeit auf seinen *Flüssigkeitsmenschen*. Er macht sich bewußt, daß in ihm ständig eine wirbelnde Flüssigkeitsströmung umgeht, und er versucht nun Differenzierungen innerhalb dieser Strömungen wahrzunehmen.

Der Blutstrom wird innerlich in all seiner mächtig brausenden Gewalt erlebt; kräftig stürmt er vom Herzen aus heran, bis er schließlich «versumpft» in den bis in die Fingerspitzen erlebbaren endlosen Verästelungen des Haargefäßnetzes. Von dort aus sammelt es sich allmählich aufs neue in langsamen Strömen, die in immer rascherer Strömung dem Herzen entgegeneilen, bis sie schließlich in einem Strudel im Herzen verschwinden. Wichtig ist hier vor allem, daß die brausende Macht des Beginns erlebt wird, im Gegensatz zum sich beruhigenden Wirbel beim Eintritt in das Herz. Der Therapeut wird all diesen Erlebnissen in tausendfacher Intensität bei denjenigen seiner Patienten wiederbegegnen, die über die Schwelle, die uns von der elementarischen Welt trennt, gegangen sind.

Doch auch andere Qualitäten können erlebt werden im Flüssigkeitsmenschen. Im Magen und im Dünndarm werden viele Liter Körperflüssigkeit ausgeschieden, um im Dickdarm dann wieder resorbiert zu werden – ein ständiges Einfließen und Zurückfluten, wie Ebbe und Flut am Meeresstrand.

Langsam strömend sucht sich die Lymphe ihren Weg zwischen den Zellen hindurch, um sich zu kleinen Bächen zu vereinigen, die sich schließlich geruhsam mit dem Blutstrom vermischen.

Wie ein kristallklarer Gebirgsbach sprudelt in der Gehirnhöhle die Gehirnflüssigkeit hervor, um Gehirn und Rückenmark zu umspülen und unten, am Ende der Wirbelsäule, wieder resorbiert zu werden.

So können immer weitere Strömungsqualitäten erlebt werden, die schließlich in der Imagination des Flüssigkeitsmenschen in uns zusammengefaßt werden können, des Trägers der zahlreichen Kreisläufe von Ausscheidung und neuer Aufnahme, der Tempi und Rhythmen, Druckgefälle und Druckangleichungen.

Man wird nun nicht nur den Olaf Åsteson verstehen, der in der Elementarwelt unterhalb des Mondes die kosmischen Wasserströme erbrausen hört; man wird dann auch all die merkwürdigen Erlebnisse vieler Patienten besser verstehen, die ganz oder partiell über die Schwelle gegangen sind und nun ihre scheinbar absurden Erlebnisse in ihren Körper zurückprojizieren.

Ein dritter Schritt besteht in der Konzentration auf den *Luftmenschen* im

Menschen. Gleich einem brausenden Windstoß tritt die Luft in unsere Lungen ein und verteilt sich dort in Tausende von Bläschen, in denen die Luftbewegung zum Stillstand kommt; dann wandert die Luft zusammen mit dem Blut durch den ganzen Körper, und überall, wohin sie kommt, spendet sie Erfrischung und Lebenskeime. Man versuche, diesen Sauerstoffstrom als einen lebenschenkenden Strom zu erleben. Dann wird man etwas von dem Bild des Adam verstehen, dem der «Atem des Lebens» eingeblasen wurde und damit gleichzeitig das Bewußtsein. Man richte weiter seine Aufmerksamkeit auf den Ausatmungsvorgang, des Trägers der Kohlensäure und ihrer Todeskräfte, die aus dem ganzen Körper zusammenströmen. Diese Kohlensäure wird der Luft wiedergeschenkt, in den Pflanzen zu Zucker, Stärke und schließlich Holz verdichtet, wobei wieder Sauerstoff frei wird, der in die Luft übergeht. Man kann diesen Kreislauf, der die Menschenwelt mit der Pflanzenwelt verbindet, in ein Bild zu bringen versuchen. Was zur Bildung von Holz, in der Pflanze ein ganz normaler Prozeß, führt, ist im menschlichen Organismus fehl am Platze – es muß ausgeatmet werden. Nur ein kleiner Teil darf in der Form kohlensauren Kalks im Skelett auskristallisieren.

Es muß betont werden, daß wir hier nicht irgendeine Art der individuellen *Atembeherrschung*, wie z. B. im Hatha-Yoga, meinen, sondern ein inneres Erleben des Atemstromes durch den ganzen Körper. Man kann sich dann auch in die Atemstörungen einleben, die bei der Hyperventilation und beim Asthma auftreten. Beide Krankheiten sind seelischen Ursprungs, wie allgemein bekannt ist. Bei der Hyperventilation findet ein unkontrollierter Kohlensäureausstoß statt in Verbindung mit einer übermäßigen Sauerstoffaufnahme. Dies tritt beim beginnenden Schwellenübertritt im elementarischen Licht-Luft-Bereich auf. Das Erdenbewußtsein des Menschen braucht ein gewisses Maß an Todeskräften. Bei der Hyperventilation treffen wir eine Neigung zur Flucht vor den irdischen Problemen an, die dann zum Überschreiten der Schwelle führt. Jedes forcierte Atemholen führt sogleich zu Schwindelsymptomen und einem Leichtegefühl im Kopf. Der Hyperventilationspatient entflieht dadurch seinen Problemen. Diese müssen während der Therapie dann ins volle Licht des Bewußtseins gehoben und «durchatmet» werden. Der Sprachgenius hat den Ausdruck «erleichtert *aufatmen*» geprägt für die Lösung der Spannung nach einer Streß-Situation.

Die Probleme des Luftmenschen sind immer auch Bewußtseinsprobleme; das gilt auch für das Asthma. Bei einem schweren Anfall kann der Patient sogar mit vollen Lungen ersticken, da er nicht ausatmen kann. Der Asthmapatient ist in seiner ganzen Lebenshaltung «asthmatisch». Er bereitet sich endlos vor, studiert ewig, kann dann jedoch in der sozialen Situation nichts damit anfangen. Eine überbesorgte Mutter, die ihre Kinder gewissermaßen unter einer Glasglocke beschützen will, hindert dadurch ihr Kind an einer ausreichenden eigenen Ausatmung und kann so die Voraussetzung für Asthma schaffen. Das gilt besonders für Kinder, die sich sowieso nur mit Mühe im Leben äußern können.

Hängt der Luftmensch mit dem Bewußtsein überhaupt zusammen, so ist der *Wärmemensch* der Träger des Ich-Bewußtseins. Wieder lenken wir unseren Blick und unser Erleben ins Innere und versuchen, die feineren Wärmedifferenzierungen aufzuspüren. Am höchsten ist die Temperatur in den Stoffwechselorganen, am niedrigsten in der Haut der Gliedmaßen. Wir strahlen fortwährend selbstproduzierte Wärme aus, nehmen jedoch normalerweise keinerlei Wärme von außen her auf. Wo Außenwärme auf uns einwirkt, wehren wir uns dagegen: die Blutgefäße werden weit, und unsere Eigenwärme stellt sich der Fremdwärme entgegen. Nur wenn diese stärker ist, vermag sie uns zu überwältigen; schon fünf bis zehn Grad aufgezwungener Wärme sind tödlich. Dasselbe gilt für die Untertemperatur.

Auch wenn wir das Wunder des konstanten Wärmehaushalts nicht bis in alle Einzelheiten kennen, so stehen wir doch in tiefer Ehrfurcht vor diesem wundervoll geregelten Wärmeorganismus, innerhalb dessen es uns vergönnt ist, als geistige Wesen in einem irdischen Leib zu leben. Wer die Schwelle überschritten hat und die lodernden Feuergluten von «Muspelheim» erfährt, der kennt die Schrecken, aber auch den Segen des Feuerelementes.

Wir versuchen zu erleben, wie geistiger Enthusiasmus und warme Gefühle in körperlich meßbare Wärme übergehen, wie der Enthusiasmus den Atem schneller gehen läßt, den Herzschlag beschleunigt und vertieft, den Flüssigkeitsmenschen in Bewegung bringt und die Schwerkraft zu überwinden vermag. Durch den Enthusiasmus wird alles Schwere leicht, und die Müdigkeit wird überwunden. Enthusiasmus ist die souveräne Therapie für alle Neurosen. Wir meinen nicht den Schein-Enthusiasmus der Fanatiker, auch nicht den Schein-Enthusiasmus des extrovertierten Menschen oder des Menschen, der sich hemmungslos seinen Gefühlen überläßt, sondern den *echten* Enthusiasmus für die *ureigene* Aufgabe *dieser* unserer jetzigen Inkarnation.

Wenn der Therapeut auf die beschriebene Weise den Weg in die elementarische Welt kennengelernt hat, wird er auch die Erlebnisse derjenigen kennenlernen müssen, die diese elementarische Welt hinter sich gelassen haben und nun die dahinter liegende kosmische Welt erleben. Dies ist die Welt der «Sphärenharmonien», die Welt der Planetenqualitäten in ihrem Verhältnis zur Zwölfheit der Tierkreisbilder.

Was derjenige, der diese Welt betritt, erfährt, ist davon abhängig, wie seine Seelenstruktur in Harmonie ist mit dem, was da als Sphärenharmonie erklingt. Es ist ein inspiratives Erleben der Konsonanz oder Dissonanz, und dies alles in einer Intensität, die entweder zu einem einzigen großen Glückserleben oder aber zu dem Gefühl, völlig zurückgewiesen zu werden, führt. In den meisten Fällen wird es sich um die niederschmetternde Erfahrung der Abweisung der eigenen Existenz handeln. Wer dies auch nur teilweise durchmacht, hat einen «bad trip» gehabt, von dem er längere Zeit psychotisch werden kann. Dennoch wird der Therapeut wenigstens ein anfängliches Erleben dieser Tatsachen selbst durchgemacht haben müssen, eine Erfahrung, die in einer existenziellen Bescheidenheit resultiert. Aus der hörend und tastend erlebten Erfahrung dieser Beurteilung seiner selbst kann das Gelöbnis geboren werden, im weiteren Verlauf des Lebens an der Harmonisierung des eigenen Denkens, Fühlens und Wollens zu arbeiten. Die Kraft des Therapeuten liegt nicht in demjenigen, was er kann, sondern in demjenigen, womit er als Therapeut selbst *ringt*. Dann erst begegnet man seinen Patienten auf einer gleichwertigen Basis als gemeinsam-strebende Menschen.

So muß der Therapeut, um seinen Patienten auf dem Weg ins Äußere helfen zu können, selbst zu Hause sein im imaginativen Erleben der Welt der Elemente und im inspirativen Erleben der kosmischen Seelenwelt.

Die Erlebniswelt des Patienten auf dem Weg *ins Innere* muß dem Therapeuten nicht minder bekannt sein, wenn er Helfer oder Begleiter sein will.

Wir haben gesagt, daß der Weg ins Innere ein Weg ist, der *rückwärts führt in der Zeit*. Der Therapeut muß lernen, diesen Weg im eigenen Inneren zu beschreiten.

Zuerst handelt es sich darum, das bisherige Leben vom gegenwärtigen Zeitpunkt aus rückwärts durchzugehen. Wesentlich ist dabei, daß dieser Rückblick ganz in Bildern, ohne daß sich Emotionen dazwischenschieben, unternommen wird. Wie sah ich vor 5 oder 10 Jahren aus? Welche Dinge tat ich, welche Arbeit hatte ich damals? Welche Menschen waren um mich? Und so immer weiter zurück, bis in die Kindheitszeit: wie war es, als ich 8, 5, 3 Jahre alt war? Welches ist meine erste Erinnerung? Dies alles ganz «objektiv», als ob man einen anderen Menschen anschaute.

Dann erst richtet der innere Blick sich auf den inneren Menschen: Womit habe ich mich vor 10 Jahren beschäftigt usw.?

Man hüte sich in dieser Phase noch davor, innere Konfliktsituationen aufs neue zu erleben. Diese drängen sich zwar auf, werden aber noch zurückgestellt.

In einer weiteren Phase erst kann man mit sich selbst zu Rate gehen und untersuchen, ob es vielleicht bestimmte Konfliktsituationen oder Momente gab, in denen man versagt hat, die sich immer wiederholten. Dadurch kann man etwas von seinem «Leitmotiv» kennenlernen! Es gibt also anscheinend bestimmte Dinge und Situationen, die ich noch nicht im Griff habe; dort liegt dann ein primäres Lernziel für mich in diesem Leben. Es kann dann die Frage gestellt werden, ob sich mein Umgang mit solchen Situationen im Laufe der Zeit geändert hat? *Habe* ich wirklich etwas dazugelernt, und lerne ich *jetzt* etwas dadurch, daß ich das jetzt neu anschaue?

In der Folge kann man sich auf die Frage konzentrieren, durch wen und wann man Menschen begegnen durfte, die einen positiven Einfluß auf mein Leben ausgeübt haben? Was hat sich durch diese Menschen in meinem Leben verändert, was habe ich ihnen zu verdanken? Mein Leben offenbart sich mir dadurch in seinen karmischen Verbindungen. Ein Gefühl der tiefen Dankbarkeit kann dann die Seele durchziehen, und dieses Gefühl wird in der therapeutischen Situation wirksam werden, wenn man mit einem Patienten arbeitet. Ferner ist es möglich, sich die Höhepunkte und entscheidenden Erlebnisse während des bisherigen Lebens vor Augen zu führen. Auch daran entwickelt sich ein Erfühlen des eigenen Karmas, wobei allerdings jegliche Spekulation bzw. Versuchung zur allzufrühen Konkretisierung vermieden werden sollte.

Wer diesen Weg ins Innere sorgfältig zurückgelegt hat, der wird bei den Anamnesegesprächen mit seinen Patienten zu immer neuen Erkenntnissen kommen, und ein Gefühl dafür entwickeln, welche Probleme tief im Karma verankert sind und erst nach langer Zeit (oder vielleicht sogar überhaupt nicht) überwunden werden können und welche Probleme mehr mit oberflächlichen Reaktionen zusammenhängen. Dies ist wichtig im Hinblick auf die Wahl der Behandlungsstrategie.

Die beschriebenen Übungen bilden die *Vorbereitung* für das Beschreiten des Weges ins Innere. Die Schritte dieses Weges sind sehr intimer und sehr persönlicher Art und können daher nur sehr vorsichtig in ihrer Allgemeinheit beschrieben werden. Innerhalb einer Ausbildungssituation sollten sie in der Sphäre einer gegenseitigen Vertrauensbeziehung besprochen werden. Ganz allgemein kann jedoch folgendes gesagt werden: Schon während der vorbereitenden Übungen stellt sich eine Beurteilung (und zwar meistens eine negative Beurteilung) der eigenen Taten ein.

Ein erstes Erfordernis auf diesem Wege in die Tiefen des eigenen Seins liegt nun darin, daß man diese Beurteilung gleichsam «anschauen» und aushalten lernt. Wir sprechen ausdrücklich von einem «Anschauen», weil diese Beurteilung recht schnell den Charakter einer durchaus nicht freundlichen Physiognomie annimmt. Man gewahrt den «kleinen Hüter», der hinter seinen Schleiern zum Vorschein kommt. Dieses Anschauen besteht dann darin, daß man sagen kann: «Ja, mein Lieber, das bist Du nun also selbst! So siehst Du also *auch* aus. Du wirst noch einiges tun müssen, um dieses Bild zu verändern!»

Durch diese Introspektion lernt man seinen unbewußten Astralleib kennen, viel besser noch, als das durch eine Traumanalyse möglich wäre.

Das Fortschreiten ins Innere bis zu den Organkräften des eigenen Ätherleibes ist immer eine heikle Sache. C. G. Jung hat eine derartige Erfahrung durchgemacht und hat sich danach jahrelang in seinen Turm am See zurückziehen müssen, um sich davon zu erholen.

Um seiner Patienten willen wird man sich jedoch auch in diese Welt einleben müssen. Meistens geht man dann diesen Weg teilweise während der Behandlung, *zusammen* mit dem Patienten, geht hauptsächlich mit in dessen Zwängen, Ängsten und Depressionen, aber gerade dadurch auch in den eigenen! In der Begegnung stößt man immer wieder auf Bekanntes. Später, in einem ruhigen Moment, kann das dann vertieft werden. Dadurch, daß man diesen Weg für andere und nicht um des eigenen Heils willen geht, ist man gegen die Dämonie und die Gespenster gefeit, die sich sonst in der eigenen Seele einnisten würden.

In den ägyptischen Mysterien wurde man davor beschützt durch die Hilfe des Priesters (siehe 2. Kapitel). Diese Hilfe kann und darf uns nicht mehr zuteil werden; doch der selbstlose Helfer, der sich nicht in die Distanziertheit des «behandelnden Psychiaters» zurückzieht, sondern der den Mut besitzt, auch bei den tieferen Psychosen objektiv «mitzuleiden», wodurch er einen guten Teil der zwischenmenschlichen Situation selbst mit ausmacht – der bemerkt, daß dieses selbstlose Mitleiden, diese Offenheit, einen realen Schutz darstellt. Das gilt vor allem dann, wenn er auch echte Freude mit seinem Patienten empfinden kann, sobald ein Fortschritt erzielt werden konnte.

Zusammenfassend können wir sagen: Man kommt auf dem persönlich unternommenen Weg ins Äußere in eine objektive geistige Welt hinein und auf dem Weg ins Innere in eine höchst subjektive, doch ebenfalls geistige Welt. Die Vorbereitung auf das Umgehen-lernen mit Problemen innerhalb dieser beiden Welten muß der Lehrgegenstand der Ausbildung zum anthroposophischen Therapeuten sein. Dies ist mindestens so intensiv wie eine Lehranalyse!

Ein zweites Teilgebiet der Ausbildung umfaßt die Behandlungspraxis. Da die anthroposophisch orientierte Psychotherapie auf diesem Gebiet keine trainierbaren Techniken vermittelt und diese vielmehr von der Basis der echten Begegnung aus erst erwachsen, wird auch die Begleitung dieser zweiten Phase einen sehr persönlichen Charakter tragen und lediglich in einem gegenseitigen Vertrauensverhältnis möglich sein.

Hiermit sind wir am Ende unserer Betrachtungen angekommen. Sie sind als Skizze eines Weges zu verstehen, der zu einer *biographischen Therapie* führt. «Biographisch» deshalb, weil die Therapie im Zusammenhang des Entwicklungsweges des Patienten gesehen wird, der sich vollzieht von der «Weltenmitternacht», über das Leben auf der Erde, bis hin zur nächsten Weltenmitternacht, die den Endpunkt des Bogens, zugleich aber auch den Ausgangspunkt eines neuen Inkarnationsweges darstellt.

Die kleine Wegstrecke, die wir hier auf der Erde begleiten dürfen, kann die Rolle eines «Anstoßes» spielen, durch den der Entwicklungsprozeß wieder in Bewegung gerät und fortgesetzt werden kann. Jeder Erfolg und jedes Versagen muß im Lichte dieses großen Bogens beurteilt werden.

Anmerkungen und Literaturhinweise

1 Die Dissertation erschien als Buch im holländischen unter dem Titel: «Maat, ritme, melodie». De therapeutische werking van muzikale elementen. Zeist 1983.
2 B. C. J. Lievegoed: «Lebenskrisen – Lebenschancen». München 1979.
3 Der Begriff «Realismus» wird hier in anderer als der gebräuchlichen Weise angewandt. In vier Vorträgen aus dem Jahr 1914 («Der menschliche und der kosmische Gedanke». Gesamtausgabe, im folgenden abgekürzt GA, Band 151, Rudolf Steiner Verlag, Dornach) schildert Rudolf Steiner zwölf Arten, wie die Welt angeschaut werden kann. Die vier Hauptrichtungen innerhalb dieser Zwölfheit sind der *Spiritualismus*, der *Idealismus*, der *Materialismus* und der *Realismus*. Der Spiritualismus besagt, daß der Geist an erster Stelle steht. Im Idealismus wird der Geist zur «Idee». Im Materialismus steht die Materie an erster Stelle. Erst im Realismus werden Geist *und* Materie als Wirklichkeiten betrachtet. Das Lebenswerk Rudolf Steiners zielt auf die Erkenntnis der Wechselwirkung zwischen Geist und Materie und ihre fruchtbaren Anwendungsmöglichkeiten im Kulturleben.
4 Diese Zeichnung ist die vereinfachte Wiedergabe einer Skizze, die Rudolf Steiner während des zweiten Vortrages (18. August 1918) seines Zyklus «Die Wissenschaft vom Werden des Menschen» (GA 183) entwarf.
5 Matth. 25,14. Im fünften Kapitel wird dieses Gleichnis noch ausführlicher besprochen werden.
6 Erich Neumann, Tiefenpsychologie und neue Ethik. Frankfurt 1984.
7 Rudolf Steiner, «Makrokosmos und Mikrokosmos». Zwölf Vorträge, Wien 1910 (GA 119).
8 Über Elementarwesen hat Rudolf Steiner verschiedentlich gesprochen, so etwa in den Vortragszyklen: «Das Hereinwirken geistiger Wesenheiten in den Menschen» (GA 102); «Die geistigen Wesenheiten in den Himmelskörpern und Naturreichen» (GA 136); «Der Mensch als Zusammenklang des schaffenden, bildenden und gestaltenden Weltenwortes» (GA 230).
   Es handelt sich um übersinnliche Wesen aus den Reichen der vier Elemente Wasser, Erde, Luft und Feuer; sie stehen auf der untersten Stufe der geistigen Welt. In den Märchen treten sie als Zwerge, Elfen, Gnome usw. auf.
9 Der Begriff «Empfindungsseele» deutet auf einen bestimmten Aspekt des menschlichen Seelenwesens hin. Im 10. Kapitel wird die seelische Entwicklung eingehender besprochen.
   Leser, die mit der anthroposophischen Menschenkunde noch wenig be-

kannt sind, verweisen wir auf Rudolf Steiners grundlegende Werke «Theosophie» (GA 9) und «Die Geheimwissenschaft im Umriß» (GA 13). – Vor allem in der «Theosophie» wird ein deutliches Bild vom Wesen des Menschen nach Leib, Seele und Geist entwickelt. In der «Geheimwissenschaft» findet sich eine ausführliche Beschreibung der menschlichen Evolution, die durch viele Phasen und Metamorphosen bis zur heutigen Stufe führt.

10 Thoth ist der ägyptische, Hermes der griechische und Merkur der römische Name derselben Individualität. Da wir über die ägyptischen Mysterien am meisten durch griechische Beschreibungen erfahren, kennen wir diese Mysterien unter der Bezeichnung «hermetische Mysterien». Das Wort «hermetisch» hat im Sprachgebrauch noch immer die Bedeutung von «verschlossen, unzugänglich».

11 Vergl. über den nördlichen Mysterienstrom mein Buch «Mysterienströmungen in Europa und die neuen Mysterien», Stuttgart, 2. Auflage 1981.

12 Rudolf Steiner hat die christliche Hierarchienlehre erneuert und vertieft; dadurch sind völlig neue Erkenntnisse über die aus der geistigen Welt wirkenden Wesen erschlossen worden. Zu diesem Thema: «Die geistige Führung des Menschen und der Menschheit» (GA 15), eine gedrängte Beschreibung der Menschheitsentwicklung, «Die Geheimwissenschaft im Umriß (GA 13), hier vor allem der Abschnitt «Die Weltentwicklung und der Mensch», wo die Rolle, die die Hierarchien beim Schöpfungsprozeß der Erde gespielt haben, beschrieben wird; und schließlich «Geistige Hierarchien und ihre Widerspiegelung in der physischen Welt» (GA 110).

13 Über die Externsteine siehe auch Hans Gsänger, «Die Externsteine», in der Reihe «Mysterienstätten der Menschheit», Schaffhausen 1978, und Theodor Fuchs, «Arminius und die Externsteine», Stuttgart 1981.

14 Die Anthroposophie spricht nicht in abstrakter Weise über «das Böse», sondern unterscheidet verschiedene Wesen, die die Weiterentwicklung der Menschheit verhindern bzw. umbiegen wollen. «Luzifer» und «Ahriman» sind solche Wesen; sie sind sowohl im einzelnen Menschen als auch in der Kultur insgesamt als «Gegenmächte» wirksam, gleichzeitig aber auch als «Widerstandsmächte», an denen der Mensch sich weiterentwickeln kann. – Sie werden in der in Anm. 4 angeführten Literatur näher beschrieben. Siehe hierzu auch: «Luziferische Vergangenheit und ahrimanische Zukunft» in: «Der innere Aspekt des sozialen Rätsels» (GA 193).

15 Eine ausführliche Einleitung zum «Traumlied» findet sich in «Das Traumlied vom Olav Åsteson», aus dem Norwegischen übertragen von Dan Lindholm, Stuttgart 1967. Diese Ausgabe enthält auch den ursprünglichen, altnorwegischen Text sowie die Singweisen des Liedes.

16 Die hier abgedruckte Fassung weicht in vielem erheblich ab von der Übersetzung Lindholms (vergl. Anm. 14). Sie findet sich in dem Band «Der Zusammenhang des Menschen mit der elementarischen Welt» (GA 158) und ist von der Hand Rudolf Steiners. Es empfiehlt sich, beide Fassungen kennenzuler-

nen. Im Vergleich kommt der innere Reichtum dieses Liedes noch deutlicher heraus. (Der Abdruck erfolgt mit freundlicher Genehmigung der Rudolf-Steiner-Nachlaßverwaltung.)
17 Eine schöne Bearbeitung der ästhetischen Briefe Schillers gibt S. von Gleich in: «Die Selbsterziehung des Menschen zur Freiheit durch die Schönheit – Briefe über die ästhetische Erziehung des Menschen von Schiller, in Umschreibungen dem Allgemeinverständnis der Gegenwart nähergebracht», Freiburg, o. J.
18 Vergl. Gordon W. Allport: «Werden des Menschen» etc., München 1974. Über Leibniz und Locke vergl. B. C. J. Lievegoed: «Het arbeidsveld der sociale pedagogie», Inauguralrede, Zeist 1955.
19 Vergl. zum Monadismus: S. von Gleich: «Die Wahrheit als Gesamtumfang aller Weltansichten», Stuttgart 1985.
20 Vergl. V. E. Frankl: «Homo Patiens», Wien 1950.
21 Vergl. D. Morris: «Der nackte Affe».
22 Vergl. H. Verbrugh: «Medizin auf totem Gleis». Stuttgart 1975.
23 Der Text der «Hymnen» stellt für die Philologen ein gewisses Problem dar. Die im Jahre 1800 gedruckte Fassung (die sog. «Athenäum-Ausgabe») weicht erheblich vom später aufgefundenen Originalmanuskript ab. Bis heute sind die Hintergründe dieses Sachverhaltes nicht ganz deutlich geworden. – Wir folgen hier der «Versfassung» des Originalmanuskriptes, die uns spontaner erscheint als die Prosafassung, die Novalis für die Zeitschrift «Athenäum» verfaßt hat. (Der Text ist den Schriften Band 1, erschienen im Kohlhammer Verlag, Stuttgart 1960, entnommen.) Ein besonders gutes Bild von Novalis gibt H. Ritter in: «Der unbekannte Novalis. Fr. von Hardenberg im Spiegel seiner Dichtungen», Göttingen 1967.
24 Eine ausführliche Darstellung dieses Inkarnationsprozesses und des Aufbaus des physischen Leibes durch das seelisch-geistige Wesen des Menschen findet sich bei Frits Wilmar: «Vorgeburtliche Menschwerdung. Eine spirituelle Embryologie», Stuttgart 1979.
25 Unsere Fassung des Gleichnisses gründet sich auf Matth. 25,14 und Luk. 19,11.
26 Eine gute, von den wahrnehmbaren Phänomenen ausgehende Darstellung der sog. «Mondknoten» findet man in E. Mulder: «Sonne, Mond und Sterne» Stuttgart 1982.
27 Es gibt zu diesem Zweck einige anthroposophische Jugendseminare in Stuttgart, Wuppertal, Berlin u. a. Sie wurden hauptsächlich mit der Absicht begründet, jungen Menschen in dieser Lebensphase Orientierungshilfen zu geben. Vergl. «Verzeichnis Anthroposophischer Ausbildungsstätten». Stuttgart 1983.
28 Eine nähere Beschreibung der hier nur kurz behandelten Lebensphasen des Menschen findet sich in meinem Buche «Lebenskrisen – Lebenschancen», München 1979.
29 Vergl. Anm. 14.

30 Vergl. Rudolf Steiner: «Vor dem Tore der Theosophie», 14 Vorträge Stuttgart 1906, GA 95, 12. Vortrag, S. 116.
31 Rudolf Steiner schildert Entwicklungsepochen von Erde und Menschheit, die mit den gewöhnlichen historischen Forschungsmethoden nicht nachgewiesen werden können. Dies hängt mit der Tatsache zusammen, daß unsere Erde aus früheren, immateriellen Daseinsformen hervorgegangen ist. Es gab drei solcher Stadien; Rudolf Steiner nennt sie den «alten Saturn», die «alte Sonne» und den «alten Mond». Dann folgt die Erden-Phase, und diese beginnt mit einer Wiederholung der drei früheren Phasen, woraufhin die eigentliche Erdenentwicklung ihren Lauf nimmt. Die «Wiederholungsphasen» werden als «Hyperborea», «Lemurien» und «Atlantis» bezeichnet. Die atlantische Epoche endet durch große Überschwemmungen, wie sie uns durch viele Dokumente überliefert sind. Man denke nur an den biblischen Mythos von der Sintflut.

Wir leben in der nachatlantischen Zeit, die ihrerseits wieder in sieben sog. «Kulturperioden» eingeteilt werden kann: die Ur-Indische, Ur-Persische, Ägyptisch-Chaldäische, Griechisch-Lateinische und unsere jetzige Kulturperiode (seit ungefähr 1500 n. Chr.), die als die «fünfte» bezeichnet wird. Es folgen dann noch zwei zukünftige Kulturperioden.

Den hier nur kurz und schematisch angedeuteten Entwicklungsgang findet der Leser in lebendig-bildhafter Form dargestellt in Rudolf Steiners «Geheimwissenschaft im Umriß» (GA 13) und «Aus der Akasha-Chronik (GA 11).
32 Der Yogapfad des Patanjali wird dargestellt in dem Buch «Yoga und Anthroposophie» von D. J. van Bemmelen (Zeist 1976).
33 Vergl. «Die Drei», Mai 1981, S. 363 ff.
34 W. J. Stein: «Weltgeschichte im Lichte des heiligen Gral. Das neunte Jahrhundert», Stuttgart 1977.
35 B. C. J. Lievegoed: «Mysterienströmungen in Europa und die neuen Mysterien». Stuttgart 1981.
36 Vergl. Rudolf Steiner: «Esoterische Betrachtungen karmischer Zusammenhänge», Band 6 (GA 240).
37 Die bekannten Gralserzählungen sind im 12. Jahrhundert entstanden (Chretien de Troyes, Wolfram von Eschenbach); W. J. Stein hat in seinem Buch nachgewiesen, daß die historischen Wurzeln der Gralssage jedoch im neunten Jahrhundert anzusiedeln sind.
38 Über den Zusammenhang zwischen der Französischen Revolution und der Rosenkreuzerströmung siehe: Karl Heyer: «Geschichtsimpulse des Rosenkreuzertums». Breslau 1938.
39 Vergl. die Vorträge vom 27. und 28. September 1911 in «Das esoterische Christentum und die geistige Führung der Menschheit» (GA 130).
40 Man könnte genauer ausführen, wie sich der «Gralsstein» in den «Grundstein» der «Weihnachtstagung» metamorphosiert hat. Während dieser Tagung, die zu Weihnachten 1923/24 stattfand, begründete Rudolf Steiner die Allgemeine Anthroposophische Gesellschaft durch einen Medita-

tionsspruch, den sog. «Grundsteinspruch». (Vergl. GA 260, Die Weihnachtstagung.) In diesem Grundsteinspruch wird an das «esoterische Christentum» angeknüpft. Siehe auch: R. Grosse: «Die Weihnachtstagung als Zeitenwende», Dornach 1976; ferner auch: F. W. Zeylmans van Emmichoven: «Der Grundstein», Stuttgart 1980. Sowie Rudolf Steiner: «Die Grundsteinlegung», Dornach 1978, und B. C. J. Lievegoed: «Mysterienströmungen in Europa und die neuen Mysterien», Stuttgart 1981.

41 Genesis 30.24.
42 «Wie erlangt man Erkenntnisse der höheren Welten?» (GA 10) erschien ursprünglich in der Form von Aufsätzen in der Zeitschrift «Luzifer-Gnosis». Die Fortsetzung dieser Aufsatzreihe wurde später unter dem Titel «Die Stufen der höheren Erkenntnis» (GA 12) herausgegeben; darin findet sich eine Beschreibung der drei Stufen der Imagination, Inspiration und Intuition. Vergl. auch das Kapitel «Die Erkenntnis der höheren Welten» in «Die Geheimwissenschaft im Umriß» (GA 13). Ausgewählte Vorträge Rudolf Steiners zum Schulungsweg finden sich in: «Wege der Übung». Rudolf Steiner Thementaschenbuch, Stuttgart 1984. Beschreibungen des Schulungsweges durch andere anthroposophische Autoren, z. B.: Georg Kühlewind: «Bewußtseinsstufen». Stuttgart 1980. Ders.: «Die Wahrheit tun». Stuttgart 1982. Paul Eugen Schiller: «Der anthroposophische Schulungsweg». Dornach 1979. Gerhard Wehr: «Der innere Weg». Hamburg 1983. Frans Carlgren: «Der anthroposophische Erkenntnisweg». Frankfurt 1984. Herbert Witzenmann: «Was ist Meditation?». Dornach 1982.
43 Vergl. J. W. Goethe: «Die Metamorphose der Pflanzen». In Rudolf Steiners Schrift über «Goethes Weltanschauung» (GA 6) ist ein sehr instruktives Kapitel enthalten über den Weg, den Goethe zurücklegte, bis er zur Wahrnehmung der «Urpflanze» gelangte.
44 Wir beziehen uns hier auf Aufzeichnungen von Ludwig Graf Polzer-Hoditz, die sein letztes Gespräch mit Rudolf Steiner betreffen. Vergl. Polzer-Hoditz: «Erinnerungen an Rudolf Steiner». Dornach 1985.
45 Vergl. B. C. J. Lievegoed: «Der geistige Strom der heilpädagogischen Bewegung», Arlesheim 1972.
46 Siehe Rudolf Steiner «Anthroposophischer Seelenkalender» (in GA 40). Weiter auch «Der Jahreskreislauf als Atmungsvorgang der Erde und die vier großen Festeszeiten» und «Das Miterleben des Jahreslaufes in vier kosmischen Imaginationen» (GA 223 und 229).
47 Im Jahr 1914 erschien von A. Sigaud «La forme humaine». 1947 erschien eine wichtige Fortsetzung von Sigauds Werk: «La diagnostic du Temperament par la Morphologie» von Corman.
48 Literatur über die Temperamente: Rudolf Steiner: «Das Geheimnis der menschlichen Temperamente». Vortrag vom 4. März 1909 in GA 57.
Vergl. außerdem: C. von Heydebrand: «Vom Seelenwesen des Kindes», Stuttgart 9. Aufl. 1984.
49 «Nervenpol» und «rhythmisches System» sind Begriffe, die sich auf die

Dreigliederung des menschlichen Organismus beziehen. Wir unterscheiden einen «oberen Pol» (das Nerven-Sinnessystem mit dem Kopf als Zentrum) und einen «unteren Pol» (das Gliedmaßen-Stoffwechselsystem) und dazwischen ein selbständiges mittleres Gebiet (das rhythmische System mit dem Herzen als Zentrum). Rudolf Steiner hat diesen Sachverhalt zum ersten Mal in dem Buche «Von Seelenrätseln» (GA 21) dargestellt im Jahre 1917. Eine Einführung in die Idee der Dreigliederung bietet W. Bühler in «Der Leib als Instrument der Seele», Stuttgart 8. Aufl. 1981.

50 Vergl. das Kapitel «Schlaf und Tod» in «Die Geheimwissenschaft im Umriß» (GA 13).
51 GA 110 (10 Vorträge, Düsseldorf 1909).
52 Vergl. Anm. 46.
53 Der Titel des Vortrages ist: «Das Geheimnis des Doppelgängers. Geographische Medizin» in dem Band «Individuelle Geistwesen und ihr Wirken in der Seele des Menschen» (GA 178).
54 Rudolf Steiner stellt dar, daß die Erfahrungen einer männlichen Verkörperung in der Seele die Notwendigkeit entstehen lassen, sich in einer folgenden Inkarnation als Frau zu inkarnieren und umgekehrt. In diesem Sinne kann also von einer «Gesetzmäßigkeit» gesprochen werden, die im übrigen durchaus ihre Ausnahmen kennt. Vergl. «Die Offenbarungen des Karma», 9. Vortrag (GA 120).
55 Vergl. «Aus der Akasha Chronik» (GA 11).
56 Die Zitate sind dem Buch «Wie erlangt man Erkenntnisse der höheren Welten» (GA 10) entnommen.
57 «Ein Weg zur Selbsterkenntnis des Menschen» (GA 16).
58 Rudolf Steiner schrieb vier Mysteriendramen, die regelmäßig am Goetheanum in Dornach (und in den letzten Jahren auch an verschiedenen Orten in Deutschland und den Niederlanden) aufgeführt werden. Vergl. Rudolf Steiner: «Vier Mysteriendramen» (GA 14).
59 Vergl. B. C. J. Lievegoed: «Planetenwirken und Lebensprozesse in Mensch und Erde», Beiträge zum Verständnis des Wirkens der von Rudolf Steiner für die Landwirtschaft angegebenen Heilpflanzenkomposte. Forschungsring für Biologisch-Dynamische Wirtschaftsweise, Darmstadt 1950; des weiteren: «Über den doppelten Planetenprozeß» in: «Der Beitrag der Geisteswissenschaft zur Erweiterung der Heilkunst». Medizinisches Jahrbuch, Goetheanum, Dornach 1950.
60 Siehe Anmerkung 49.
61 G. Wachsmuth, «Erde und Mensch – ihre Bildkräfte, Rhythmen und Lebensprozesse» Dornach 4. Aufl. 1980.
62 Eine genaue Beschreibung dieser aufbauenden Wirkung des Astralleibes findet sich im Abschnitt «Schlaf und Tod» der «Geheimwissenschaft im Umriß» von Rudolf Steiner (GA 13).
63 Vergl. hierzu vor allem «Der übersinnliche Mensch, anthroposophisch erfaßt» (GA 231), sieben Vorträge, die in Den Haag anläßlich der Gründung

der Anthroposophischen Gesellschaft in den Niederlanden 1923 gehalten wurden.
64 Für die im folgenden beschriebenen Planetenprozesse wurde zurückgegriffen auf die Forschungsresultate über den Zusammenhang zwischen Planeten und Metallen, wie sie vor allem durch L. Kolisko dargestellt wurden in «Sternenwirken in Erdenstoffen» (1927).
65 Vergl. Goethe: «Das Märchen von der grünen Schlange und der schönen Lilie», in den «Unterhaltungen deutscher Ausgewanderter».
66 Siehe Anm. 3.
67 Vergl. R. Steiner: «Makrokosmos und Mikrokosmos» (GA 119), 3. Vortrag.
68 Vergl. Anmerkung 31.
69 Vergl. Anm. 17.
70 Vergl. Rudolf Steiner und Ita Wegman: «Grundlegendes für eine Erweiterung der Heilkunst nach geisteswissenschaftlichen Erkenntnissen» (GA 27).
71 Im Jahre 1919 trat Rudolf Steiner mit der Idee der «Dreigliederung des sozialen Organismus» an die Öffentlichkeit. Vergl. hierzu «Die Kernpunkte der sozialen Frage» (GA 23).
72 Kali-Yuga: Schon während der altindischen Kulturperiode wußte man von einem 5000 Jahre währenden «Finsteren Zeitalter», welches im Laufe der Erden- und Menschheitsentwicklung eintreten sollte. Diese Zeit endete (nach der heutigen Zeitrechnung) im Jahre 1899. Siehe auch: B. C. J. Lievegoed: «Dem 21. Jahrhundert entgegen», Privatdruck, Stuttgart 1982.

Erzengel Michael: Die Führung und Impulsierung der irdischen Kultur liegt in den Händen von 7 Erzengeln, die sich in ihrer Rolle als «Zeitgeist» ungefähr alle 350 Jahre ablösen. Im Jahre 1879 übernahm der Erzengel Michael die Führung von dem Erzengel Gabriel. Vergl. hierzu: Rudolf Steiner: «Die Sendung Michaels» (GA 194) und «Esoterische Betrachtungen karmischer Zusammenhänge», 3. Band (GA 237).
73 Siehe Anmerkung 58.
74 «Die himmlischen Verführer. Sekten in Deutschland», Hamburg 1979.
75 Zum «Karma-Begriff» Rudolf Steiners vergl. neben den Grundwerken «Die Geheimwissenschaft im Umriß» (GA 13) und «Theosophie» (GA 9), die Vortragsreihe «Die Offenbarungen des Karma» (GA 120) sowie «Wiederverkörperung und Karma und ihre Bedeutung für die Kultur der Gegenwart» (GA 135).
76 Aus den vielen Titeln über Jung seien die folgenden herausgegriffen. Sie geben einen guten Eindruck seiner Ideen: A. Jaffé: «Der Mythos vom Sinn im Werk C. G. Jungs», Olten 1967, sowie C. G. Jung (Hg.): «Der Mensch und seine Symbole», Olten 1979.
77 Vergl. Rudolf Steiner: «Heilpädagogischer Kurs» (GA 317); auf diesen im Jahre 1924 gehaltenen Kurs gründet sich die anthroposophische Heilpädagogik.
78 Einige Titel aus der reichen Fülle der Literatur über die Waldorfpädagogik:

Rudolf Steiner: «Die Erziehung des Kindes vom Gesichtspunkte der Geisteswissenschaft» (enthalten in GA 34, auch als Einzelausgabe, Dornach 1981), C. Lindenberg: «Waldorfschulen. Angstfrei lernen – verantwortungsbewußt handeln». Reinbek 1975; F. Carlgren u. a. «Erziehung zur Freiheit». Stuttgart 1981.
79 Vergl. Rudolf Steiner: «Geistige Wirkenskräfte im Zusammenleben von alter und junger Generation – Pädagogischer Jugendkurs» (GA 217).
80 Eine gute Einführung in die anthroposophisch orientierte Medizin, vor allem hinsichtlich der medikamentösen Behandlungsgrundsätze, bietet O. Wolff: «Anthroposophisch orientierte Medizin und ihre Heilmittel», Stuttgart 1982. Zur anthroposophischen Psychotherapie vergl.: Rudolf Treichler: «Die Entwicklung der Seele im Lebenslauf». Stuttgart 1982.
81 Ein deutliches Bild der anthroposophisch orientierten künstlerischen Therapie wird vermittelt durch M. Hauschka: Zur künstlerischen Therapie, 3 Bände, Boll 1971, 1978. Paul von der Heide: «Kunst als Therapie», Stuttgart 1983. Rita Jacobs «Musiktherapie». Soziale Hygiene, Merkblatt 117, Bad Liebenzell.
82 Eine nicht ganz einfache, aber ausgezeichnete Einführung in die Goetheanistische Wahrnehmungsmethode in: «Erscheinungsformen des Ätherischen», hg. v. J. Bockemühl, Stuttgart 1985. Ein von einem ganz anderen Hintergrund aus geschriebenes, schönes Buch auf diesem Felde ist ferner Paul A. Weiß: «The Science of Life». Mount Kisco, New York 1973.
83 Vergl. «Die Geheimwissenschaft im Umriß» (GA 13), Kapitel: «Gegenwart und Zukunft der Welt- und Menschheitsentwicklung».
84 In der mit Hilfe des EEG durchgeführten Schlafforschung erweist sich der REM-Schlaf als der leichte Schlaf. Hier wird er hingegen als der Schlaf beschrieben, in welchem der tief-unbewußte Bewegungsmensch aktiv wird. Vergl. dazu: Rudolf Treichler: «Schlafen und Wachen». Stuttgart 1985.
85 Siehe Anm. 76.
86 Siehe Anm. 70 und Anm. 80.
87 Auch die Bäder- oder Hydrotherapie ist, genauso wie die «Rhythmische Massage», von der Ärztin Dr. Margarethe Hauschka nach Anweisungen von Dr. Ita Wegman entwickelt worden. Vergl. hierzu: M. Hauschka-Stavenhagen: «Rhythmische Massage». Boll 1972.
88 S. Anm. 77.
89 Geistselbst, Lebensgeist und Geistesmensch sind die Namen der drei höchsten Wesensglieder des Menschen. Siehe auch Anm. 9.
90 Vergl. Anm. 63.
91 Siehe Rudolf Steiner: «Initiationswissenschaft und Sternenerkenntnis» (GA 228).
92 Zum Ich-Erleben des zehnten Lebensjahres vergl. B. C. J. Lievegoed: «Entwicklungsphasen des Kindes». Stuttgart 1982.